소크라테스에서 미셸 푸코까지

소크라테스에서 미셸 푸코까지

초　판 1쇄 발행 1997년 9월 25일
개정판 3쇄 발행 2023년 3월 25일

저　자 기다 켄
역　자 김 민 석
디자인 EG 디자인
CTP 허 용 범
인　쇄 재원프린팅
제　본 광명제책사
발행인 황 세 연
판매처 **새길** 아카데미
발행처 도서출판 **중원문화**
주　소 서울특별시 마포구 서강로 11길-24
주문처 02-325-5966 FAX 02-324-6799
ISBN 978-89-7728-724-2(03160)

소크라테스에서 미셸 푸코까지

기다 켄 지음 ● 김민석 옮김

알렉산더 대왕과 디오게네스

2023
도서출판 중원문화

편자 서문

처음 한 권의 책을 고르기 위하여

이 핸드북은 2,500년에 걸친 서양 철학의 역사 속에서 각각의 시대를 대표하는 101권의 책을 골라내어 그것을 소개하고 해설한 것이다. 이런 핸드북을 만드는 것은 어떠한 의미가 있는가, 이 핸드북은 어떻게 이용해야 하는가에 대하여 우선 살펴볼 필요가 있을 것이다.

보통 철학 입문서나 개설서를 읽고서 철학에 흥미를 가지게 되는데, 그렇다면 무엇을 읽는 게 좋은가라는 질문을 우리들은 받게 된다. 아마 그 답은 하나밖에 없을 것이다. 자신이 가장 깊은 관심을 가진 철학자, 자신의 체질에 가장 잘 맞는 철학자를 골라내어 그 저서를 직접 읽는 길밖에 없다. 그렇게 해서 한 권을 읽어보면, 그 다음에 무엇을 읽을 것이냐는 저절로 알게 될 것이다. 문제는 맨 처음 한 권을 어떻게 골라내느냐에 달려 있다. 이것을 선택하는 데 실패하면, 모처럼 생겨나기 시작한 흥미도 잃어버리게 된다.

확실히 철학은 다기 다양하다. 헤겔처럼 장대한 세계관을 그려본 것, 키에르케고르처럼 누구도 대신할 수 없는 자기 자신이라는 하나의 존재만에 눈을 향해 우리 몸 하나를 어떻게 해야 하는가를 묻는 것, 몽테뉴처럼 욕심 없이 담담하게 인생의 지혜를 가르치는 것, 록크나 몽테스키외처럼 정치 사상을 설파하는 것, 갈릴레오나 뉴튼처럼 과학적 우주론을 설명하는 것, 흄이나 칸트처럼 인간의 인식 능력의 한계를 묻는 것, 라이프니츠나 하이데거처럼 존재란 무엇인가라는 심원한 물음을 던지는 것, 소쉬르나 비트겐슈타인처럼 언어의 본질을 탐구하는 것, 그밖에 도덕이나 윤리 사상을 설파하는 것, 종교에 가까운 것 등 그 수를 헤아릴 수가 없다. 원래 〈철학〉이란 뒤에 분화해간 모든 학문을 포괄한 〈학〉 그 자체를 의미하던 것이기 때문에 그렇게 다양한 것도 어쩌면 당연한 것이다. 그 가운데에서 어떻게 해서 맨 처음 한 권을 골라낼 것인가? 그러기 위한 조감도를 제공한 것이 이 책의 목표 중의 하나이다.

하지만 다른 한편 이 책을 대략적인 철학서로 읽을 수도 있을 것이다. 일반적으로 철학의 역사는 고대 · 중세 · 근대 · 현대로 나누고, 더욱이 근대 · 현대는 더 세분화된 시대 구분에 근거하여 고찰된다. 왜냐하면 시대에 따라 철학의 문제 제기 방식이 크게 바뀌기 때문이다. 즉 각각의 시대에 이른바 암묵적인 대전제 같은 게 있어 그 시대의 철학자는 자신도 알지 못한 채 그 전제 위에서 자신의 사색을 전개해가는 것이다. 따라서 그렇게 전제가 되는 시대의 기조를 이해할 필요가 있는데, 그것이 철학사를 공부하는 의미이기도 하다. 이 책을 다 읽으면, 개개의 철학서에 따라서 대략적으로 철학사의 흐름을 알 수 있을 것이다. 여기에서는 101권의 책이 집필 혹은 출판 연대순으로 배열되어 있다.

그렇다면 101권의 책에 공통적인 바의 〈철학〉이란 무엇인가? 과연 〈철학〉이라고 불리는 특정한 지(知)의 양식이 여기에 일관되게 계승되고 있는가, 어쨌든 〈철학〉이란 다종 다양한 지로 이루어진 집합 명사에 불과한 것인가—이 물음에 답하는 것은 여기에서는 삼가려 한다. 왜냐하면 "철학이란 무엇인가"라는 물음은 철학을 공부하는 사람이 늘 물어왔고, 그때마다 자기 나름대로의 답을 끄집어내야만 하는 근본적인 물음이기 때문이다. 여러분들도 이 물음을 마음 속에 두면서, 어쨌든 맨 처음 한 권을 골라내어 참고 견디면서 읽기를 바란다. 머지 않아 여러분 나름대로 이 물음에 대한 답을 발견할 수 있을 것이다.

여기에 뽑힌 101권의 책은 어느 것이나 고전이라는 이름에 어울리는 것이다. 고전이란 역사 속에서 선별되어 계속 읽히는 명저를 말한다. 어떤 책도 읽어서 무익한 것은 없다. 그러나 여전히 독자 개개인의 현재의 관심에 호소하는 것, 그 체질에 맞는 것을 골라내는 것이 큰 일이다. 사상의 체질이라는 게 있다. 나의 경우에는 도스토예프스키의 소설에 빠져 키에르케고르를 읽고, 그리고 하이데거를 읽다보니 철학에 입문하게 되었다. 철학 공부를 시작하면서부터는 고대의 플라톤, 아리스토텔레스부터 현대의 사르트르, 메를로-퐁티까지 대단히 다종 다양한 책을 읽었지만, 역시 맨 처음에 읽은 키에르케고르나 하이데거가 나의 체질에 맞는 것 같다. 아직도 이들의 책을 계속 읽고 있다.

각 항목은 집필자의 문체를 중시하여 지나치게 통일성을 띠지 않았지만, 각각의 철학자의 생애, 저작의 집필 사정, 내용 소개, 후세에 미친 영향이라는 구성은 거의 공통적이다. 같은 철학자의 저작이 두 권 이상인 경우에는 처음 저작에서 생애를 다루고 있다.

끝으로 여러분들이 이 책을 유익하게 사용했으면 좋겠다는 것이 편자의 바람이다.

기다 켄

차례

Socrates

Louis Althusser

소크라테스 이전의 철학자 단편집

H. 디엘스/W. 크란츠
Die Fragemente der Vorsokratiker, 1903~10(B. C. 8C~4C)

이른바 '소크라테스 이전의 철학자들'은 오르피즘이나 헤시오도스의 우주 생설설을 전사(前史)로 하여 통상 철학의 비조라고 불리는 탈레스부터 실제로는 소크라테스와 동시대의 소피스트들, 그리고 그 이후의 원자론자까지를 포함하고 있다. 이제까지 흩어져 있던 그들의 저작의 단편을 후세의 인용문에서 모아서, 우선 개별 사상가 · 철학자의 생애와 저작에 관한 다양한 간접적 증언을 모은 부분 A와 이것을 배경으로 하여 추정된 단편을 B로 하여 개재하는(뒤에 모방이나 영향이 현저한 것이 C로 분류되고 있는 경우도 있다) 구성으로 이루어져 있다. 그리고 이 책은 봉정되고 있는 딜타이의 정신사의 영향이 지대하다. 개별 철학자에 관해서는 텍스트의 재검토와 재편성이 그후에도 이루어지고는 있지만, 어쨌든 오늘날까지도 가장 오래된 철학을 규명할 때에는 반드시 거론되는 가장 신뢰할 만한 자료임에는 변함이 없다.

19세기가 실증주의 시대라고 말해지는 것은 특별히 과학에 관련해서만은 아니다. 문헌학에서도, 특히 독일을 중심으로 기본적인 본문을 다양한 분야에서 확정지웠는데, 18세기에 고대에 대한 로맨틱한 동경을 보다 확실한 근거에 의해 기초지우려는 생각이 생겨났다. 빌라모비치-멜렌도르프가 그 중심적인 인물이었지만, 그의 비판으로 말미암아 고전학자로서의 생명이 끊긴 니체의 처녀 작도 또한 이러한 생각을 공유한 입장에서의 『디오게네스 라엘티우스』의 실증적인 연구였다. 그것은 "원천 연구(Quellenforschung)"라 불리는 근거의 탐색이고, 초기의 철학자들의 단편에 대한 디엘스의 이러한 집대성은 그 중에서도 최고 중요한 성과의 하나이다. 통상적으로 보정자(補訂者)의 이름과 더불어 "디엘스/크란츠"(H. Diels/W. Kranz)의 이름으로 불린다.

철학사는 통상 탈레스부터 시작된다. 예를 들어 플라톤의 대화편 속에는 그의 이름은 등장하지만, 그에 뒤이은 이오니아의 자연 철학자 아낙시만돌로스나 아낙시메네스의 이름은 등장하지 않는다. 더구나 탈레스는 7현인의 대표로 언급되고 있지만, 플라톤 철학의 형성에 관련이 있는 것은 아니다. 또한 이들의 이름을 기록하고 있는 아리스토텔레스도 자신의 철학에서 질료적 원리를 고찰할 때 선행 학설로서 그들을 언급하고 있지만, 반드시 그 학설의 공평한 소개라고는 말하지 않는다. 또는 프로타고라스나 골기아스처럼 이른바 "소피스트"로서 이것을 비판하는 플라톤의 대화편에 주로 근거하는 것 이외에는 그 학설에 다가갈 수 없는 사상가에 관해서는 그 원형을 복원하기란 매우 어렵다. 비교적 완성된 정보원이 되었던 것은 고전 작가로는 아리스토텔레스의 후계자 테오프라스토스, 플라톤주의자 프로타고라스나 회의주의의 섹스토스 엠페이리고스, 그리고 더 후대에는 알렉산드리아의 클레멘스나 히포류스트라는 그리스트교의 사제였지만, 어쨌든 그들은 대립하는 학파나 이교도의 학설을 비판할 때 언급되는 것으로 그 정확성이 비교적 인정되고 있으나, 정확히 앞의 소피스트의 생각을 플라톤의 비판에서 추측하여 재구성하는 것과 마찬가지의 문제를 가지고 있다. 또 유명한 디오게네스 라엘티우스의 『철학자 열전』도 학파의 계통을 알면 참고가 되겠지만, 특히 소크라테스 이전의 철학자의 텍스트에서 직접 인용한 것이라고 생각할 수는 없다. 아마 원형을 최고 잘 유지하고 있다고 생각되는 파르메니데스나 엠페도클레스 등의 진짜 단편은 대개는 기원후 6세기의 신플라톤 학파의 주석가 신프리키오스 등이 아리스토텔레스의 주석에서 인용한 것이고, 이렇게 원래의 텍스트가 몇 가지 형태로 이용되고 있다고 추정되는 하한선은 겨우 비잔틴 시대까지이다. 이렇게 곤란한 조건 하에서 가능한 한 과학적으로 원문을 추적하는 한편, 그 저자의 삶도 명확히 하려고 하는 19세기 후반의 유럽 문헌학의 정신이 이 단편집의 집대성의 배경에 있다.

이러한 문헌학과 병행하여, 다른 한편으로는 "철학사"란 사고 방식 그 자체도 또한 19세기의 산물이다. 헤겔의 역사 철학이나 그 자신의 철학사 강의는 그 문하의 철학사 연구의 기운을 북돋았고, 고대 철학은 첼러에 의해 『그리스인의 철학』으로 결실을 맺는다. 이러한 방법론적 의식이 "신화로부터 과학으로", "신비로부터 이성으로"라는 내용의 의미지움에 투영될 수밖에 없는 사정도 거기에 있다. 또한 예가에서 보여지듯이, 고대의 신(神) 관념의 탐구도 그 자신의 강고한 그리스트교적 이상의 제약 아래 있는 것이 지적되고 있다(돗즈의 『그리스인과 비이성』은 이렇게 르네상스까지 거슬러 올라가는 근대적 그리스 상의 변경을 추적한 것이었다). 이렇게 넓은 의미에서의 이성과 휴머니즘(인문주의)의 정수라고 해야 할 정신과 방법에 의한 유럽의 지(知)의 고대층의 복원이, 그럼에도 불구하고 니체나 하이데거 같은 그 근원적인 비판자에게 영감을 계속해서 준 것은 어떤 의미에서는 얄궂은 것이다. 그러나 끊임없이 과거와 대결하면서 현재의 자신의 사색을 단련시키려고 하는 사람에게는 동서양을 불문하고 앞으로도 이 단편집은 변함없이 계속해서 대화의 원천이 될 것이다.

소크라테스의 변명

플라톤
Apologia Socratis, B. C. 4C

기원전 399년, 아테네 민회는 소크라테스에게 사형을 선고했다. 국가가 공인하는 신들을 인정하지 않고, 신기한 신령(다이모니아)을 도입하여 젊은이들을 타락시켰다는 것이 고발 사유였다. 델포이의 신탁으로 "소크라테스 등의 현자는 없다"고 선고되었는데, 수수께끼 풀기로서의 문답 활동을 통해서 각자의 신념을 논박당한 사람들 사이에서 자연스럽게 생겨난 반감이 배경으로 작용했다. 왜냐하면 소크라테스 자신도 그것에 관해 알지 못함(不知)을 자각하고 있었기 때문이다. 이렇게 철학은 "너 자신을 알라"라는 신탁에 따른 자기의 탐구로서 출발했다.

소크라테스는 기원전 469년 아테네에서 석공인 아버지와 산파인 어머니 사이에서 태어났다(그의 문답 활동이, 자신은 낳지 않으면서 다른 사람의 정신의 출산을 돕는다고 하는 것도 이와 관련있다). 고대 현인 대다수가 그러하듯이, 그도 저작을 남기지 않았다. 그를 알 수 있는 수단 중에는 플라톤의 대화편을 제외하고는, 크세노폰의 『소크라테스의 회고』에 묘사되고 있는 몇몇 상식적인 사람의 얼굴 모습을 그린 것, 혹은 아리스토페네스의 희극 『구름』에 등장하는 소피스트 같은 부류의 활동을 야유하는 사이비 과학자, 또는 오늘날에는 사라져버린 소(小) 소크라테스 학파의 대화편에 묘사되고 있는 다소간 경의스럽고 복잡한 쾌락논자 등, 그를 보는 입장에 따라 다르다(키에르케고르의 학위 논문 『아이러니 개념에 관하여』는 이러한 차이를 설명하려 한 것이다). 이는 헬레니즘 시기에 들어와 스토아 학파, 회의론자들, 에피쿠로스 학파가 그 입장을 달리함에도 불구하고 공통적으로 소크라테스를 그들의 정신적 스승으로 숭앙하여 각각 극기적, 회의적, 쾌락주의적 소크라테스 상을 그리는 것에서도 나타나고 있다. 하지만 철학자로서의 소크라테스라기보다는 어떤 의미에서는 철학 그 자체가 플라톤에 의한 그에 대한 추모 속에서 탄생한다고 이해할 때 플라톤의 초기 대화편은 그것의 불가결한 출발점이다.

그 중 『변명』은 『크리톤』, 『파이돈』과 더불어 소크라테스의 재판 과정, 옥중의 상황, 사형 집행 모습을 각각 묘사한 것으로, 비극의 3부작 혹은 (그것에 『에우듀프론』을 덧붙여) 4공관 복음서(公觀福音書)에 비교하는 것도 있지만, 이것만이 다른 것과 달리 엄밀한 의미에서의 『대화편』이 아니다. 왜냐하면 재판 과정에서 소크라테스의 발언(이라고 생각되는 것)만이, 말하자면 모노로그의 모습으로 구성되고 있기 때문이다. 이것을 하나의 극으로 보면, 암투로 스포트라이트를 받는 소크라테스가 "아테네 시민 여러분"이라고 이야기를 시작한 서두부터 고발자 멜레토스나 아뉴토스 쪽을 향해, 혹은 멀리 있는 친한 자들의 얼굴을 알아보면서 예전부터의 자신에 대한 적대자에 대하여 말하고, 진짜 현자를, 전문직 사람들이나 시인들 그리고 정치가를 제외하고서 찾아나섰던 것을 서술하고, 그리고 마지막으로 자신의 사후에도 이 도시에 명예나 금전이 아니라 지(知)를 구하는 활동이 끊임없을 것임을 요망하는 "고별"에 이르기까지 몇 차례인가 동심원적으로 그가 말을 거는 대상은 늘어나고, 그리고 마침내는 코러스 역의 아테네 시민을 뛰어넘어 직접 관객＝독자에게 다가간다. 말하자면 (우리들 안에 있는) 멜레토스나 아뉴토스가, 또 다양한 적대자가 엮어내는 줄거리가 되고 있다(이러한 장치에 가장 격렬하게 반발하는 형태로, 가장 정직하게 반응했던 것이 니체이다). 이렇게 "진짜 정의를 위해 싸우는 자는, 설령 잠깐이라도 목숨을 유지하는 한 공인이 아니라 개인으로서 행위하지 않으면 안된다"라고 서술한 소크라테스에 상응하는 무대가 설치된 것이다.

소크라테스의 이러한 변론 자체는 당시 재판의 진행에 따라서, 당면한 소인(訴因)에 대한 무죄 주장과 그것에 대한 유죄 · 무죄의 표결, 그 뒤 형량을 둘러싼 피고 측의 주장과 그 판결, 그리고 사형 판결이 내려진 뒤의 변론이라는 3부분으로 이루어져 있다. 제1부에서는 이 재판의 직접적인 고발자들뿐만 아니라, 이전부터 그에 대한 반감 · 적의를 키워 간접적으로 이 소송의 배경이 된 아리스토파네스를 필두로 한 '이전부터의 고발자'에 대하여 각각의 오해를 지적하면서 자신의 무죄를 주장한다. 오해의 발단은, 앞에서도 언급한 델포이의 신탁에 "소크라테스 등의 현자는 없다"라고 선고된 것이지만, 물론 그에게 그런 생각은 없다. 이 수수께끼 풀기와 일종의 신탁 논박이 그의 문답법이 되어 나타난다. 왜냐하면 자신보다 훨씬 더 지혜가 있다고 생각되는 전문가도, 시인도, 정치가도 각각 비전문적인 것이 있고, 신의 영감이 없으면 자신과 마찬가지로 무지하며, 또 정치가는 어떤 의미에서도 현자가 아니기 때문이다. 그렇다면 "알지 못하기 때문에 바로 알지 못한다고 생각한다"라는 점에서 그들에게 이길 수 있다고 이 수수께끼를 풀어간다. 이리하여 자신의 부지(不知)의 자각을 단서로 하여 논박적인 문답을 통해 가능한 한 정합적인 신념 체계를 가져야 할 사람들을 구하는 것—"덕은 지이다"는 이것을 말한다—이 그가 철학하는 자세이다. 그 자세 그 자체가 그에게 있어서는 문자 그대로 '죽음의 훈련'이 되었다. 『파이돈』은 "이것이 우리들의 벗— 우리들에게 말하자면, 이제까지 만났던 사람들 중에서 가장 뛰어난, 특히 가장 사려깊고 정의감에 충만한 사람— 의 최후이다"라는 말로 끝맺고 있다.

향연

플라톤
Symposion, B. C. 4C

플라톤 원숙기의 작품 『향연』은 고래의 철학뿐만 아니라 문학상의 관심을 모은 것이다. 당시의 유명 시인들이 작품 속에서 순서대로 말하는 에로스 찬미 연설은 문체 · 내용 양 측면에서 각각 개성적인 매력을 가진 것이다. 작품의 핵심 부분인 소크라테스에 의한 에로스 찬미 연설은 독특한 에로스론으로서의 가치를 가진 것에 머무르지 않는다. 그래서 "죽어야 할 자와 죽지 않는 자의 중간자"라는 에로스 규정은 이데아계와 감각적 세계의 관계라는 플라톤 철학의 난문 해결에 실마리를 제공하는 것이기도 하다.

『향연』은 플라톤(Platon : 기원전 427~347)의 저작 중에서 『파이돈』이나 『국가』 등과 더불어 중기 저작에 위치지어지며, 집필 연대는 기원전 385년 이후의 몇 해가 통설이다. 작품의 골간은 아가톤(실제의 비극 시인)이 아테네 비극 경연에서 우승(기원전 416년에 있었던 사실)한 것을 기념하기 위한 축하 파티에 모인 소크라테스, 아리스토파네스(실제의 희극 시인)를 필두로 한 사람들이 사랑의 신 에로스를 찬미하는 연설을 하고, 마지막으로 알키비아데스(실제의 정치가)까지도 뛰어들었다고 말해진다. 그런데 당시의 문예 작품에서 '사랑' 이라면 대체로 나이 많은 남자와 젊은이(남자) 사이의 것임을 먼저 상기해두어야 할 것이다. 더구나 식사 후의 주연에 앞서 신들에 대한 헌주나, 악기를 부는 여자를 부르는 관습 등에 관한 서술은 당시의 향연 분위기를 전하는 것이라고 해도 좋을 것이다.

『향연』 중에는 소크라테스에 앞서 먼저 다섯 사람이 에로스 찬미 연설을 하고, 이어서 소크라테스가 직전의 연설자 아가톤에 대하여 초기 대화편에서 신랄한 논박을 한 다음에 자신의 연설을 하고, 마지막으로 갑자기 나타난 알기비아데스가 소크라테스 찬미를 하고 있다. 소크라테스에 앞선 연설 중에서 유명한 것은 아리스토파네스의 것으로, 옛날 인간은 현재의 인간 두 사람이 달라붙어 한 사람을 이루었고, 현재에는 남 · 여 두 성밖에 없는 데 반해서, 당시에는 남남 · 여여 · 남녀 세 성이 있다는 신화일 것이다.

플라톤의 다른 저작과의 관련을 보면, 초기 대화편에 그리스어로 에로스(사랑)의 동의어에 해당하는 필리아(우애)를 테마로 한 『류시즈』가 있는데, 거기에서의 "선하지도 악하지도 않은 자가 악의 존재 때문에 선한 것의 벗이 된다"라고 하는 주장에는 『향연』에서의 에로스의 '중간자' 라는 성격 및 에로스의 목적에 관한 주도면밀한 논의의 맹아를 볼 수 있을 것이다. 한편 중기 대화편 『파이도로스』에서는 『향연』에서와 마찬가지로 신적인 광기인 에로스에 의지했던 사람이 아름다운 소년을 사랑함으로써 미의 이데아로 향하게 되는 한편, 『향연』과는 달리 "정의" 등의 실재에 대한 "미"의 특권성이 말해짐과 더불어 에로스에 매달리는 일이 전적으로 사랑하는 사람에 따라 서술되는 것이 아니라 사랑하는 자와 사랑받는 자의 상호 관계에 대한 관점이 시종일관 유지되고 있다.

소크라테스가 한 연설의 내용은 아래와 같다. (1)도입부의 아가톤에 대한 논박에서는 에로스가 미를 구하는 욕망인 이상 미를 제외하고, 따라서 에로스는 아름답지 않다는 것이 증명되고 있다. (2)그렇다고 해서 에로스가 추악한 것은 아니며, 에로스는 선미(善美) · 추악(醜惡)의 '중간' 이고 지혜로운 자와 무지한 자의 '중간' 인 애지자(철학자)이다. (3)이렇게 에로스가 가리키는 진정한 목적은 대상물인 아름다운 물건(애인 등)이 아니라, "미 안에서의 산출"에 의한 "불사(不死)"이다. 즉 동물은 자식을 남김으로써 종(種)으로서 영원하는(불사를 얻는) 것이지만, 인간의 경우에는 이렇게 신체적으로 수태한 자 이외에도 정신적으로 수태한 자도 있다. 그것은 덕을 낳는 자, 즉 시나 법의 제정에 의해 불사의 명성을 얻은 시인 호메로스나 정치가 솔론이 그 예이다. 그리고 신체적으로 수태한 자가 여성에 가깝듯이, 정신적으로 수태한 자는 교육 · 대화의 상대로서 아름다운 혼을 가진 소년에 가깝다. (4)연설의 클라이맥스인 "미의 위계"에서는 올바르게 에로스를 실천하는 자가 가야 할 길로서 개개의 아름다운 신체를 사랑하는 것에서부터 시작하여 모든 아름다운 신체를 사랑하는 것으로, 또 거기서부터 아름다운 법률 · 관습에 대한 사랑으로, 더욱이 거기서부터 아름다운 학지(學知)에 대한 사랑으로라는 과정을 거쳐, 마지막으로는 불생 불멸하는 미의 이데아를 보기에 이름과 동시에 진정한 덕을 낳으며 자신은 불멸하게 된다고 하는 비밀이 말해진다.

『향연』의 에로스론은 일상적인 연애 현상의 이론적 설명 혹은 애욕(愛欲)의 통제를 설파하는 도덕설이라기보다는 오히려 연애 속에 플라톤의 존재론의 근간인 '이데아'의 인식에 이를 가능성을 높히는 것이다. 그리고 미의 위계 서열의 맨 끝에서 "갑자기" 미의 이데아의 지가 얻어지기 때문에 둔화된 에로스는 지와 표리 일체이며 이데아론에 근거한 존재론의 불가결한 일환을 이른다고 생각된다.

이렇게 에로스론은 고대에는 프로티노스에게서, 또 이탈리아 르네상스에는 미르실리오 피체노가 연설 형식까지 모방한 플라톤 『향연』의 주석(『사랑의 형이상학』)을 달고 있다. 근년에는 프로이트가 『쾌감 원칙의 피안』에서 『향연』의 아리스토파네스 연설을 주목한 바 있다.

국가

플라톤
Politeia(Res Publica), B. C. 4C

"폴리테이아"란 폴리스(=국가)의 존재 방식을 의미한다. 그것은 정확히 혼(=사람)과 그 존재 방식에 대응한다—그 대비를 통해서 양자에서 "정의"의 움직임을, 말하자면 '대문자'에서 보는 쪽이 '소문자'에서 보는 것보다도 더욱 명료하다고 해서 이루어진 탐구가 이 대화편이다. 그것은 국가론이자 동시에, 또한 일종의 도덕 심리학이며, 그 중심부는 이데아를 둘러싼 지식론이다. 철인 왕의 이상은 그것들이 혼연 일체를 이룬 귀결이다. 이렇게 서구의 정치 철학, 윤리학, 진리론을 고찰하는 데 있어서 여전히 공통의 고전으로서의 지위를 계속 유지하고 있다.

플라톤은 아테네의 명가에서 태어났다. 어릴 때부터 정치 무대에서의 활약을 꿈꾸었다고 전해지지만, 가까운 친척인 카르메데스와 크리디아스를 중심으로 한 이른바 '30인 과두 체제'의 실패와 그것에 뒤이은 민주제의 혼란은, 특히 소크라테스 재판에 의해 현행 정치에 대한 환멸을 그에게 주었다. 그럼에도 불구하고 두 차례의 슈라크세 행은 그 지역 참주 체제에 대한 그의 후원을 보여주는 것으로, "정확히, 진정으로 철학과 손잡고 있는 사람들이 정치적 지배의 자리에 오르던가, 그렇지 않으면 지금 권력의 자리에 있는 사람들이 하늘의 배려에 의해 실제로 철학과 손잡게 되면 인류가 화를 입지는 않을 것이다"라고 서술한 『제7서간』을 진짜 그가 쓴 것이라면 『국가』의 모티브는 이미 이때 잉태하고 있는 것이다. 이렇게 사람의 혼에 관한 분석에 기초하여, 그것과의 대비 속에서 "말에 의한 국가의 건설"을 시도한 것이 이 대화편이다.

플라톤의 주저인 이 장대한 대화편은 상식적인 시민을 대표하는 늙은 게파로스와 그의 자식 폴레마르코스가 소피스트적 강자의 이익을 주장하는 트라슈마코스를 상대로 행복한 삶과 정의에 기초한 삶의 관계를 둘러싸고 대화하는 1권(이전에는 여기에 『골기아스』처럼 초기 대화편 『트라슈마코스』를 상정하여 그것의 유용이라는 견해도 있었다)을 전주곡으로 하지만, 플라톤 자신의 친형제인 글라우콘과 아디만토스를 대화 상대로 하여 수호자의 욕구의 도야(陶冶)를 중심으로 한 교육을 둘러싼 2권부터 4권까지의 대화를 제1부, 이상적 정체(政體)에서의 철학의 역할과 그 지성 교육을 둘러싸고 유명한 태양 · 선분 · 동굴이라는 "세 개의 비유"에 의해 "선의 이데아"를 말하는 5권부터 7권까지를 제2부, 그리고 이상적인 정체의 타락 과정에서 나타나는 다양한 정체와 인간 유형을 서술한 8 · 9권을 제3부로 볼 수 있다. 그리고 마지막 10권은, 그것도 유명한 모방으로서의 시에 대한 비판과 혼의 불사 · 윤회를 둘러싼 "에르의 신화"로 묶고 있다.

초기의 대화편에서 묘사되고 있던 소크라테스가 "덕은 지이다"라는 주지주의적 · 일원론적인 가치관과 그것에 기초한 행위 이해를 보여주고 있는데 반해서, 중기의 이 『국가』는 혼의 3부분설에서 보여지듯이 다원적인 가치와 욕구를 인정함으로써 행위에서 "욕구의 갈등"과 도야에 의한 그 통합을 문제삼은 것이었다. 음악과 체육에 의한 수호자의 초등 교육은 그러한 동기 부여의 과정을 설명한 것이다. 그러나 그러한 관습화를 기초로 한 교육에서 문화적 · 역사적 상대주의의 함정을 피하기는 어렵다. 이는 이데아의 초월적 관상(觀想)에 기초한 지성적 교육이 필요한 이유이고, 철인 정치는 그 이론적 귀결이다.

후기에도 같은 주제가 반복되지만, 이전의 이상적 정치 사상은 점차 현실적인, 보다 비관적인 색채를 띠게 되고, 『정치가』에서는 이른바 황금 시대에서부터의 우주의 순환의 반전 과정과 "차선 책"으로서의(지식이 아닌) 법에 의한 통치가 문제가 되고, 이러한 점이 『법률』에서 보다 상세히 전개되게 된다. 이러한 현실주의적인 경향은 그의 제자 아리스토텔레스에게서 더욱 강해지지만, 아리스토텔레스 개인의 도덕적 삶은 『니코마스 윤리학』, 정치적 삶은 『정치학』으로 각각 나누어져 플라톤의 고찰을 비판적으로 계승하고 있다. 그러나 최고의 정치 형태는, 거기에서 인간의 최고의 활동을 촉진하는 것이어야만 한다는 점에서 그 스승의 강한 영향을 받았다. 하지만 로마 시대에 접어들면 스토아 학파의 자연주의의 영향으로 정치 체제의 순환론이 폴류비오스에 의해 주창되지만, 그것은 『국가』 8권의 정체의 타락 과정을 마치 자연 현상과 같이 보는 것이다. 이리하여 정치 조직의 일원으로서의 인간이라기보다는 단조로운 통치 이해에 기초하여, 예를 들어 『국가』를 끊임없이 의식하며 쓴 키케로의 『공화국』 속에서도 사람의 혼과 정체의 대비라는 관점이 결정적으로 소실되어버렸음을 보여주고 있다. 그리고 아우구스티누스의 『신의 나라』는 국가론에, 역사 철학이라는 완전히 새로운 차원을 부여한 것이다.

토마스 모어의 『유토피아』는 "어느 곳에도 없는 장소(우토피아)"가 동시에 "선한 장소(에우토피아)"를 의미한다는 점에서 플라톤의 『국가』의 착상을 부활시킨 것이다. 하지만 포퍼에게 있어서는 선한 장소는커녕 전체주의 정치 사상의 기원이다. 또한 최근의 페미니스트의 논쟁에서 어떤 논자에게서는 여성 공유론으로 보여지는 남근 중심주의의 권위화이고, 다른 논자에게서는 가족의 부정에 진정한 남녀 평등 사상을 발견하는 것처럼 그 입장에 따라 그 평가는 극단적으로 나뉘어진다.

형이상학

아리스토텔레스
Metaphysica, B. C. 4C

『형이상학』(전 14권)에서 아리스토텔레스는 그리스에서 탄생한 '철학'의 흐름을 하나의 문제 아래 총괄하고, 그것을 자신의 과제로 끄집어들여 할 하나의 학(學)을 구상했다. 그는 그것을 "제 1철학" 혹은 "신학"이라 불렀는데, 그것은 지의 전 영역을 관철하는 가장 근원적인 문제, 곧 "<존재>란 무엇인가"라는 문제에 대한 아리스토텔레스의 도전이었다. 이 책은 그러한 전투의 기록이다.

아리스토텔레스(Aristoteles : 기원전 384~322)는 에게해 북쪽 해안의 이오니아계 식민 도시 스타게이로스에서 태어났다. 17세에 플라톤의 학원(學園) 아카데미아에 들어가 20년 동안 그 일원으로서 학구 생활을 했다(아카데미아 시대). 기원전 348년에 아테네를 떠나 앗소스, 레스보스 섬을 전전하다, 기원전 343년에는 마케도니아 왕 필립포스 2세의 부름을 받아 황태자(뒤의 알렉산드로스 대왕)의 스승 역할을 맡았다(편력 시대). 기원전 335년에 아테네에 되돌아온 그는 교외에 자신이 주관하는 학원 '류케이온'을 만들어 여러 가지 연구를 주도했다(류케이온 시대). 하지만 기원전 323년에 아테네를 중심으로 마케도니아에 반대하는 기운이 높아지자 그것을 선동한 무고(誣告) 죄로 고발당한 그는 강의 노트와 류케이온의 운영을 학우 테오플라스토스에게 맡기고 자신은 어머니의 고향인 칼키스로 피난갔지만, 다음 해 62세로 병사했다.

테오플라스토스에 맡겨둔 그의 유고는 기원전 40~30년 무렵에 당시 류케이온의 학무를 맡았던 로도스의 안도로니코스의 손에 의해 편집되어 공간되었다. 이것이 현재에 전해진 '아리스토텔레스 저작집'의 원형이다. 이때 이 책은 자연학 관련 저작(피지카)의 뒤에(메타) 배치되는데, 원래의 원고에는 제목이 없었기 때문에 훗날 "메타피지카"라고 부르게 되었다.

그런데 아리스토텔레스가 구상한 "제1철학"은 수학 등 여러 과학이 국한된 특정한 대상 영역만 다루는데 반하여, 〈어떤〉이라고 말해진 한의 모든 것에 관하여 그것의 제1원인을 탐구한다. 〈어떤〉이란 것은 카테고리(술어)의 유형에 따라서 다의적으로 말해지는데, 그것은 예를 들어 어떤 사람에 대하여 인간으로 〈어떤〉가, 피부가 〈어떤〉가, 키가 170cm로 〈어떤〉가 등 사물의 "무엇인가"를 단적으로 표시하는 "실체"를 주어로 하면서 그것에 관하여 "~이다"라고 말하는 것이다. 그렇기 때문에 "존재란 무엇인가 또는 그것의 제1원인은 무엇인가"를 일반적으로 묻는 것은 "실체란 무엇인가"를 묻는 것으로 귀결된다. 아리스토텔레스는 제7권에서 "본질"과 "이존(離存)" 두 개를 "실체"의 요건으로 삼은 뒤에 "형상(形相)"이야말로 "제1의 실체"임을 논증한다. 즉 "실체"란 "무엇인가"라는 물음에 따른 사물의 "본질"이고, 또한 다른 무엇에도 의존하지 않고 그것 자체로서 존재하는, 혹은 그것 자체와는 다른 무엇인가로 언급되는 것이 아니라 그것 자체로 단적으로 〈이것〉으로 특징지어지는 것이다. 이런 점에서 보자면 확실히 많은 물건들에게 술어로 붙인 "보편"은 전자의 요건을 충족시키지만 후자의 요건을 충족시키지는 못한다. 또 "감각적 물건"은 그 역이고, 어느 경우에나 "실체"로서는 실격당한다. 하지만 "개개"이지도 "보편"이지도 않은—혹은 "개개"이기도 하고 "보편"이기도 한— 더욱이 이존적이고 사물의 본질인 듯한 "제1실체로서의 형상"이란 무엇인가? 이 문제는 제8권의 질료론 및 제9권의 가능태 · 현실태를 둘러싼 논의와 더불어 이데아론 비판과도 교차하고, 개체 파악에서 형상의 내재와 초월의 문제로서 이 책의 핵심이며, 오늘날까지 해석의 쟁점이 되고 있다.

"제1철학"은 또한 영원히 변하지 않는 이존적인 존재(결국 신적인 존재)를 대상으로 하는 점에서 다른 이론학(수학과 자연학)과 구별되는 "신학"이라고도 불린다. 아리스토텔레스는 "〔운동하는 자연적인 실체 이외에〕 무엇인가 부동의 실체가 있다고 한다면, 그것을 대상으로 하는 학문 쪽이 〔자연학〕보다 상위의 제1철학이고, 더구나 제1의 학문이기 때문에 전체적인 학문일 것이다"라고 말한다." 제7권부터 제9권까지 자연학의 대상인 감각적 사물에 관하여 그 실체가 무엇인가를 논했던 아리스토텔레스는 제12권에서 영원히 변하지 않는 이존적 실체를 다루면서 그 논술은 "질료"를 갖지 않은 "완전한 실태"인 "부동의 동자(動者)"로서의 "신"에게까지 이른다. 하지만 아리스토텔레스는 존재의 탐구의 정점에 "신"을 상정하면서도 그것을 설명 원리로 삼은 전일적인 체계를 구축하려고 하지 않았다. 이러한 것은 그리스트교 세계에서 아리스토텔레스 철학(특히 자연학과 형이상학)에 대한 경계를 초래했다.

아리스토텔레스의 "제1철학" 구상은 다양한 곡절을 거치면서도 유럽 세계에 수용되어 변형되었다. 신플라톤주의를 거쳐 스콜라 철학에 수용되어 칸트에 의해 비판받은 초자연적 · 초경험적인 실체를 대상으로 하는 *trans-physica*로서의 형이상학, 우주 · 영혼 · 신을 각각의 대상으로 하는 특수 형이상학과 구별되는 일반 형이상학으로서의 존재론(볼프), 여러 과학의 기초 이론으로서의 *prima philosophia*(홉스) 등등. 하지만 "존재란 무엇인가"라는 문제는 아직도 풀리지 않았다. "제1철학"은 "철학"의 과제로서 아직도 남아 있다.

니코마스 윤리학

아리스토텔레스
Ethica Nicomachea, B.C. 4C

『니코마스 윤리학』은 아리스토텔레스 철학을 이해할 때 역사적으로 중요한 자료일 뿐만 아니라, 근대 윤리학의 2대 조류인 규범주의와 공리주의 어느 쪽에도 환원되지 않는 제3의 윤리학의 가능성으로서 최근에 복권되는 경향이 있다. 그리스 윤리 사상의 총괄로서의 이 책의 성격, 후세 윤리 사상에 미친 계속된 영향력, 그리고 행위를 둘러싼 기본 개념에 관한 주도면밀한 분석 등에서 보더라도 이 책은 서양 윤리 사상사에서 제1급의 고전이다.

이 책은 "최고 선"(우리들 인간 활동의 모든 것이 그것을 실현하기 위해 존재하고 있는 바의 목적)이란 무엇인가라는 물음에서부터 시작한다. 최고 선은 플라톤이 말한 "선의 이데아"가 아니다. 전자는 어디까지나 "이루어져야 할 선"이고, 후자와 같은 단순한 지식의 대상으로서의 선이 아니기 때문이다. 최고 선은 최종적으로는 "행복"이라고 바꿔 말하는 "덕"에 따라 "움직이는" 것이라고 규정된다.

덕이란 "혼"을 구성하는 여러 부분의 선한 "성향"이고, 혼의 부분의 차이에 따라 두 개의 유형으로 분류된다. 하나는 혼의 "이유(로고스)"를 가진 부분의 덕으로서의 "지적 덕"이고, 또 하나는 이유를 갖지는 않지만 이유에 따르는 것이 가능한 부분의 덕으로서의 "윤리적 덕"이다. 전자는 이유의 그늘에서 스스로 사고 · 판단할 수 있는 "성향"으로, 학습에 의해 습득된다. 후자는 이유를 갖지 않기 때문에 스스로는 사고 · 판단할 수 없어 전자의 사고 · 판단의 결과에 추종하는 성향으로, 그것은 공동체 내부의 가르침에 의해 몸에 밴다. 양자의 관계는 스스로 사고 · 판단하는 부친의 덕과 부친의 권위에 따르는 자식의 덕의 관계로 비유된다. 후자는 총괄적으로 우리들의 "사람됨됨이(에토스)"와 관련된 여러 성향으로, 용감성 · 절도 · 공정성 등으로 대표된다. 한편 전자는 혼의 이유를 가진 부분이 다시 두 개의 부분으로 나뉘어진 것이기 때문에 두 개의 유형으로 나뉘어진다. 하나는 "다른 방식으로는 존재할 수 없는" 필연적인 사항에 관하여 사고 · 판단하는 부분에 대응하는 지적 덕으로, "지혜(소피아)"라고 불린다. 또 하나는 "다른 방식으로도 존재할 수 있는" 필연적이지 않은 사항에 관해 대응하는 것으로, "사려(플로네시스)"라 불린다.

이러한 덕의 분류에 기초하여 덕에 따른 움직임에도 또 두 개의 유형이 있다. 사려와 윤리적 덕의 공동 작업으로서의 "선한 행위"와 지혜의 움직임으로서의 "관상(觀想, 테오리아)"이다. 선한 행위가 사려와 윤리적 덕의 공동 작업이란 것은 사려에 의해 "이러저러해야 한다"는 판단과 윤리적 덕에 의한 "이러저러하고 싶다"는 욕구가 일치함으로써 비로소 선한 행위가 성립한다는 의미이다.(실제로 판단이 생겨도 욕구가 그것에 일치하지 않는 한 행위는 일어나지 않는다. 이러한 사태는 특히 "의지 박약〔아크라시아〕"라고 불리며, 이 책 제7권에서 면밀하게 분석되고 있다.) 그런데 행위의 선함을 윤리적 덕에 의존하는 것으로 간주함으로써 아리스토텔레스 윤리학은 칸드 류의 규범 윤리학과도 밀의 공리주의와도 다른 특징을 보인다. 하나는 행위의 선함의 타당성이란 점이다. 윤리적 덕이 특정한 공동체 내부에서의 대인 관계를 통하여 형성되는 사람됨됨이이기 때문에 행위의 선함은 최종적으로는 특정한 공동체의 구성원에 대해서만 타당한 선함에 불과한

이상, 그 선함은 그 공동체를 뛰어넘는 타당성을 갖지는 않는다. 그것은 이른바 "우애(필리아)"가 미치는 범위 안에서만 통용되는 선함이다. 이 점에서 아리스토텔레스 윤리학은 선함을 평가하기 위한 보편 타당한 원리(규범, 공리성 등)를 찾으려고 하는 근대의 윤리학과는 다른 원리 위에 서 있다. 또 하나는 선한 행위가 윤리적 덕의 움직임 그 자체로서 촉구되고 있는 점이다. 덕의 움직임은 "즐거움(헤도네)"이 수반하는 것이 아니고는 있을 수 없다. 따라서 완전한 의미에서의 선한 행위는 즐거움 없이는 성립할 수 없고, 설령 올바른 규범에 따른 행위라 해도 만약 그것이 싫으면 그것은 완전한 의미에서의 선한 행위가 아니다. 또한 선한 행위가 움직임 그 자체인 이상, 행위의 선함은 행위의 결과의 선함에 반드시 의존하는 것이 아니다. 따라서 설령 행위의 결과가 선한 것이어도 그것이 악한 사람됨됨이에서 기인한 행위라면 그것은 선한 행위일 수 없다. 이상과 같이 아리스토텔레스 윤리학은 행위가 그것에 따른 규범을 중시하는 규범주의나 행위의 결과를 중시하는 공리주의와는 명확히 다르다. 그것은 오히려 행위자의 사람됨됨이의 선함을 중시하는 입장이다.

이미 살펴보았듯이, 선한 행위는 자신이 소속된 공동체 내부의 가치관에 근거한 것이고, 그 이상의 타당성을 갖지 않는다. 이것은 명확히 선한 행위가 본질적으로 품고 있는 한계이다. 이 한계는 아리스토텔레스 자신도 느끼고 있었다. 그는 최종적으로는 여러 사회적 제약성을 피한 "한가함(스콜레)" 속에서 실현된 관상이야말로 제1의 행복이고, 선한 행위는 제2의 행복에 불과하다고 간주하고 있었기 때문이다. 그러나 이렇다고 해서 선한 행위가 부당하게 경시되고 있다고 할 수는 없다. 한가함에 축복받고 싶은 현실의 사회 생활에서 이른바 차선 책으로서 선한 행위를 추구하는 것을 그는 부정하지 않는다. 그는 관상을 실현할 기회가 있음에도 불구하고 그것을 꾀하지 않는 삶의 방식을 부정하고 있는 것에 불과하다.

만물의 본성에 관하여

티투스 루크레티우스 카루스
De Rerum Natura, B. C. 55?

인간은 신체뿐인가? 그 인간의 사고도 산천초목과 마찬가지의 물(物) · 원자라고 하는 데모크리토스 · 에피쿠로스 류의 철학은 로마 시대에 들어와 보다 절실함이 증대했다. 왜냐하면 계속된 전쟁과 전염병은 이 세상에 태어난 사람에게 모든 고통을 주었기 때문이다. 그때 벌써 낙원을 지키지 못해 마계에 머물 수밖에 없게 된 도시의 에피쿠로스주의자 루크레티우스는 인간은 물이고 죽음은 내가 몸의 것이 아니다라는 원자론적인 씁쓸한 진실을 시의 단물로 표현함으로써 세계의 구조를 아는 것이 마음의 평안함을 가져다준다고 말한 에피쿠로스 판 "시와 진실"을 써놓았다.

어느 정도 "숨어 산다"고 하는 것이 에피쿠로스파의 이상이라고 해도, 루크레티우스(Titus Lucretius Carus)에 관하여 우리들에게 알려진 사실은 거의 없다. 어떤 소문에는 기원전 94년에 태어나, 그후 약물 때문에 발작하여 광란기대로 써 내려간 몇 권의 책은 키케로가 가필했지만 44세에 스스로 목숨을 끊었다고 전해지고 있다. 이 이야기와 에피쿠로스파의 유물론 · 무신론이나 쾌락주의에 대한 강렬한 비판을 배경으로 약물 중독이나 자살에 대한 언급의 의미를 헤아려보면, 본래는 스토아 학파에서 생겨난 학파적 비난이 그리스트교를 통해서 증폭된 것이라고도 생각된다(적어도 스토아 학파에서는 자살이 금지되어 있지 않다). 뒤에 로마의 대시인 웰기리우스가 관료가 되던 해에 루크레티우스가 죽었다는 이야기를 믿는다면, 기원전 55년에 그는 죽었다. 어쨌든 로마 시대에 들어와 에피쿠로스파의 거점이 된 것은 나폴리를 중심으로 한 이탈리아 남부였다. 본래 에피쿠로스파가 아테네에서 자급자족적인 공동체를 형성하여 공공적 · 정치적인 세계에서 격리된 생활을 했듯이, 거기에서는 '정원'에서 생활했다. 실론이나 필로데모스 등 그 활동이 비교적 잘 알려진 그리스인들은 그 저작이 전해지지 않은— 다만 후자에 관해서는 헤르크라네움의 파피루스 문서의 해독에 의해 그 저작 활동이 명확해지고 있다—것과는 정반대로 루크레티우스는 그 작품만 유명하고, 그의 삶에 관해서는 거의 알려지지 않았다. 아마 이 시(詩) 작품이 봉정되고 있는 멤미우스라는 인물이 유력한 정치가라는 것을 상기한다면, 공적인 세계와도 관련을 가진, 말하자면 '시정(市井)의 대은(大隱)'이었을지도 모른다. 제2권의 앞부분에서 "폭풍우가 파도를 거슬러 용트림하는 대해에서 다른 사람의 쓴 고통을 육지에서 바라보는 것은 즐겁다. 다른 사람의 고통이 즐거운 것은 아니다. 그러한 재난을 자신이 피하고 있는 것을 인식해서 마음이 즐거운 것이다"라고 방관자적인 독백을 하고 있는 것은 그 말을 뒷받침할는지도 모른다.

전부 6권으로 이루어진 이 서사시는 그 운율(이른바 "6각음[hexametre]")에 맞춰지기 때문에, 예를 들어 일의 성질상 자주 사용되는 "원자(atom)"라는 말에 대해서도 다종 다양한 의미로 쓰고 있지만 철학 시에 대한 편견도 있어서 그 기교의 추출을 이야기하는 의견도 있는 한편, 원자의 랜덤한 운동에 맞춰 일부러 통상적인 의미의 연계로부터는 부자연스러운 위치에 흩어져 있다고 하는 연구도 있다. 어쨌든 시인 자신이 "그리스인이 암시한 창조적인 견해를 라틴 시구에서 명확히 하기란 대단히 어려운 것이라고 말하지 않을 수 없다. 말의 지극함과 내용의 신기함 때문에 다기한 새로운 말로 그것을 쫓아가지 않으면 안되기 때문에 역시 더욱 그렇다"라고 탄식하고 있듯이, 이 시기의 로마인 전체의 창업의 노고를 그도 또한 시의 영역에서 즐기고 있는 것이다. 실제로 이 "공포를 불러일으키는 어둠을 제거하는 것이 빛이듯이, 무지에 의한 두려움을 제거하는 것은 자연의 실상과 법칙이다"라고 하는 생각은 그 시에서 몇 차례 반복된다.

하지만 이렇게 감미로운 노고로 점철된 시는 전체적으로 꽤 명료한 구성을 취하고 있다. 먼저 웨누스(비너스, 그리스에서는 아프로디테)에 기도하는 것으로 시작하고 있는데, 이것은 무신론에 반하는 것이라고 자주 지적되고 있는데, 이것을 "쾌락"의 별명이라고 생각한다면 그것이 대지의 다산적인 풍요 신과 동일시되고 있는 것은 에피쿠로스파의 입장에서는 대단히 자연스러운 것이다. 제1권에서는 자연의 기본적인 원리가, 제2권에서는 그 원자론적인 전개가, 제3권은 정신 활동과 신체, 생명의 관계와 죽음이, 제4권에서는 인식과 행동에서의 감각의 역할과 그리고 생식 활동이, 제5권에서는 세계와 인류 사회의 생성의 자연사적 과정이, 그리고 마지막 제6권에서는 천기 · 풍토의 설명에서 천변(天變) · 지이(地異), 그리고 전염병의 유행으로 인한 붕괴의 과정이 각각 서술되어 있다.

이 책의 끝부분에는 펠로폰네소스 전쟁 중의 아테네의 전염병에 관한 투키디데스의 『전사(戰史)』 제2권의 유명한 서술을, 우주의 이변에 적용한 비참한 서술로 간주하고 있다. 루크레티우스는 아마 이 시를 완성하지 못한 채 죽었다고 생각되는데, 이것은 전적으로 우연일는지 모르지만, 자신의 죽음은 누구도 스스로 체험할 수 없기 때문에 두렵지 않다고 생각한 에피쿠로스의 사상에 충실한 이 시인의 작품에 상응하는 끝맺음 방식이다.

철학자 열전

디오게네스 라엘티우스
Vitae Philosophorum, 270?

니체가 약관 24세에 바젤 대학의 고전 문헌학 교수로 초빙된 것은 주로 이 『디오게네스 라엘티우스』의 성립사에 관한 연구 때문이지만, 종종 그 저자의 "어리둥절한 두뇌"를 야유하고 있다. 그러나 학설과 그 계승에 관한 서술(통상 이것을 "독소그라피"라 부른다)과 (가십이나 이야기거리도 포함한) 개인적 에피소드를 중심으로 한 전기(바이오그라피) 양자로 이루어진 이 철학자 열전은 세 개의 일화만 있어도 그 철학자의 인물됨됨이와 체계를 묘사할 수 있다고 호언장담하며 니체 그 사람을 일개 라엘티우스주의자로 만들어버린 매력을 갖고 있다.

통상적으로 저자의 이름을 따서 『디오게네스 라엘티우스』(Diogenes Laertius)라 불리는 이 사상 최초의 철학자들의 전기를 쓴 저자 자신의 생애는, 그 저작을 남긴 것 이외에는 아무 것도 확실하게 알 수 없다. 이 책 끝의 에피쿠로스에 관한 권(제10권)의 내용의 풍부함과 상세함으로부터 기원후 3세기의 같은 학파의 일원이라고 생각하는 연구자도 있지만 명확히는 알 수 없다. 확실한 것은 이 저자가 반드시 일관된 방법으로 이 열전을 편집한 것은 아니라는 점이다. 실제로 독자는 종종 니체의 불만을 공유하게 될 것이다.

전 10권의 구성 중에 제1권은 전설적인 "7현인", 제2권은 아낙시만도로스와 아낙시메네스, 그리고 아낙사골라스라는 이오니아의 자연 철학자들과 소크라테스와 소(小)소크라테스 학파, 제3권은 플라톤, 제4권은 플라톤의 학원인 아카데미아파가, 뒤에 회의론화한 신아카데미아파와 함께 다루어지고, 제5권은 아리스토텔레스와 그의 학원 류케이온을 모은 페리파토스 학파(이 이름은 '산책'에서 유래한다), 제6권은 안티스테네스와 ("이야기거리 속의 철학자"로 유명한) 디오게네스 등의 견유(犬儒)파 및 메가라파, 제7권은 그것들로부터 출발한 스토아 학파, 제8권은 피타고라스와 엠페도클레스 등의 오르피즘의 흐름을 다룬 사람들, 제9권은 헤라클레이토스, 크세노파네스 및 팔루메니테스를 필두로 한 엘레아파, 레우키포스와 데모크리토스 같은 원자론자에 소피스트의 프로타고라스, 그리고 회의론자 퓨론과 그의 제자 티몬, 그리고 마지막 10권에서는 앞에서도 다룬 에피쿠로스에서 매듭짓고 있다. 이른바 "소크라테스 이전의 철학자들"이 개인 개인으로 문제가 되고 있는 데 반해서, 헬레니즘 시대에 들어서면 학파마다 그 계통이 문제가 되는데, 이렇게 언뜻 보기에 다양한 학파의 나열도, 제1권을 신화적 · 전통적인 것으로서 고려하지 않는다면, 제2권부터 제7권까지의 이오니아(에게해 동쪽 지대)를 중심으로 한 철학의 전통과, 그리고 8권부터 10권까지의 이탈리아(아드리아해의 서쪽 지대)를 중심으로 한 그것으로, 크게 두 개로 나뉘어진 흐름을 상정하고 있음을 알 수 있다. 그리고 큰 틀에서는 오늘날의 철학사도 이 분류를 따르고 있다. 그러나 저자는 몇 개의 선행하는 자료에서 발췌하여 이 열전을 편집했다고 생각하지만, 그 인용 방식은 종종 자의적으로 학설지(誌)나 그 계통, 전기적 자료나 저작의 일람이라고 해도 각각의 자료를 유기적으로 종합한 시술이라고 생각되지는 않는다. 더구나 그 신빙성에 관해서는 철학자마다 편차가 심하여, 예를 들어 플라톤이나 에피쿠로스에 관해서는 비교적 정확하고 상세하지만 아리스토텔레스에 관해서는 저자의 지식이 일천하다.

하지만 그럼에도 불구하고 이 저작에 의해서만 가까이 갈 수 있는 정보도 많아, 그 자료적 가치는 결코 경시할 수 없다.

근세에 들어와서는 라틴어로 번역되어 많은 철학자에게 고대 철학의 정보원이 되었다. 예를 들어 회의론자 퓨론은 모든 판단을 정지한다는 자신의 학설을 실생활에서도 충실하게 지켰기 때문에 마차나 절벽이나 개로부터 그의 안전을 지키고, 그가 간 곳 어디에서나 친구가 생겨났다는 일화(제9권 62절)는 몽테뉴의 『에쎄이』에서 "레이몽 스본의 변호"를 통해서 데카르트나 파스칼에게도 영향을 미치고 있다. 이러한 예에서 대표되듯이, 학설과 삶의 방식 사이의 관계는 특히 헬레니즘 시기 철학자와 관련해서 중요한 의미를 가지며 최근에 그 의미가 재평가되고 있는데, 기본적인 자료를 제공하는 것 역시 이 책이다. 또한 그러한 철학자의 학설이나 삶의 방식뿐 아니라, 예를 들어 "만약 그대가 무엇을 잃지 않으면 그대는 그것을 갖고 있는 것이다. 그런데 그대는 뿔을 잃어버리지 않았다. 그렇기 때문에 그대는 뿔을 갖고 있는 셈이다"라고 말하며, 어느 사이엔가 뿔을 만들고 마는 논의 혹은 "그대는 아버지를 때리는 것을 중지하지 않으면"이라는 물음에 대해서는 "예"라고 답하든 "아니오"라고 답하든 어쨌거나 불효자가 되고 마는 논의 등 그리스인의 임기웅변 즐기기 · 논의 즐기기의 모습을 확인할 수 있다. 그런데 이것들은 단순한 궤변이 아니라 회화(會話)에서 전제하고 있는(현대 철학자 게라이스가 "인플리겐챠"라고 부르고 있는) 것의 중요성을 가르치는 매우 좋은 자료를 제공하고 있다. 이렇게 읽는 사람의 관심에 따라 흥미진진한 책이다.

엔네아데스

플로티노스
Enneades, 301?

플로티노스는 플라톤, 아리스토텔레스와 나란히 로고스에 의해 진리를 추구한 고대 그리스 철학자의 최고봉으로 열거된다. 다른 측면에서는 이슬람 신비주의, 서구 중세 신비주의의 하나의 원류로서 타의 추종을 불허하는 영향력을 가진 사상가이기도 하다. 그 플로티노스의 전집이 『엔네아데스』이다.

후세의 증언에 의하면, 플로티노스(Plotinos : 205~70)는 상이집트의 류코폴리스(현재의 아스유트)에서 태어났다. 다만 제자 폴르퓨리오스의 『플로티노스전』 앞부분에는 그가 육체를 걸치고 있는 것을 부끄러워하여 그의 종족, 양친, 조국에 관해 아무 말도 하지 않았었다고 서술하고 있으나 진상은 명확하지 않다. 28세에 철학에 뜻을 두어 알렉산드리아에서 수수께끼의 철학자 암모니오스 사카스의 가르침을 받았다. 스승이 죽은 뒤 39세에 골디아누스 3세의 페르시아 원정군에 자발적으로 참가한 것은 페르시아나 인도에서 융성하던 철학을 체험해보고 싶은 욕망 때문이었다. 종군 이전에 플로티노스가 암모니오스 혹은 다른 정보원으로부터 페르시아나 인도 철학의 내용을 들어 알고 있었을 가능성이 있다. 당시는 『화엄경(華嚴經)』의 형성기에 상응하며, 플로티노스의 직지계(直知界)의 구조와 유사한 사상이 『화엄경』에 보여지는 것, 더욱이 무역 · 문화 교류가 활발하던 당시의 국제 도시 알렉산드리아에는 불교 보급 센터가 이미 존재하고 있었다는 설 등을 고려한다면, 동서 사상의 실질적인 접촉이 플로티노스에게서 인식되게 된다. 이것은 우리 동양인들의 사색을 자극하는 가설이지만, 서양 학자는 대체적으로 이에 부정적인 견해를 갖고 있다.

그런데 골디아누스 3세가 암살당하여 원정이 좌절되자 40세에 그는 로마로 간다. 결핵이 원인(최고 유력한 설)이 되어 66세의 생애를 근교 캄파니아에서 마무리하기까지 황제의 미망인으로 추측되는 게미나의 로마 집에서 26년 동안 머물면서 철학을 강의한다. 하지만 피타고라스 · 플라톤적으로 쓰여진 문자에 대한 불신 때문에 당초 그는 수업만 하고, 제자를 시켜 저술 활동을 시작한 것은 49세 때부터였다. 따라서 우리들이 접촉할 수 있는 것은 그의 원숙기에서 말년에 걸친 사색의 흔적뿐이다.

『엔네아데스』란 고대 그리스어로 "엔네아스"의 복수형으로 "9개 1세트의 것이 여러 개"란 의미다. 제목으로는 그것이 몇 세트인지 알 수 없지만, 실제로는 6세트다. 따라서 『엔네아데스』란 "9편집 집성"이고, 실질적으로는 $9 \times 6 = 54$편의 논문으로 구성된 플로티노스 저작집을 의미한다.

그런데 이 54편이란 수는 그 자신이 쓴 논문수와 정확히 일치하지는 않으며, 저작의 자구 수정 및 출간을 위임받은 폴르퓰리오스가 만들어 붙인 숫자이다. 즉 2분할된 논문이 2편, 3분할된 논문이 2편, 4분할된 위에 별도의 위치에 분산된 것이 1편(III_8, V_8, V_5, II_9), 여러 조각의 글을 모은 것이 1편(III_9)이란 짜임새이다. 그런데 왜 '9'와 '6'이란 숫자에 구애받았는가 하면 '6'은 완전 수이고 '9'는 신학의 극치를 표현하는 수의 상징적 해석에 근거하고 있기 때문이다. 제1엔네아데스는 9개의 윤리학적인 논문, 제2 · 제3엔네아데는 각각 세계(우주)에 관한 자연학적인 9개의 논문을 담아, 이 3개로 제1권을 이룬다. 제4엔네아데스는 혼에 관한, 제5엔네아데스는 누스(直知者)에 관한 9개의 논문을 수록하고, 이 2개가 제2권을 이룬다. 제6엔네아데스는 존재와 일자(一者)를 다룬 논문을 수록하여 이것만으로 제3권을 이루고 있다. 각각 27, 18, 9편의 논문을 실은 각 권의 페이지 수가 같은 것은 역시 폴르퓨리오스의 강인한 분류에 의한 자의적인 결과라고 생각된다. 이렇게 분류한 것은 제1엔네이데스부터 제6엔네아데스까지 순서대로 읽어나감으로써 독자가 플로티노스의 철학 체계의 정점인 일자로 이끌린다고 하는 교육적 배려 때문이라고 할 수 있다.

또다른 문제점은 왜 폴르퓨리오스가 플로티노스가 죽기 직전인 270년이 아니라 약 30년 뒤에야 『엔네아데스』를 출간했는가라는 점이다. 하나는 시리아파 신플라톤주의의 지도자 이안브리코스와 사상적으로 대결하기 위한 무기로 플로티노스의 권위가 쓰여지고 있다는 견해도 있다. 이안브리코스는 플라톤 철학과 아리스토텔레스 철학의 일치를 바라는 폴르퓨리오스의 입장에 공감하여 280년 로마에서 사제 관계를 맺었다고 추측된다. 그렇지만 이안브리코스는 시리아에 되돌아가자마자 '칼데아 신탁'의 강한 영향 하에 들어가 철학보다도 비합리주의적인 의식을 중요시하는 신동술(神動術, 데우르기아)에 한층 더 기울어졌다. 거기서 폴르퓨리오스는 이성적인 철학을 통한 구원을 실현하려는 자신의 입장을 정당화하기 위하여 『엔네아데스』의 공간을, 나쁘게 말하면 이용했다는 해석도 있다.

따라서 엔네아데스적으로 플로티노스 저작집을 읽는 것은 편집자의 의도에는 맞지만 반드시 저자의 의도에 맞는 것이 아니기 때문에 54편을 집필 순으로 읽는 것이 좋다고 생각된다. 그렇지만 논문의 집필 순서를 우리들에게 전달하고 있는 것은 다름 아닌 폴르퓨리오스(『플로티노스전』 제4~6장)라고 하는 악순환이 있다. 필사본에 난외주에서 그 존재가 드러나고 있는 에우스토키오스판 플로티노스 전집을 갖고 있지 못한 우리들로서는 폴르퓨리오스의 지시에 따를 수밖에 없다.

고백

아우구스티누스
Confessiones, 397~400

『고백』은 "참회록"이라고도 번역되고 있듯이, 스스로의 죄를 깨우치고 그 회심(回心)의 과정을 회고할 뿐만 아니라, 사실은 그러한 "고백"이 동시에 또한 신의 "찬미"이기도 한 기제가 작동하고 있다. 그런 의미에서 엄밀하게는 자서전이 아니지만, 키케로나 세네카의 서한, 마르크스 아우렐리우스 황제의 『자성록』을 자서전이라고 하지 않을 수 없다면, 자기의 내력과 그것에 관한 자기 인식의 진전을 모은 이 책은 실질적으로는 자서전이라는 장르를 만들었다고 말할 수 있고 근대의 자서전 문학에도 적지 않은 영향을 미쳤다.

이 책에는 "나의 육체의 부와 모로부터 들은 바에 의하면, 당신(신)의 자애로운 위로가 나에게 주어졌다. 당신은 나를 부로부터 모 안에서 시간을 들여 만들었다"라고 기록하고 있지만, 아우구스티누스(Augustinus)는 354년 북아프리카의 다가스테(오늘날의 알제리의 숙 아하라스)에서 이교도 아버지와 열성적인 그리스트교도(뒤에 열성[列聖]이 됨) 어머니 모니카 사이에서 태어났다. 앞에서도 살펴보았듯이, 『고백』은 엄밀한 의미에서 자서전이 아니며 또한 회상도 아니며 기억이라는 내적인 통로를 거쳐 신에게 이르려 하는 것으로, 이미 이 서술에 아우구스티누스의 근본적인 자세가 나타나고 있다. 그것은 제1권부터 9권까지의 자서전적인 부분이 10권의 기억론을 매개로 하여 11권부터 13권에 『창세기』 해석이 이어지는 『고백』 그 자체의 구조에 구현되고 있다.

먼저 제1권은 신에 대한 호소와 기도로 시작하는 도입 부분에 이어서 어린 시절의 양육·교육과 죄가, 제2권에서는 다정다감한 청춘기의 우애와 방탕, 제3권에서는 키케로의 없어져버린 『포르텐시우스』에 의한 철학에 대한 자각과 마니교로의 경도, 제4권에서는 카르타고·로마 및 밀라노에서 계속된 수사학 교사로서의 세속적인 영달과 한 여성과의 만남, 제5권에서는 마니교로부터의 이탈과 아카데미아파의 회의주의의 계절, 제6권에서는 회심(回心)에 인도한 사제 암플로시우스와의 해후와 앞의 여성과의 이별, 제7권에서는 플라톤주의적인 저작에 의한 자신으로의 귀한과 밀라노에서의 신비로운 체험, 제8권에서는 386년의 그리스트교로의 회심과 다음 해 밀라노의 사제 암플로시우스에 의한 세례, 그리고 제9권에서는 오스티아에서의 또 한번의 신비로운 체험과 그 직후의 어머니 모니카의 죽음이 각각 말해지고 있다. 어릴 때 어머니에 의해 주어진 신앙에 대한 자각적인 귀환의 과정이 더듬어진 직후에 제2부라고 말해야 할 제10권에서는 "기억"의 문제가 다루어지고 있다. 뒤에 『삼위 일체론』에서와 같이 "기억—지성—의지"라는 삼위 일체 구조가 명확히 말해지고 있는 것은 아니지만, 신과의 만남의 장으로서의 기억은 "신의 닮은 꼴"로서의 인간의 "자기 인식"의 기반임을 보여주고 있다. 또 최후의 제11권부터 13권의 제3부는 『구약 성서』 창세기의 제1장부터 제2장 앞부분까지의 해석이지만, 천지 창조 이전의 신의 행위와의 연관에서 "시간"이 문제가 되고 있다. 과거는 역시 없고 미래는 아직 없을 뿐만 아니라 당연히 있어야 할 현재도 정신의 "직시(直視)"에 의해서만 포착될 수 있다. 이것에 대해서 과거에 대한 "기억"과 미래에 대한 "기대"를 첨가하여 시간은 "정신의 확장 *(distentio animi)*"으로 포착되고 있다. 이러한 성서의 영적·비유적 해석을 통하여 자신의 존재의 근원을 묻는 여행은 일정한 종착지에 이르게 된다.

이 작품은 397년부터 400년에 걸쳐서 집필되었는데, 이후의 그의 작업의 자취도 방대한 서간과 말년에 모아서 자신이 쓰고 해설한 『재고록(再考錄)』에 의해, 이 시대의 인물로서는 예외적으로 자전적 식견을 보여주고 있다. 그것은 플라톤주의적 그리스트교를 배경으로 한 고대 말기의 북아프리카의 전형적인 지식인이 그리스트교 문화와 고대의 교양 및 사상을 재편해가는 과정을 빠짐 없이 규명하는 좋은 재료를 제공하고 있다. 그후 앞에서 살펴본 신의 닮은 꼴로서의 인간 존재의 근본적인 구조를 해명하는 『삼위 일체론』이나 교회나 로마 제국의 역사적 고찰을 통한 종말론적 사고에 의해 역사 철학의 선구로 간주되기도 하는『신의 나라』를 쓰는 한편, 도나투스파나 페라기우스파 등의 이단에 대한 논박, 『시편 해석』이나 『요한 복음서 해석』 등의 성서 해석 등 많은 구술 · 설교를 통해서 서구 교회의 신학적 기초를 닦았다.

아우구스티누스는 서구 교회의 아버지로서, 카톨릭 신학의 지주가 되었을 뿐만 아니라, 아르노나 파스칼 등의 이른바 장센니즘 운동의 정신적 지주이기도 했다. 더욱이 루터를 통하여 프로테스탄트 신학에도 영향을 미쳤다. 또한 데카르트의 코기토 명제는 이미 아우구스티누스 속에 있었던 것은 아닌가라는 지적이 메르센느에 의해 제기되고 있기도 하다. 이렇게 아우구스티누스는 근세에도 계속 커다란 영향을 미치지만, 현대에도 럿셀의 시간론이 앞의 『고백』 제11권의 논술에 의한 것임은 잘 알려져 있으며, 또한 비트겐슈타인의 『철학적 탐구』의 앞부분이 『고백』 제1권 13절의 언어의 습득 과정에 대한 서술의 이용과 그것에 대한 비판적 음미에서부터 시작하고 있듯이, 현재의 철학자에게도 그치지 않고 계속 사색의 원천을 제공하고 있다.

신의 나라

이우구스티누스
Civitas Dei, 413~27?

"지상의 나라" 로마 제국의 붕괴 조짐에 직면하여 변경의 사제였던 아우구스티누스는 한편으로는 제국 내부의 위약성의 원인을 그리스트교에서 찾는 비난에 답하기 위하여, 다른 한편으로는 기존의 종교 · 문화의 타락으로부터 진정한 신앙을 지키기 위하여 『신의 나라』를 썼다. 제1부는 10권으로 이루어진 이교도에 대한 논박, 제2부는 이 두 개의 나라의 기원 · 발전 · 멸망을 대비하여 논한 각각 4권씩으로 된 총 22권의 대작이지만, 이 책의 어떤 의미에서 본보기가 되었던 플라톤의 『국가』나 키케로의 없어져버린 『공화국』과 더불어 고대의 국가관을 아는 데에도, 또한 서양 사상사상 최초로 모은 역사 철학적 통찰을 포함한 것으로도 중요하다.

410년 고트족의 아라릭에 의한 로마 약탈은, 비록 며칠 동안이라고 해도 로마 제국의 붕괴를 예고하는 것이었는데, 이 사건을 계기로 이미 콘스탄티누스, 테오도시우스 황제 때 공인 · 국교화된 그리스트교는 그럼에도 불구하고 어떻게 해서 이러한 재앙이 일어났는가라고 재래 · 기성의 종교로부터 비난을 받게 되었다. 『신의 나라』는 제1부에서 이러한 비난에 대한 반박으로 현세의 이익과 사후의 편안이라는 두 개의 관점에서 전통적인 신들의 숭배나 의례를 옹호하는 이교도에 대한 논박을 각각 5권씩 모았다. 전자에서는 주로 리비우스나 사르스티우스 등의 역사서에 근거하여 구체적인 사실이나 고사가 다루어지는 한편, 후자에서는 바로나 키케로에 근거하여 신학적인 입장이나 운명에 관한 철학적 논의에 포함되어 전통적인 관념을 구분하고 음미한다는 점에서 일종의 문화 비판의 취지도 내포하고 있다. 예를 들어 바로는 신학을, 신화적 · 자연적 · 시민적 세 가지 유형으로 구분한다. 그 중에 자연적 신학은 다른 두 개가 각각 극장과 시인, 도시와 민중에 상응하는 허영과 허구에 기도하는 것인데 반해, 적어도 세계에 관한 철학자의 진리 탐구에 관련된 점을 평가한다. 또한 감정에 관한 페리파토스파나 스토아 학파의 사고 방식을 소개하면서 그리스트교도에게 있어서의 그 의의를 고찰하고, 더욱이 아우구스티누스 자신이 젊을 때 그것을 통해서 그리스트교에 회심한 플라톤주의자들 중에서 격렬하게 그리스트교를 비판하고, 뒤에 그 때문에 분서(焚書)의 대상이 되었던 폴르퓨리오스에 대해서조차 그 육체 경시가 수육(受肉)의 사상을 거부하는 것으로 비난하는 한편, 플라톤적인 윤회설로부터 이탈한 것을 평가하기도 한다. 바꿔 말하자면 단순히 이교도 논박에 머무르지 않고 지상의 나라로서의 로마의 "빵과 서커스"로 상징되는 향락적인 생활과 구별하여 그 최량의 유산을 확정하고, 게다가 그리스트교 신앙의 우월성을 보여주는 것이 제1부의 목적이라고 할 수 있다. 결국 상징적으로 말하자면, 예루살렘을 단순히 바빌론으로부터 성별(聖別)할 뿐만 아니라, 아테네와의 대비에서 풍요롭게 하는 것이다——로마는 그런 의미에서 확실히 향락의 도시 · 바빌론적 요소와 학예의 도시 · 아테네적 요소를 겸비하고 있었다.

어쨌든 이러한 "지상의 나라"의 비판적 극복이 직접적으로 "신의 나라"의 지상에서의 실현을 의미하는 것은 아니다. 실제로 예를 들어 『복음의 준비』나 『교회사』를 쓴 에우세비오스나 그리스트교 시인 프레덴티우스는 콘스탄티누스 치하의 로마에서 "신의 나라"의 도래를 기대하고 있었다. 그리고 어떤 의미에서는 당초 아우구스티누스 자신이 교회와 제국의 협동에 낙관적이었던 시절도 있었지만, 바로 이 『신의 나라』의 집필을 독려하던 친구의 하나이자 411년 정통 교회와 도나투스파의 조정을 주재함으로써 신뢰가 깊어진

카르타고의 로마 총독부 고관 말게리누스가 2년 뒤에 책략에 의해 반역죄로 사형당하는 사건을 계기로 양자의 관계에 대한 비관적 · 반성적인 색채를 강화해갔다.

이 책의 제2부는, 따라서 "지상의 나라"에서의 타락이나 죄와 "신의 나라"에서의 지복이 대비되고 있다. 죄의 상세한 서술은 인간의 조건의 하나인 파노라마의 관점을 드러내고 있다. 그러나 이것이 단테적인 단순한 "천국과 지옥"의 대비가 아닌 것은 도래하는 "세상(*saeculum*)"이라는 사고 방식 때문이다. 이리하여 "세상"은 단순히 공간적인 것으로가 아니라 항상 시간적 · 종말론적인 것이고, 현실의 세계와 길항하면서 "신의 나라"를 지상에 매개하는 이념이기를 계속한다.

이상적인 국제(國制)의 실현이라는 문제는 플라톤의 『국가』나 키케로의 『공화국』, 그리고 또한 세네카의 생각에서도 보인다. 또한 아리스토텔레스 철학의 영향에 의해 자연법적인 생각에 기초한 토마스의 정치 사상과도 다른 것이다. 하지만 이들의 이른바 도덕적인 국가론이나 자연주의적인 정치 철학에 대하여 역사 철학적인 통찰을 부가한 점에서 아우구스티누스의 『신의 나라』는 문자 그대로 프라이징그의 오토 등의 세속적 이해를 통해서 신성 로마제국의 체제 이데올로기가 되는 한편, 루터나 헤겔을 통해서 신학적 · 철학적 개혁 운동에 영향을 미치기도 한다. 이러한 오해 혹은 전개는, 그러나 그의 제자 오로시우스에 의해 로마에서의 "신의 나라"의 실현이 주장됨으로써 일찍이 시작되지만, 이러한 "신의 나라"의 세속화가, 즉 현존하는 "지상의 나라"의 성화(聖化)라고 하는 군주제의 이데올로기는 그 스승의 생각과는 일치하지 않는다.

신명론

슈도 디오니시오스 아레오파기테스
De divinis nominibus, 485~531?

『신명론(神名論)』은 6세기 초에 동방 그리스트교 세계에 나타난 '디오니시오스 문서군'(*Corpus Dionysiacum*)에 속한 그리스어로 쓰여진 저작으로, 신에게 부여된 명칭에 관하여 해설하고 있다. 거기서 보여지는 저자의 이름이 실제와는 다른 이른바 위서(僞書)임에도 불구하고, 이 책이 뒤에 동서 그리스트교 사상에 미친 영향은 크다. 결론적으로 말하자면, 프로크로스를 중심으로 한 후기 신플라톤파의 사상이 그리스트교 사상에 짙게 도입되게 된다.

『신명론』은 전부 13장으로 이루어져 있다. 1~3장은 전체의 요약과 방법론이고, 제4장부터 신의 이름이 서술되기 시작한다. 먼저 선(善)부터 시작하여 이것과 동격의 신의 이름인 미(美)·빛(光)·사랑(愛)이 같은 4장에 포함되어 있다. 그 뒤에 악(惡)에 관한 논고가 수록되어 있다. 다음 5장부터 존재·생명·지성이라는 신플라톤파에게 중용된 3조 개념(*trias*)이 나타난다. 그 뒤는 약간 불규칙한 형태로 지혜·힘·평화가 이어지지만, 이것도 세계형성을 드러내는 *trias*라고 생각된다. 제9장에서는 대·소·동·이·유사·비유사, 동·정 등의 기본적 대개념(같은 플라톤적 전통에 서 있는 것)이 다루어진다. 제10·12장에서는 성서에 나오는 몇몇 신의 이름이 다루어지고, 최후의 제13장은 1과 완전이라는 신플라톤파적 개념으로 마무리짓고 있다. 즉 이들 신의 이름의 계열은 근원적 원리를 드러내는 선에서부터 시작하여 존재 · 생명 · 지성이라는 형태로 노우스(*nous*, 理性)로 발전해가고, 지혜 · 힘 · 생명과 세계를 만들어내고 있는 이것을 가지고, 최후로 모든 것을 완성하여 궁극적인 목적인 1로 귀결되어, 신플라톤 학파의 출발과 귀환의 움직임을 드러내고 있다. 이것을 신명론의 횡적 구조라고 한다면, 이번에는 그 하나하나의 신의 이름에 관해서도 "세계내 존재자", "이데아적 존재자", "이데아적 존재자의 기체"라는 3층 구조가 나타나고 있다. 예를 들어 생명이란 신의 이름에서 신은 "생겨나는 것", "생명 자체", "생명 자체의 기체"라는 3층의 명칭을 부여하고 있다. 이것은 그밖의 모든 지성적 신의 이름에 관하여 마찬가지이고, 그것이 신명론의 이른바 종적 구조이다. 이러한 종횡의 구조에 후기 신플라톤파에 의한 그리스트교의 이해라는 저작의 의도가 드러나고 있다.

이러한 형식적 측면의 고찰과 더불어, 우리들은 이 책에서 신과 세계의 관계에 대한 몇 가지 중요한 발언을 발견할 수 있다. 그것은 예를 들어 제1장에 "신은 이름이 없으며, 또한 모든 이름으로 불린다"라는 역설이 있는데, 이것은 그대로 "신은 모든 것이며, 또한 어떤 것도 아니다(*panta ta onta kai ouden ton onton*)"라는 존재론적 표현이 된다. 이렇게 간결한 역설적인 표현이야말로 이 뒤 시대의 긍성 · 부성 신학의 행동 방식을 보여주는 것이다. 신은 모든 것의 전체적 원인, 즉 그 능동인 · 목적인 · 형상인 · 질료인 모두이기 때문에 신은 스스로 창조한 모든 것의 이름을 갖고 불려지며, 더구나 스스로는 이것들 모두를 초월하고 있는 것으로 어떠한 이름도 없다. 이러한 원인성과 초월성의 동시적 파악은 같은 저작군에 속하는 '신비 신학'에서는 모든 빛을 뛰어넘는 신의 어두움이라는 형태로 신비 사상의 원류로서의 의미를 부여하고 있지만, 이 『신명론』에서는 이 신의 모든 이름(全名)과 이름 없음(無名)의 역설이야말로 신의 이름에 관해 말하고 있는 이 책의 의미를 이루는 것이다. 즉 모든 지성적 명칭과 감각적 명칭은 신의 이름으로서의 의미를 가지며, 이들 이름을 음미함으로써 우리들을 그대로 신에게 귀의하게 된다.

그렇지만 이 책의 저자에 관해서는 아직까지도 명확하지 않다. 이 문서들이 처음 공개적으로 교회 활동 속에 나타난 것은 안티오키아의 사제 세베르스의 문서(531년)에서 인용한 것을 통해서라고 말해지고 있다. 각각의 저작의 앞부분에 "사제 디오니시오스와 동년배인 사제 티모테오스에게"라는 헌사가 있고, 더욱이 "신비 신학"의 몇 가지 사본의 앞부분에는 "아레오파고스의 재판관 디오니시오스의 (신비 신학)"이란 말이 있는 것으로 보아 이 책이 유포되자마자 그 저자는 사도 바울이 아테네에서 설교했을 때 회심했다고 말해지는(사도 행록 17, 34년) 아레오파고스의 재판관 디오니시오스(Pseudo Dionysios Areopagites)이고, 그 확신은 고대 · 중세를 통털어 거의 의심받지 않았다. 그렇기 때문에 이 저작들은 시대적으로 성서 뒤의 것이고, 그것에 어울리는 권위를 갖고 읽혀지게 되었다. 그리고 이 책의 내용은 앞에서 살펴보았듯이, 신플라톤파의 영향이 강하기 때문에 그리스트교의 신학은 일찍부터 그 영향을 받았다. 이것에는 서구의 아우구스티누스의 영향도 있지만, 이 디오니시오스 문서의 영향력도 무시할 수 없다. 특히 중세 초기 9세기에 스코투스 엘리우게나가 디오니시오스의 저작을 프랑스어로 번역하고 그 주해를 썼기 때문에 디오니시오스의 저작은 서구의 사상가에게 널리 알려지게 되었다. 더욱이 『신명론』은 알베르투스 마구네스나 토마스 아퀴나스에 의해서도 주해되어 『신학 대전』에도 영향을 미치고 있다. 특히 토마스의 동문 학자인 슈트라스부르그의 울리히의 『선에 관한 대전』에 관한 『신명론』의 영향은 그 내용뿐만 아니라 그 구성에서도 현저하다.

르네상스 이후에는 이 저작의 진정성이 의심받기 시작하지만, 결정적인 반증을 찾지는 못했다. 19세기 말에 스티글마이어와 고호 두 사람이 이 저작이 신플라톤 학파의 프로크로스(412~85)에 의거하고 있다는 사실을 증명하였다. 그 결정적인 증거는 『신명론』 제4장에 수록된 "악"에 관한 논의가 프로크로스의 『악의 실체에 관하여』에 의거한 문서라는 것이고, 그 전후 관계의 결정이 결정적인 증거이다.

신학 대전

토마스 아퀴나스
Summa Theologiae, 1265~73

중세 그리스트교 문화가 낳은 위대한 작품이며, 전체로서의 균제미, 간결하고 철저한 논의로 이루어져 있으면서 마치 "성스러운 가르침" 그 자체를 말하는 것 같은 인상 때문에 종종 고딕식 성당에 비유된다. 성서에 근거한 그리스트교 사상과 아리스토텔레스, (신)플라톤주의 등 그리스의 지혜를 종합한 체계로 12세기 르네상스 이래의 서구의 사상적 과제에 답하고 있다.

아퀴노의 토마스(S. Thomas Aquinas : 1224/26~74, 토마스 아퀴나스는 르네상스 풍 라틴어에서 유래)는 남이탈리아 나폴리 왕국의 로카 세카에서 기사의 막내 아들로 태어났다. 1239년에 나폴리 대학 인문학부에 입학. 뒤에 도미니크회에 들어가서, 당시 유럽의 성서 · 아리스토텔레스 연구의 중심지인 파리에서 알베르투스 마그네스 밑에서 수학하였다. 1248년에 스승을 좇아 쾰른으로 이주하여 성서학 강의를 시작하고, 50~51년에 사제에 서품되었다. 1252년에 파리로 되돌아와 명제 논집 강사로서 강의, 토론, 설교 이외에 『있음과 본질에 관하여』를 써서 존재(엣세)의 철학을 확립하였다. 1256년에 파리 대학 신학부의 교수(마기스테르)에 취임. 1259년에 도미니크회 로마 관구의 수도회 고문이 되고, 1261년부터 63년에 걸쳐 『대(對) 이교도 대전』 전 4권을 완성한다. 1265년에 로마의 새로운 도미니크회 신학 대학의 지도를 맡았다. 이 무렵 『신학 대전』 제1부를 완성하였다. 번역가 길레르무스에 의한 아리스토텔레스, 프로크로스 역을 이용하여 본격적으로 주해를 다는 일에 종사한다. 1268년 11월 파리 대학 교수로서 아베로에스파와 논쟁하여 『지성의 단일성에 관하여』를 썼다. 성서와 아리스토텔레스 주요 저작의 주해 및 『신학 대전』을 계속 써 5년에 걸려 제2부를 완료한다. 1272년에 나폴리로 되돌아와 신학교를 창설하는 일과 더불어 각종 주해나 『신학 대전』 제3부의 완성에 전념했다. 1273년 12월 6일, 미사 도중에 심경의 변화가 일어나 이후 방심(放心) 상태에 빠진다. 다음 해 리용의 공회의를 여행하던 도중에 훗세 누오바의 시토회 수도원에서 1274년 3월 7일 이른 아침에 47세로 귀천.

전집은 여러 차례 간행되었고, 현재는 레오니아판이 간행중이다. CD-ROM 전집도 간행되어 있다. "대전(大全)=*Summa*"이란 "정상"·"전체"·"총괄"을 의미하는데, 12세기 경부터 학문 내지 지식의 영역 전체에 걸친 간단 명료한 종합을 의미한다. 그리고 12~13세기의 많은 숨마가 쓰여졌지만, 그 반면 무익한 번잡화도 생겨났다.

토마스는 『신학 대전』의 서문에서 초심자의 입문서로, 즉 그리스트교의 진리에 관한 것들을 학습 순서에 따라서 간단 명쾌하게 썼다고 말하고 있다. 논술의 형식은, 예를 들어 제1부 제1문 "성스러운 가르침에 관하여, 그것은 어떠한 것이고 어떠한 범위에 미치는가" 제1항 "철학적 학문들 이외에 다른 가르침을 가질 필요가 있는가"라고 하는 것처럼, 문제(전부 512개)되고 있는 항으로 나누고 있다. 각 항에는 먼저 몇몇 정선된 대표적인 "이단"이 서너 개 제기되고, "하지만 반대로"에서 반대되는 테제가 열거되고 있다. 대부분 성서나 교부(敎父)로부터 인용한 것으로 토마스의 입장을 드러낸다. 주요 문장에서 자신의 입장을, 주로 아리스토텔레스적 논리로 이성적으로 서술하고, 뒤이어 "이단"에 대한 해답을 준다.

제1부 제2문의 머리말에서 토마스는, 이 책의 의도는 만물의, 특히 인간의 근원이자 목적인 한에서 신에 관한 지식을 전달하는 것이라고 말하고 있다. 그런데 『신학 대전』은 3부로 나누어져 있다. 제1부는 만물의 근원인 신에 관

하여, 그리고 신과의 관계에서 여러 피조물, 특히 인간을 논하고 있다. 제2부는 신과 비슷한 모양으로 창조된 인간의, 신을 향한 운동이라는 관점에서 광의의 윤리적 문제가 다루어지고 있다. 총론과 각론 2부로 구성되어 있다. 신은 인간에게서 "시원"이자 "귀결점"이다. 이것은 신플라톤주의적인 출발 · 회귀를 상기시키지만, 신으로부터의 출발이란 만물이 신(의 지성과 자유로운 의지)에 의해 창조됨을 의미한다. 인간은 "신의 닮은 꼴"로 신과 마찬가지의 지성과 의지를 갖고 있으며, 자유롭게 "신의 닮은 꼴"이 되어야 할 과제를 갖고 있다. 그리고 신으로의 귀환을 완성하기 위해서(구제)는 신의 쪽에서부터 인간의 자연 본성을 뛰어넘어 부여된 은총이 필요하다. 따라서 자연적 덕으로는 불충분하고, 초자연적 덕으로서의 믿음, 바람, 사랑이 필요하다. 제1부에서 인간을 신에게까지 인도하는 "길"로서의 그리스트의 고찰이라는 관점에서 수육의 의미, 그리스트의 생애, 사후의 그 존재 형태로서의 비적(秘跡)이 논해지고 있다(그의 집필은 비적론의 중간 94문제 제4항까지). 은총은 자연을 파괴하지 않고, 오히려 이것을 완성한다고 하는 토마스에게서 이른바 자연신학은 성서에 근거한 계시 신학을 받아들이기 위한 전제이고, 또 그것에 의해 완성된다. 그것은 자연 이성의 자기 초월적 파악에 근거하고 있다.

생존 중에도 그의 영향력은 매우 컸다. 설교자로서의 명성은 『신곡』의 제4천(天)의 12현자의 우두머리가 될 정도이다. 하지만 도미니크회파의 열렬한 예찬과 더불어 전통적인 교구 사제나 프란시스코회파로부터의 비난도 있었다. 이미 1270년에 공적인 반격을 받아 1277년에 파리 주교 단피에 및 옥스포드의 캔터베리 대주교 킬와비에 의한 단죄에도 토마스에게 돌아가는 것이 포함되어 있다. 1323년에 열성(列聖)이 됨으로써 논쟁의 종지부가 찍혔다. 토마스주의 운동은 1879년의 레오 13세의 칙령 "에데르니 파트리스"에 의해 카톨릭 세계 전체에 널리 퍼졌다. 다른 한편 학문적인 중세 철학 연구도 19세기 말부터 융성해져서 엄밀한 역사적 연구가 성행하게 되었다.

학식 있는 무지에 관하여

니콜라우스 쿠자누스
De docta ignorantia, 1440

중세 말기에 신학 교수도 철학 교수도 아닌 한 사람의 교인에 의해 쓰여진 이 책은 역설로 가득찬 신선한 내용으로 말미암아 당시의 스콜라 철학을 뒤흔들었을 뿐만 아니라, 중세의 막바지를 타개하려고 고민하고 있던 사람들에게 지적 자극과 용기를 주었다. 이후에도 다양한 입장의 사람들에게 계속 읽히면서 영향을 주고 있다.

15세기의 철학자이자 로마 카톨릭 교회의 교회법 박사로서 추기경, 신학자이기도 한 니콜라우스 쿠자누스(Nicolaus Cusanus : 1401~64)는 유럽 중세가 르네상스를 거쳐 근세로 변천해가는, 정확히 그 전환기를 살았던 사람이다. 독일 서남부의 시골, 모젤 강변의 쿠스에서 한 시민의 아들로 태어난 그는 그 탁월한 학식과 행동력으로 중세 카톨릭 교회의 상식으로는 거의 생각할 수 없는 출세를 하여 브리쿠센의 주교가 되고 말년에는 교황의 고문으로 취임하여 로마 교황청 내부의 개혁에 전력을 다했다.

1437년부터 38년에 걸쳐서 쿠자누스는 로마 교황의 파견 특사의 일원으로서 동서 교회의 교류를 위하여 그리스로 부임했는데, 그 귀로의 선상에서 *Docta ignorantia*(학식 있는 무지)라는 사상을 신으로부터 선물로 받아 그것을 책으로 전개한 것이 이 책이라고 그는 책 끝부분에 쓰고 있다. 1440년 12월에 고향 쿠스에서 집필을 마쳤다.

그런데 이 책을 집필한 근본 목적은 혼란이 극에 달한 당시의 서구 그리스트교 및 로마 카톨릭 교회의 신앙의 존재 방식을 근본적으로 쇄신하기 위하여, 신과 그 피조물인 우주 및 인간 삼자의 관계를 생기발랄하게 사람들에게 제시하는 것일 것이다. 이 목적을 구현하기 위하여 쓰고 있는 방법 및 태도, 그리고 거기서 생겨나는 이해가 *Docta ignorantia*(학식 있는 무지, 지 있는 무지, 조명된 무지)라는 독특한 것이다. "사람은 자신이 무지하다는 것을 알면 그만큼 더욱 지 있는 것이 될 것이다"(제1권 제1장 끝부분). 이 역설적 표현은 말할 것도 없이 소크라테스의 "무지의 지"를 답습한 것이지만(제1권 제1장), 쿠자누스는 그것을 그리스트교적 입장에서 독자적으로 전개하여 소크라테스의 비판적 역설과는 다른 지평을 제시하고 있다. 이 "학식 있는 무지"는 첫째로 절대적 최대자이자 무한자로서의 신과의 비교에서 인간을 철저한 부정성 속에 위치지우는 사유이다. 인간의 최대의 인식 능력을 가지고도 신의 존재 방식을 진실되게 취할 수 없는 것을 수학적 · 기하학적 비유를 써서 고찰함으로써 독자가 사실처럼 체험할 수 있게 해준다. 하지만 둘째로 이 부정성은 크게 생산적인 것으로도 전화되는 것이다. 즉 자신이 단지 그만큼의 존재로서는 전적으로 무력한 것이라는 것을 깊게 자각하여 신 앞에서 철저하게 겸손한 자가 된다면, 그때에 인간은 신의 은총에 기대어 커다란 창조력, 인식력이 있는 자가 된다고 논하고 있다.

이 책은 3권으로 이루어져 있다. 제1권에서는 신에 관하여 논하고, 신은 전통적인 스콜라 학의 방법으로는 포착할 수 없고, 부정 신학에 의해서만 접근할 수 있다는 것을 여러 각도에서 증명하고 있다. 제2권에서는 피조물로서의 우주가 "부정적으로 무한"한 신과는 다른 "결여가 있는 무한"한 것임을 명확히 하면서 무한한 우주 중에서는 지구가 특별한 지위를 차지하는 것이 아니라는 것을 형이상학적으로 논하고 있다. 제3권에서는 신과 우주와 인간을 매개하는 것으로서의 그리스트와 교회에 관하여, 성인 그리스트가 인간의 최고의 이상임을 명확히 하면서 교회의 본래적인 존재 방식을 논하고 있다.

이 책 제1권에서 다루고 있듯이, 스콜라 학이 의거하고 있는 아리스토텔레스의 논리학과 모순되는 "반대 대립의 일치"의 사상을 필두로 하여 여러 가지 참신한 내용을 가진 이 책은 공간된 직후에 하이델베르크 대학의 신학 교수 벵크의 반격을 불러일으켜 쿠자누스가 이단이 아닌가라는 의심을 받기도 했지만 심문에 붙여지지는 않았다.

그런데 이 책에 내포되어 있는 사상은 그 내용의 풍부함 때문에 현대에 이르기까지 다양하게 이해되고 활용되어왔다. 먼저 천문학의 영역에서는 줄다노 부르노가 커다란 영향을 받았고, 또 최근의 연구에 의하면 지동설로 유명한 코페르니쿠스도 쿠자누스를 알고 있었다고 한다. 또한 "반대 대립의 일치" 사상은 파스칼도 『팡세』 제3편 231 이하의 여러 절에서 그것을 사용하고 있고, 더욱이 헤겔의 변증법에 대한 간접적인 영향도 말해지면서 그 선구가 아닌가라는 지적도 있다. 더욱이 "학식 있는 무지"의 사상도 또한 계속 많은 영향을 주고 있다. 예를 들어 몽테뉴의 『에쎄이』 제1편 54절 및 파스칼의 『팡세』 제5절 327절에 나타나고 있다. "학식 있는 무지"의 사상은 이 용어가 등장하는 것은 아니지만 칸트의 비판 철학에 연결되어 있는 것도 카시러에 의해 지적되고 있는 바이다. 이렇게 다양한 영향은 오늘날의 사상가 야스퍼스나 "구조 존재론"을 제창하는 롬바트, 『일반 시스템론』의 베르다란피에게도 영향을 미치고 있다.

우신 예찬

데시데리우스 에라스무스
Encomium Moriae / Laus Stulutiae, 1511

『우신 예찬』은 에라스무스의 방대한 저작 중에서도 가장 논란스러우면서도 가장 잘 알려진 저작이지만, 이 라틴어 산문에 의한 풍자 작품은 엄청나게 해박한 지식 속에서 넘치는 비판 정신으로 인해 조그만 저서임에도 불구하고 르네상스의 사상계에 눈부신 금자탑이 된 고전적인 명저이다.

에라스무스(Desiderius Erasmus : 1469~1536)는 성직자인 아버지와 의사의 딸인 어머니 사이에서 로테르담의 사생아로 태어났나(1466년에 태어났다는 설도 있다). 형이 한 사람 있었다. 84년에 양친을 모두 여의고 88년에 수도사가 되기 위해 선서를 했으며, 92년에 사제에 서임되었지만, 95년에 신학 연구를 위해 파리로 떠나 몽테규 학원에 들어가 그 다음 해부터 라틴어와 수사학의 개인 교수로 활약했다. 99년 제자와 함께 영국으로 건너가 토마스 모어와 친교를 맺었다. 생애를 통틀어 파리에는 1511년까지 전후 4차례, 영국에는 1517년까지 전후 6회 정도 체류하였다. 1500년 그리스-라틴의 격언 명구를 모아서 주해를 붙인 『격인집』을 파리에서 출판하여 휴머니스트로서 이름을 떨쳤으며, 1504년에는 『그리스트교도 병사 제요』를 안트워프에서 간행하여 복음주의 운동을 촉진했다. 1506년부터 3년 동안 이탈리아 여러 지방을 돌아다녔고, 1509년 영국의 모어의 집에서 체류하던 도중에 『우신 예찬』

을 써서 모어에게 헌정하고 그것을 1511년 파리에서 출판하여 대성공을 거두었으며, 같은 해부터 3년 동안 케임브리지 대학에서 그리스어와 신학 교수로 일한다. 1514년에 영국을 떠난 이후에는 주로 스위스에서 살았으며, 1516년 『교정 그리스어 신학 성서』, 1517년 『평화의 기도』, 1518년에 『대화집』을 어쨌든 바젤의 프로벤 서점에서 간행하였고, 1521년부터 29년까지는 편력의 일생에는 예외적으로 바젤에 장기 체류하면서 연구와 저술 활동에 전념하였다. 그 사이에 종교 개혁 운동이 첨예화함에 따라 점차 루터와 대립하였고, 1524년에는 『자유 의지론』을 출판하여 루터에 대한 태도를 밝혔다. 교황, 제후들, 종교 개혁가, 복음주의자들에 의해 유럽의 여러 곳으로 초빙을 받으면서도 "세계의 시민"이라고 하면서 사사건건 사절한 에라스무스는 구교도 측이나 개혁파 측 양쪽으로부터 격렬한 비판을 받았으나, 끝까지 자유 검토의 정신을 견지하여 그리스트의 복음을 설파한 대표적인 휴머니스트였다. 1536년 바젤에서 죽었다.

이 책은 저자가 1506년 가을부터 1509년 6월까지 숙원인 이탈리아 여행을 마친 후 같은 해 8월부터의 두번째 영국 체류 중에, 여행 중에 생각하고 있던 것을 모어의 별장에서 7일부터 10일 사이에 일필휘지로 써 내려간 극작 같은 풍자문이다. 출판하기를 주저했지만, 모어의 권유로 1511년 6월 파리의 쥐르 드 구르몬 서점에서 출간하였다.

에라스무스가 남긴 방대한 작품은 서한집을 제외하면 성서의 교정과 주석, 교부 연구, 신앙 입문서, 종교상의 논쟁 등 신학적 · 문헌학적인 학문적 업적을 드러내는 작품들과 고전어 · 고전 문학 학습의 입문서나 인간의 사는 방식이나 윤리의 지침서라고 말해지는 계몽적 · 교화적인 작품들로 크게 두 종류로 대별되는데, 이 책은 후자의 대표작이다. "로테르담의 에라스무스가 친구 토마스 모어에게 바친다"라는 헌사(1506년 6월 9일, 단 22년의 바젤판부터. 하지만 집필 경위를 보면 이 날짜는 의심스럽다) 뒤에 "우매한 신은 말한다"라는 표제가 있고, 본문은 장으로 나뉘어지지 않지만, 1713년의 프랑스어 번역

라틴판을 51년 파리에서 재판으로 찍은 이래, 1부터 68까지의 번호를 붙여서 내용을 구분하는 것이 관행이 되고 있다.

이 책은 그리스어로 광기 치우(痴愚)를 의미하는 모리아를 작가가 여신으로 만들어놓고, 이 "어리석은 여신(모리아)"에게 전체를 구술하게 하는 체제를 띠고 있다. 여신은 먼저 자신이 누구인가, 그 출신 · 성격 · 키워진 방식 등을 명확히 한 후에 신들과 인간이 그녀에게 얼마나 많은 이득을 주고 있는가를 의기양양하게 서술하고 있다. "사물을 확실히 일컫는 것이 나의 방식"이라고 판단한 여신은 누구 덕택으로 생명이 시작되는가를 필두로 하여 "인생의 좋은 것 모두 또한 나의 덕택", "모든 정열이 어리석은 여신이 생각하는대로"라고 자화 자찬하면서 이 세상의 쾌락과 행복, 우스꽝스러운 것과 어리석은 것 일체가 그녀의 매개에 의해 초래된 것이라는 등, 차례차례 자신의 이야기를 하고 있다. 이리하여 연애, 우정, 전쟁, 학문 기예 등등을 거쳐 그녀의 자화 자찬에 부합되는 도중에 독자는 이 우매함의 예찬이 실제로는 인간의 우매함에 대한 역설적인 비판임을 알아차리게 된다. 곧 이 유모어, 해학, 풍자는 이빨을 갈아 오히려 노골적인 사회 비판으로 옮아가서 철학자, 법률학자, 왕후 귀족, 궁정 신하부터 신학자, 수도사를 거쳐 마침내는 교황에게까지 이 우매하게 맡은 일이 어마어마하게 비판을 받으며 웃음거리가 될 것이다. 현란한 고전의 인용은 독자들에게 적지 않은 부담을 주지만 그 비판 정신은 오늘날까지 면면히 전해지는 걸작이다.

이 책의 초판 1,800부는 금방 팔려버렸고, 16세기에만 라틴어 원문판이 58쇄, 17세기에는 38쇄, 18세기에는 62쇄를 찍었다고 한다. 1520년에 파리에서 처음 프랑스어 번역판이 나온 이래 각국어로 번역된 대 베스트 셀러로 라플레와 몽테뉴가 직접적으로 영향을 받았다. 1542년에 파리 대학 신학부로부터, 54년에는 로마 교황 율리우스 3세로부터 금서 처분을 받았다.

유토피아

토마스 모어
Utopia, 1516

『유토피아』는 1516년에 르방, 1517년에 파리, 1518년에 바젤에서 공간되었다. 어느 판이나 16세기 그리스트교 사회의 공통 국제어인 라틴어로 쓰여졌고, 당시의 휴머니스트(인문주의자)의 그리스 · 로마의 고전적 레토릭에 관한 교양을 전제로 하여 복잡한 대화적 구조를 띠고 있기 때문에 다양한 해석을 낳으면서 현재에 이르고 있다. 더욱이 유토피아라는 형식도 많은 유사 작품을 만들어내어 문자 그대로 근대 유토피아의 원형이 되고 있다.

모어(Thomas More : 1477/78~1535)는 중세 런던의 상거래 중심지 밀크 스트리트에서 태어났다. 할아버지 존은 런던의 직물 상인이었으며, 아버지 존도 마찬가지로 링컨 법학원의 이사관으로 종사하여 두 사람 모두 같은 학원의 멤버였다. 할머니는 젠틀맨 존 레스터의 딸이었고, 어머니는 런던의 부유한 시민 토마스 글레인자의 딸이었다. 소년 모어는 캔터베리 대교구의 대법관 존 머튼의 양아들이 되어 뒤에 그의 추천으로 옥스포드의 캔터베리 칼리지(현재의 크라이스트 처치)에 진학했지만, 아버지의 뜻에 따라 중퇴하고 런던의 링컨 법학원으로 옮겼다. 이 무렵에 카르토지오회 수도원에 기거하면서 단식과 기도의 수도 생활을 계속했으며, 또 성 로렌츠 교회에서 아우구스티누스의 『신의 나라』에 관하여 연속 강의를 했다. 이 교회의 주임 사제 윌리암 글로션은 그리스어 학자이기도 한데, 그와 그리스어 공부를 시작한 모어는 법률가이면서 고전학자가 된다. 1499년에 영국을 방문한 휴머니스트 데시데리우스 에라스무스의 친구가 되고, 고전학의 방법을 성서의 원전이나 고대 그리스트 교부의 저작에 적용함으로써 그리스트교의 진리와 원천에 다가가 더욱 순수하게 이해할 수 있을 것이라고 믿었다.

이러한 "크리스천 휴머니스트"의 작품으로서 『유토피아』를 쓴 뒤에 모어는 국왕 헨리 8세의 요청에 따라 궁정에 들어가 상원 의원, 재무 차관, 랭카스터 공령 사정 장관을 거쳐 대법관이 되지만, 국왕이 제출한 왕위 세습법에 선서하기를 거부하였기 때문에 런던 탑에 구속되어 1535년 7월 6일 타워 힐에서 처형당했다. 그가 처형대에 오르자 발판이 여러 개 있어서 형리에게 "바라건대 멋들어지게 나의 몸을 들어올려주게. 떨어지는 것은 스스로 할 것이기 때문"이라고 말했다. 유토피아 섬의 주민은 "명랑하고 희망에 가득차서 죽어가는 자"에 관하여 "저 즐거운 임종만큼 자주, 그리고 즐거운 화젯거리는 없다"라고 그가 쓴 것과 똑같이 하였다. 그리고 모어의 최후의 말은 "국왕의 좋은 신하로서, 하지만 우선 첫째로 신의 하인으로서 죽는다"였다.

모어가 탄생한 것은 30년 동안이나 계속된 장미 전쟁 말기였고, 통일 국가를 만든 헨리 7세의 통치 14년 동안에 소년에서 어른이 되었다. 그때는 르네상스 예술의 전성기였다. 헨리 7세의 묘를 설계한 것은 미켈란젤로의 동료이고, 미켈란젤로는 모어보다 3살 위, 라파엘로는 5살 밑이었다. 그 당시는 또한 대항해 시대였으며, 『유토피아』에 실린 시는 "신세계가 발견된 날이 얼마 안되어 신기한 것을 보던가 말한다면, 우리들과 다른 생활의 길을 안다면. ……그렇다면 읽기에 앞서서 이 글을. 가지각색으로 모어가 묘사한 바이고"라고 말하고 있으며, 이야기의 주인공은 "아메리코 베스붓치의 동료가 되고 만다. 그리고 최근에 여기저기에서 읽히고 있는 저 4차례의 항해 중에 뒤의 3차례의 항해에는 처음부터 동행하고 있다"고 설정하고 있다.

모어의 전집은 이엘판 전 15권에 거의 완성되어 있지만, 그 3권인 라틴어 영역 대조의 『유토피아』는 13편의 시와 서간을 싣고 있다. 이 책의 제1권은 목양 인클로저와 정복 전쟁, 국왕의 재정 정책과 전제 지배를 비판하고, "사유 재산제가 먼저 폐지되지 않는 한 물건이, 어떠한 의미에서도 공정 · 정당하게 분배될 수 없으며, 인간 생활 전체가 행복해질 수 없다"고 주장한다.

그래서 이 책의 주요 부분인 제2권에서는 사유 재산과 화폐가 없는 새로운 섬에 관해서 이야기하고 있다. 54개의 도시와 그것을 둘러싸고 있는 농지로 이루어진 이 섬의 주민은 2년마다 도시와 농촌에 번갈아 살며 남녀 모두 하루 6시간의 노동으로 생산한 물자는 공동 창고에 저장하여 필요량을 자유롭게 소비할 수 있다. "전체 섬이 하나의 가족"을 이루어 유무 상통하고 2년치의 저축량을 넘는 부분은 수출하고 대금은 전비로서 저축되며 자기 나라나 우방국이 침략을 받는 경우에, 우방국의 상인이 부당한 처우를 받을 때의 보복전을 준비한다. 섬 사람은 "모든 것의 아버지"를 믿지만 종교적 관용이 인정되었다. 그리고 "신이 이끄는 곳은 어디에나 기쁘게 참가한다"라고 하면서 대중이 제창하는 기도로 귀결되고 있다.

이 구상은 모어가 체험한 중세의 수도원이 모델이 되고 있지만, 무역이 더욱 진전된 사회가 되고 있는 점에서는 모어와 런던 상인의 관계를 엿볼 수 있다. 그는 모험 상인 조합의 고문 변호사가 되어 모직물 수출 특허권을 갖고 있었다.

이 책의 해석은 "최초의 근대 사회주의", "영국 제국주의의 바이블"이라고 하는 것에서부터 "그리스트교의 이념에 근거한 새로운 사회"까지 다양하지만, 크리스천 휴머니스트의 작품으로 보는 것이 최근의 연구 동향이다.

그리스트교도의 자유

마르틴 루터
Von der Freiheit eines Christenmenschen, 1520

『그리스트교도의 자유』는 바이마르판 전집으로는 겨우 18쪽짜리 소책자이지만, 1520년에 출판된 이래 독일 종교 개혁의 역사에서뿐만 아니라, 오늘날에 이르기까지도 측정할 수 없을 정도의 영향력을 계속 행사하고 있다. 그리스트교 사상사의 걸작의 하나이다.

루터(Martin Luther : 1483~1546)는 독일 작센 제후령의 맨스필드 백작령 내 아이스레벤에서 태어나, 18세에 에흐푸르트 대학에 입학하여 문학 석사 학위를 취득한 뒤 법학부로 진학한다. 그 무렵 벼락을 맞이 수도원에 들어간다. 29세 때 신학 박사가 되고, 비텐부르크 대학에서 성서학 교수가 된다. 1517년에 유명한 「면죄부의 효력을 명확히 하기 위한 토론」(95개조의 문제 제기)을 발표하여 종교 개혁의 불을 지폈다. 1520년에는 종교 개혁의 3대 논문 『그리스트 교회의 개선에 관하여 독일 국민의 그리스트 귀족에게 준다』(8월 중순), 『교회의 바빌론 유수』(8월 하순), 『그리스트교도의 자유』(11월 중순)를 발표한다. 마지막 글은 독일어와 라틴어로 동시에 발표되었다, 이러한 그의 행동에 대하여 1520년에는 파문 협박 대교시 「주여 서리」가 발령되어 루터의 41개의 명제에 유죄 판결을 내렸다. 루터는 이에 항의하여 비텐부르크의 엘스타문 광장에서 이 교서를 불태운다. 뒤이어 1521년에 파문장 「로마 교황에게 상응하게」가 발령되어 보름스 제국 국회에 소환되어 자신의 저서의 말소를 강요당한다. 그는 도망쳐 숨으려 하지 않고 책임을 지려는 의미에서 "나는 남이게 할 수 없다. 나는 여기에 있다"라고 적으면서 그 요구를 거부한다. 이로써 종교 개혁의 개시라는 역사적 순간이 성립한다.

이 책은 교황의 특사 칼 폰 미르딧츠의 요청으로 쓰여졌다. 루터는 당시의 로마 카톨릭 교회와 타협할 여지가 남아 있지 않다고 느끼고 있음에도 불구하고, 쓸 데 없이 혼란을 야기할 의도가 없어 반대자로부터의 비난과 모독이 없는 한 반항적이고 공격적인 말을 하지 않으려고 생각하고 있었다. 미르딧츠는 이렇게 루터의 기본적인 태도가 교황의 인격을 손상시키고 있는 것은 아니고 바로 교회 안의 폐해를 개선하려고 하는 것임을 알고 그것을 명확히 할 저작을 쓰도록 요구했다. 그래서 루터는 『교황 레오 10세에게 바치는 글』을 썼고, 더욱이 자신의 기본 사상을 이 책에 모아놓았다. 거기에서는 논쟁의 그림자도 찾아볼 수 없으며, 종교적인 내면적 경험에 근거하여 마음속으로부터 조용히 넘쳐흐르는 복음적인 신앙이 설명되고 있다. 격동하는 개혁의 소용돌이 속에서 이러한 내적 침잠을 갖고 풍부하게 사상을 전개할 수 있는 것은 전적으로 경이롭다고밖에 생각하지 않을 수 없다.

본문에서, 오늘날에도 중요하다고 생각되는 세 가지 특징적인 사상을 살펴보면 다음과 같다.

(1) 앞부분에서 다음과 같이 말하고 있다. "〈그리스트교적인 인간〉이란 어디에 있는가? 또는 그리스트교도에게 그리스트가 확보해준 자유란 어떤 성질의 것인가? 이것을 근본적으로 인식할 수 있는 것처럼, 나는 우선 두 가지 명제를 내걸려고 생각한다. 〈그리스트교도는 모든 것 위에 선 자유로운 군주로, 어떤 사람에게도 예속되지 않는다〉, 〈그리스트교도는 모든 것에 봉사하는 종으로서 누구에게나 예속된다〉." 대단히 유명한 이 "자유로운 군주"와 "봉사하는 종" 사이의 대립 명제는 양자가 인간의 내적인 영혼과 외적인 신체 두 개의 영역으로 나뉘어 고찰되고, 또한 신앙과 사랑이라는 두 개의 관점으로 훌륭하게 해명하고 있다. 모순적인 대립을 통일적으로 해명하는 변증

법적 수법은 독일적이다.

(2) 신앙에 의해 의롭게 된다고 하는 그의 중심 사상인 의인론(義認論)은 죄인인 채로 무죄 방면된 법정적인 '의인'이라고 생각되고 있지만, 거기에서는 그리스트와 혼이 "하나가 되는" 신비로운 우니오(합일)가 설명되고 있다. "신앙은 혼을 통해서, 마치 신부를 그 신랑에게 짝지어주듯이, 그리스트와 일체가 되려 한다." 신앙은 인격 사이의 신뢰에서 생겨나고, 신뢰는 신앙에 의해 신과의 내면적인 영적 일체에서 얻어진다. 그래도 여기에서의 그리스트가 "부유하고 고귀하며 의로운 신랑"인데 반하여, 혼 쪽은 "가난하고 비천하며 악랄한 신부"라고 규정되고 있다. 그렇기 때문에 양자의 대응 관계는 '역대응'이 되고 있다.

(3) 결론 부분에서는 자유의 본질이 제시되고 있다. "그리스트교적인 인간은 자기 자신에게서가 아니라 그리스트와 그의 이웃 사람에게서, 즉 그리스트에게서는 신앙을 통해서, 이웃 사람에게서는 사랑을 통해서 생활한다. ……보라, 이것이 진정하게 영적인 그리스트교적 자유이며, 다른 모든 자유보다 훨씬 앞선 자유이다." 여기서 중요한 것은 자유가 이미 "자기 자신에게서" 생겨나지 않는 사람에게서 실현되고 있다는 것이다. 진정한 자유는 "자기로부터의 자유"에서 구하고 있다. 근대의 시작을 설파하는 자유는 인간의 심층에 있는 영적인 자유로, 정치적인 자유도 주체적인 자유도 아니다. 그런데도 당시의 사회 운동은 농민 전쟁에서 볼 수 있듯이, 루터가 말한 "그리스트교도의 자유"를 오해하여 정치적인 자유의 요구에 이용했던 것이다.

에쎄이

미셸 E. 드 몽테뉴
Les Essais, 1588

『에쎄이』는 전적으로 일관된 내용을 가진 체계적인 철학 저작이 아니라 방대한 사색의 퇴적물이라는 인상을 주는 착종된 서적이지만, 거기에는 정말로 깊은 인간 통찰이 유동적이고 이미지 풍부한 문체를 구사하여 보여지고 있으며, 르네상스 휴머니즘의 최후의 도달점을 보여주는 동시에 모럴리스트 문학의 원점이 되는 중요한 작품이다.

몽테뉴(Michel Eyquem de Montaigne : 1533~92)는 보르도 근교의 남작령 안의 생 미셸 드 몽테뉴(또는 몽타뉴)에서 부유한 신흥 귀족의 셋째 아들로 태어났다. 이탈리아에서 돌아온 아버지의 교육열 덕분에 프랑스어를 모르는 독일인 가정 교사에게서 유아기부터 라틴어를 모국어처럼 습득하는 특이한 교육을 받았다. 6세 무렵부터 7년 동안 보르도의 규이엔스 학원에서 공부했으며, 그후 보르도 대학과 뚤르즈 대학에서 고전과 법률을 공부하고서 54년에 페리그의 어용금 재판소 평정관이 된다. 3년 뒤 보르도 고등 법원으로 옮겨 70년까지 평정관 생활을 한다. 그 사이에 영원한 벗 라 보에시를 알게 되고 또 65년에 결혼하여 막대한 지참금을 얻는다. 68년에는 아버지가 사망하며, 그의 권고로 행한 레이몽 스본의 『자연 철학』의 프랑스어 번역을 69년 1월에 출판했다. 70년 4월, 은거 생활을 하기 위해 평정관 직을 팔아버리고 고향에서 독서 삼매의 생활에 들어간다. 72년 경부터 『에쎄이』를 쓰기 시작하여 80

년에 제1판을 간행한다. 같은 해 6월부터 지병을 치료하기 위해 이탈리아 여행에 나섰는데, 이 시기의 여행 일기는 1774년에 출판되었다. 81년 9월, 보르도 시장에 선출된 것을 통고받아 이탈리아의 온천장에서 11월 말 급히 귀국하여 85년 7월말까지 2기, 4년 동안 시장 직을 맡는다. 88년에 『에쎄이』의 개정 증보판을 출판하고, 이후 92년 자택에서 죽을 때까지 가필 교정에 전념하였다. 평정관 시절부터 왕후 귀족의 신임이 두터워 다시 파리에 올라가 신구 양 교도의 화해 · 조정에 분주하였고, 또한 보르도 시정에도 헌신하는 등 이 르네상스 사상의 휴머니스트는 또 종교 전쟁의 내란기 프랑스 정계의 중요 인물이기도 했다.

이 책의 집필은 72년 경부터 거의 10년이 걸렸고, 그 사이 가필 교정을 하면서 여러 차례 간행되었다. 하지만 사후에도 상당한 가필 부분이 남아 있어, 텍스트로서의 『에쎄이』의 성립 사정은 이렇게 복잡하다. 80년 3월에 보르도의 시몬 밀랑쥬 서점에서 나온 제1판은 서문 「독자에게」(80년 3월 1일 자)에 이어 제1권에 57장, 제2권에 37장을 수록하고 있다. 82년에 같은 서점에서 조금 가필한 제2판이, 더욱이 87년에 이번에는 파리의 장 리쉐 서점에서 제3판이 간행되었다. 하지만 88년에는 새롭게 쓰여진 제3장을 제3권에 모으고 이미 쓰여진 제1 · 2권에 500군데 이상의 가필과 1천개 가까운 교정을 한 제5판(이라고 불려지지만)이 파리의 아베르 랑슈리에 서점에서 출판되었다. 몽테뉴는 제5판을 죽을 때까지 손에 들고 다니면서 약 1,300군데의 가필과 약 3,500군데의 교정을 보았다. 이것이 "보르도본"이라고 불리는 원본으로 95년에 구르네 등에 의해 번역되어 간행되었다. 더욱이 20세기에 "보르도본"을 재검토하여 "보르도시판"이 편집되었으나(1906~20), 이 판은 1580년판 텍스트를 (a), 1588년판 텍스트와 가필 부분을 (b), 그것 이후의 가필 부분을 (c)로 표시하여 저자의 사색의 궤적을 더듬어보고 있는데, 이것이 결정판이 된다.

이 책의 내용은 그 성격상 간단히 요약하여 분석하는 것은 적합하지 않다.

3권 전107장에는 각각 "무위(無爲)에 관하여", "철학을 끝까지 연구하는 것은 죽는 것을 배우는 것", "식인종에 관하여"와 같은 제목이 붙어 있지만, 독자는 어디서부터 읽어도 반드시 인간이라는 것을 생각하게 되며, 더구나 저자의 독서의 궤적과 사색의 변천 · 심화에 부합되게 될 것이다. 몽테뉴는 대독서가로 세네카, 프르타르코스, 키케로, 플라톤, 케사르, 르쿠레티우스, 베르기리우스, 홀라치우스, 보단, 복카치오, 닷소를 필두로 하여 고금의 역사, 철학, 지리, 문학서를 독파하였다. 이러한 독서의 경험에서부터 다양한 테마에 따라 감상문이나 일화집을 모아두었다가, 점차 독자적인 판단을 붙여, 마침내는 자신을 소재로 하여 인간성의 증언이라고 하는 것까지 나아가고 있다. "각각의 인간은 인간의 조건의 완전한 형태를 갖추고 있다"고 확신하기 때문에, 또한 제목 "에쎄이(시도)"에서는 판단력을 작동시킨 결과의 의지가 포함되어 있음을 잊어서는 안된다. 따라서 이 책은 대체로 고금의 작가로부터의 인용과 그것에 대한 비판과 논평, 그리고 자신에 관한 비판적 묘사가 뒤섞인 모습을 드러내고 있다. 거기에서는 어떤 때는 스토아적인 생사관, 퓨론풍의 회의주의, 또 이 책 전체의 1/6을 차지하는 「레이몽 수본의 변호」(제2권 제12장)에서는 철저한 인간 이성 비판이 보여지는데, 어쨌든 인간성의 검토와 그것의 옹호에 다다른다.

이 책은 데카르트, 파스칼, 루소 등에게 커다란 영향을 미치는데, 프랑스적 정신의 원천 그 자체가 되었다고 말해도 과언이 아니다.

무한, 우주 및 세계에 관하여

지오르다노 브루노
De l' infinito, universo et Mundi, 1584

이탈리아의 철학자, 종교 사상가인 저자는 르네상스 때 유행하던 헤르메스주의와 고대 원자론의 강한 영향을 받아 유한하고 단지 하나인 전통적인 아리스토텔레스의 세계 대신에 무수한 세계를 포함한 무한한 우주의 존재를 대화편이라는 형태로 설명하고 있다.

브루노(Giordano Bruno)는 1548년 나폴리 근처의 소도시 노라에서 병사의 아들로 태어났다. 15세에 나폴리로 가서 도미니코회 수도사가 된다. 토마스에 경도된 스토아 학을 배우는 한편, 설교에 중점을 두는 도미니크회에서 중시하는 기억술(마술에서도 중요한 기능을 한다)을 습득하고 나폴리의 아카데미아를 연 데 라 폴타의 과학과 마술, 『헤르메스 문서』와 그것의 라틴어 번역자 피치노의 철학 등을 흡수했다. 피치노는 『헤르메스의 문서』를, 역사에서 오염되기 이전의 이집트의 원초 신학을 전달한 것으로 오해했다. 실제로는 기원후의 구노시스파의 사상에 많은 빚을 지고 있는데, 만물을 마술적인 애니미즘에서 찾고 마술사가 이것을 배워 자연을 지배한다고 하는 사상을 포함한다. 브루노는 이것에 깊이 감화받아 고대 이집트의 종교야말로 진정한 종교로, 그리스트교에 억압받고 있지만, 머지 않아 다시 부흥하여 카톨릭 교회와 합쳐질 것이라고 믿었다. 전생(轉生)의 신자이기도 했다. 예수를 마술사로 보고 제2위격을 부정했기 때문에 이단(아리우스파)으로 낙인찍혀 1576년에 나폴리를 도망쳐 유럽 각지를 전전하고, 1591년 베네치아에 초청을 받아 가지만 종교 재판소에 수감되었다. 이단 사상을 철회했지만, 로마에 보내져 8년 동안 감옥에서 지냈다. 그후 결국 자신의 견해의 철회를 거부해 1600년에 화형에 처해졌다. "당신 쪽은 선고를 받은 나보다도 겁내면서 그것을 언도하고 있는 것은 아닌가"라고 말했다 한다. 재판관 중의 한 사람이 뒤에 갈릴레오에게 코페르니쿠스의 주장을 포기할 것을 명령한 베라르미노 추기경이었는데, 19세기 후반에 브루노의 단죄의 이유는 코페르니쿠스의 지동설 때문이라는 설이 널리 퍼졌다. 이 재판 기록은 나폴레옹의 명령으로 파리로 운반된 뒤 처분되어 증명은 곤란하지만, 오늘날에는 그리스트론의 이단 사상과 마술의 실천이 주된 이유인 것으로 추정된다.

이 책은 프랑스 대사의 비호를 받던 런던 시절 저작으로, 당시 대학 등에서 여전히 정통 철학으로 추앙받던 아리스토텔레스 철학, 특히 우주론이나 물질론에 대해 철저한 비판을 한 논쟁적인 책으로 르네상스 때 유행하던 플라톤을 모방한 대화편으로 쓰여지고 있다. 기조는 헤르메스주의의 마술적·애니미즘적 세계관이지만, 15세기 초반에 발견된 이래 널리 읽혀져 고대 원자론의 세계관을 전한 르쿠레티우스의 『만물의 본성에 관하여』나 고대 원자론과 유사한 무한 세계설을 주창하여 태양도 지구도 유사한 천체로 본 니콜라우스 쿠제누스의 영향도 명확하다. 그밖에 의사이며 동심 지리론의 천문학의 부활·개량을 시도한 것으로 알려진 질로라모 후라카스트로의 반아리스토텔레스적 자연학 등의 영향도 보이며, 전체적으로는 절충주의적이다.

주제인 무한 세계설은 우리들의 눈에 보이는 코스모스(세계) 이외에 보이지 않는 무수한 코스모스가 있다고 하는 고대 원자론에서 유래한다. 하지만 유럽에서는 원자론을 무신론으로 배척하였을 뿐만 아니라 더욱이 플라톤, 아리스토텔레스의 논박, 즉 세계는 필연적으로 단지 하나라는 것의 논증 쪽이 그들의 철학과 더불어 널리 퍼졌다. 하지만 13세기에는 아리스토텔레스의 논증은 신의 전능함에 모순되는 것으로 퇴장당하고, 신은 복수의 세계를 창조할 수 있지만 현실에서는 하나밖에 만들지 못했다고 하는 명제의 합리화가 추구되었다. 브루노에 의하면, 신에게는 현실성과 가능성의 구별은 없고, 무한자인 신은 당연히 무수한 세계를 창조한다(충만의 원리). 마찬가지 이유로 공허는 없고, 에테르가 세계의 안팎을 채우고 있다. 그가 말한 세계*(mondo)*는 마치 태양계 규모의 것이고, 개개의 항성은 태양계에 유사한 세계의 중심으로 멀리서는 보이지 않는 세계도 있다. 무한은 감각의 대상이 아니라는 인식론이 배경에 있다. 우주*(universo)*는 세계와는 구별되며, 무수한 세계를 포함한 하나의 무한이자 부동의 것으로 창조되었다고 한다. 신학적 견지에서 이 무한자의 무한을 전개된 무한으로 하여 편재하고 있는 어떤 부분에서도 전적으로 무한한 신의 내포적인 무한과는 구별된다. 이 우주 상에 조화하기 위해 코페르니쿠스 설이 채택하고 있다. 천체는 영혼을 구비한 일종의 생물이며, 지구도 다른 혹성과 마찬가지로 그 영혼의 힘에 의해 태양을 중심으로 최선의 방식으로 회전하고 있다. 태양이나 항성도 움직이고 있다. 세계와 그 부분을 이루는 지구나 기타의 천체도 각각 영혼을 가진 신체이고, 같은 신체에 속한 물건은 하나에 모이게 되고 그런 한에서 무겁고 또한 둥글게 된다. 물은 가장 일찍 중심에 도달하는 것으로 가장 무겁고, 나무는 물로 종합되고 있는 경우에만 무겁다. 태양이나 지구 등은 밖에서 비추는 자에 대해서만 빛나게 보이지만, 전자는 견고한 철과 같이 불로 스스로 밝히고 빛나며, 후자는 물을 많이 포함하고 있기 때문에 반사로 약하게 빛난다. 다른 천체에도 거주민이 있다 등등. 아리스토텔레스를 논박한 흥미로운 논쟁이 다수 있다.

개개의 사상은 반드시 독창적이지는 않기 때문에 그 영향력을 확신할 수는 없다. 갈릴레오의 『천문 대화』의 구성 및 그 대화 첫째 날의 전통적인 철학에 대한 비판, 또 데카르트의 우주론과는 유사점이 인정된다. 캐플러에게도 영향을 주었다. 근대 과학이 태동하던 시대의 변한 눈을 상징하고, 반권위의 언론과 저자의 대담성이 역사적 흥미를 자아내는 책이라고 말해진다.

학문의 진보

프란시스 베이컨
The Advancement of Learning, 1605

『학문의 진보』는 영어로 쓰여진 최초의 철학서라고 말해지고 있다. 스콜라 철학의 관상적(觀想的)인 학문을 대신하여 자연 지배를 지향한 활동적인 학문을 제창했다. 몽테뉴의 『에쎄이』를 흉내낸 『수필집』(1597~1625)은 영국 문인이 모범으로 삼아야 할 명문이라고 칭찬받으며, 뒤에 베이컨-세익스피어설을 낳는 것이기도 하지만(오늘날에는 부정되고 있다), 이 『학문의 진보』도 성서나 그리스·라틴의 고전을 빼어 닮은 화려한 문체로 이루어져 있다.

베이컨(Francis Bacon : 1561~1626)의 아버지는 수많은 주요 직책을 역임한 고급 관료였고, 어머니도 국왕의 교육에 종사한 교양 있는 가문 출신이었다. 12살 때 케임브리지의 트리니티 칼리지에 입학했지만, 당시 대학의 학문, 바꿔 말하자면 아리스토텔레스의 학문에 실망하여 대학을 나온다. 그 뒤 아버지가 갑자기 돌아갔기 때문에 베이컨은 관직으로 생계를 꾸려나가게 되었다. 1584년에 간신히 하원에 의석을 얻었고, 그 이후 말년에 실각할 때까지 의원 및 관료로서 활약하였다.

그러나 불우한 시대가 오래 계속되었다. 특히 1593년의 의회 연설로 엘리자베스 여왕의 눈에 거슬려 희망했던 관직을 오랫동안 얻지 못했다. 이때 여왕에게 중재의 노력을 했던 사람이 에섹스 백작이었다. 그렇지만 에섹스 백작이 모반 혐의로 처형당한 뒤 베이컨은 에섹스를 단죄하는 글을 썼다. 배은 망덕하다는 악평이 이후 베이컨을 쫓아다니게 되었다.

1603년에 여왕이 죽는다. 스코틀랜드 왕 제임스 6세가 뒤를 이어 잉글랜드 왕 제임스 1세로 즉위한다. 새 국왕은 일찍부터 잉글랜드와 스코틀랜드의 합병 문제를 해결하려고 했다. 의회나 국민 사이에서는 반대 분위기가 강했지만, 베이컨은 합병 추진 쪽 논문을 국왕에게 헌상하였고, 의회에서도 합병에 찬성하는 연설을 했다. 이것이 국왕의 관심을 끌어 이때부터 베이컨의 영화가 시작된다. 차례차례 관직을 역임하다가 1618년에는 대법관이 되고, '웰람 남작' 을 수여받는다. 1621년 1월 22일, 베이컨의 60세 탄생일을 축하하는 향연이 성대하게 열렸다.

하지만 몇 주일 후에 베이컨은 뇌물을 받은 혐의로 고발당한다. 판결은 유죄였다. 엄청난 금액의 벌금을 냈을 뿐만 아니라 런던 탑에 유폐당했다. 얼마 되지 않아 석방되고 벌금도 면제받았으나 다시는 정계에 발을 들여놓지 않게 된다. 1626년 한겨울의 어느 날 마차로 외출하던 베이컨은 떨어져 쌓인 눈을 보고 그것을 식료품 보존에 이용할 수는 없을까 하고 생각했다. 즉시 집 앞에서 실험에 착수한 그는 혹한을 느꼈고, 그 뒤 며칠만에 폐렴에 걸려 사망했다. 불우함과 영화와 실각의 파란만장한 생애였지만, 에섹스 사건과 염직 사건은 죽은 뒤에도 그의 평가에 어두운 그림자를 드리운다. "모든 인간 가운데 가장 현명한 인물이자 가장 비굴한 인물"이란 포퍼의 베이컨 평이다.

베이컨의 생애의 과제는 학문의 "대혁신"이었다. 이미 25세 때에 이 구상을 했다고 말해지지만, 1607년에 쓰여진 초고에서는 다음과 같은 6부로 구성되어 있다. 제1부 「학문의 구분」, 제2부 「새로운 기관 혹은 자연의 해명에 관한 지표」, 제3부 「우주의 현상 혹은 철학 정립을 위한 자연지와 실험지」, 제4부 「지성의 위계」, 제5부 「선구자 혹은 제2철학의 예단」, 제6부 「제2철학 혹은 활동적 학문」. 이 가운데 집필된 것은 앞의 3부만이고, 그것도 모두 완성된 것은 아니다. 즉 제1부와 제2부는 일단 완성되어 출판되었지만, 제3부는 겨우 일부분만이 집필 · 간행되었다.

『학문의 진보』는 이 구상의 제1부에 해당한다. 1605년에 출판되었고, 이후에 라틴어로 번역된 『학문의 위엄과 진보』로 1623년에 간행되었다. 2권으로 이루어진 전체의 요지는 학문의 현황 보고와 장래의 전망이다.

"학문과 지식의 훌륭함을, 그리고 그것들을 증진하고 보급하는 공적과 진실의 영예 및 훌륭함"을 논하고 있는 제1권은 학문이 신을 업신여긴다고 하는 종교로부터의 비판 및 학문이 인간을 게으르고 나약하게 만든다고 하는 정치로부터의 비판에 답하는 논의에서 시작한다. 그러나 학문 자신이 야기한 불신과 오명도 부정할 수 없는 것으로, 학문의 병폐를 차례차례 도마에 올려놓고 있다. 거기서 비판되고 있는 것은 점성술 등의 근거없는 미신인 "공상적인 학문", 스콜라 철학으로 대표되는 "논쟁적인 학문", 그리고 말만을 연구하고 내용을 무시하는 수사학과 같은 "~인 체하는 학문"이다. 이것들을 비판한 뒤 성서와 고전을 논거로 하여 학문의 존엄성을 논하고 있다.

제2권의 주제는 학문의 분야이다. 먼저 기억, 상상력, 이성이라는 인간 정신의 각 분야에 따라 역사, 시, 철학이 열거되고, 이것들을 또 스콜라 철학도 무색할 정도로 세분하고 있다. 예를 들어 역사는 "자연의 역사", "세속 사회의 역사", "교회의 역사", "학문의 역사"로 구분하고, 자연의 역사는 또 "피조물의 역사", "경이의 역사", "인공물의 역사"로 세분하는 형태이다. 제2권은 모든 학문을 조감하려고 하는 위대한 시도이다. 이러한 논술에 맞추어 베이컨은 성서나 고전의 고사 일화를 인용하여 그 학식과 문재를 유감없이 드러냈다. 이 점에서도 이 책은 영국 르네상스의 걸작의 하나이다.

새로운 기관

프란시스 베이컨
Novum Organum, 1620

"새로운 도구"라는 의미를 가진 『새로운 기관』은 아리스토텔레스의 형식 논리학(오르가논) 대신에 귀납법을 제창했다. "아는 것(知識)은 힘이다"라는 표어에서 보여지듯이, 베이컨이 주창한 변증법은 자연 지배에 쓸모가 있는 지식을 습득하기 위한 방법으로 중세의 관상적 생활에서부터 근대의 활동적 생활로의 전환의 철학적 표현이 되고 있다.

『새로운 기관』은 1620년에 출판되었다. 표제에 "대혁신의 제3부"라고 하고 있듯이, 이 주저는 베이컨 필생의 계획(이 책 69쪽 참조)의 일환이다. 그 "대혁신"의 제1부(『학문의 진보』로 간행되었다)가 "예전부터 있던 어떤 기술의 순항"이라고 성격지워지며 구래의 학문을 비판하는 경향이 강한 데 반하여, 제2부는 "대해에 나아가려는 인간의 지성을 준비하는" 것이 되고 있다. 이 준비란 새로운 학문적 방법으로서의 귀납법이다.

그러나 이 책은 미완인 채 끝나고 있다. 또한 그 문체도 아포리즘 형식이다. 이것에는 그 나름대로의 이유가 있다. "아포리즘 형식은 필자가 천박한 사람인가 견실한 사람인가의 시험이 된다" 왜냐하면 체계적 서술과 달리, 이 형식은 우선 "여러 학문의 진수"로 만들어지고, 다음으로 "단편적인 지식을 보이는 곳에, 더 한층의 연구를 하도록 사람들을 유혹하기" 때문이다(『학문의 진보』 제2권). 따라서 베이컨은 모든 학문의 기초로서의 귀납법의 핵심을 이미 구축했다고 생각하고 있고, 귀납법의 더 한층의 연마와 완성은 후대에 위임하게 된다.

베이컨에 의하면, 진리를 탐구하는 길은 두 가지가 있다. 하나는 "개별적인 것으로부터 한 걸음 한 걸음 일반적인 것으로 비약하여, 이 일반적 명제로부터 추론에 의해 중간적 명제를 발견하려고 하는" (그 나름대로 이해한) 아리스토텔레스 논리학이다. 또 하나는 "개별적인 것으로부터 한 걸음 한 걸음 단계적으로 상승함으로써 일반적인 명제를 이끌어내고, 최후에는 가장 일반적인 명제에 도달하는" 길로서, 이것이 귀납법이다. 전자의 일반적 명제는 인간이 자연에 대하여 성급히 내리는 "예단"이다. 이것을 베이컨은 "인간 정신의 이도라(idola : '우상' 이라는 뜻)"라고 불렀다.

『새로운 기관』 제1권은 이 이도라를 적발하여 근절하려고 하는 "파괴의 부문"이다. 베이컨이 열거하고 있는 이도라는 네 종류이다. 먼저 "종족의 이도라는 그 기반을 인간성 그 자체에, 인간이라는 종족 또는 종 그 자체에 갖고 있다." 그가 구체적으로 염두에 두고 있는 것은 의인관 내지는 의인화이다. 즉 세계를 "우주에 비교하는" 것이 아니라 "인간에 비교하여" 해석하는 예단이다. 둘째로, "동굴의 이도라는 각 개인의 이도라"이다. 즉 개개인의 특수한 성질이나 받은 교육, 혹은 의거하고 있는 권위에서 유래하는 편견이다. 셋째로, "시장의 이도라는 인류 상호의 교류 및 사회 생활로부터 생겨난다." 이것은 잘못된 언어 사용에 근거한 편견이다. 마지막으로, "극장의 이도라는 철학의 다양한 학설로부터, 그리고 논증의 잘못된 법칙으로부터 생겨난다." 베이컨은 학문의 세계를 극장에 비유하고 있다. 무대에는 다양한 연기자가 등장하여 극을 연기한다. 하지만 말하는 대사는 모두 허구이다. 그것과 마찬가지로, 학문에서도 여러 가지 학설이 출현하지만, 그것들은 모두 허구이다. 그는 "인간의 지성은 사물의 광선을 정면으로 받아들이지 않는 울퉁불퉁한 거울과 같은 것으로, 사물의 본성으로 자신의 본성을 바꾸어버리고, 사물의 본성을 왜곡하여 변색시킨다"라고 쓰면서, 이도라를 모두 불식시키면 인간의 정신은 저절로 "울퉁불퉁하지 않는 거울"이 될 것이라고 말한다. 그리고 "백지 상태"가 된 정신이 걷는 올바른 길이 제2의 진리 탐구의 길, 즉 귀납법이다.

이 귀납법의 서술에 바쳐진 제2권은 "건설의 부문"이다. 여기에서 베이컨은 귀납법을 구체적으로 실행해보이고 있다. 우선 첫째로, "본질 및 존재의 표"에서 "형상의 탐구는 다음과 같이 행한다. 어떤 자연적 사물이 주어진 경우에 질료에서는 유사하지 않지만 동일한 본성을 가진 모든 기존의 사례를 지성 앞에 제시하지 않으면 안된다." 관찰 데이터 수집의 최초의 수속이 이 존재표의 작성이다. 예를 들어, 열의 형상을 찾으면서 "뜨거운 것"을 나열한다. 둘째로 "근처에서의 일탈 또는 부재의 표"에서 "해당하는 본성이 결여하고 있는 사례를 지성에 제시하지 않으면 안된다." 셋째로, "정도의 표 혹은 비교의 표"에 의해 "탐구되고 있는 본성이 다른 정도로 존재하는 사례를 지성 앞에 제시하지 않으면 안된다." 이들 세 가지 표를 서로 참조하면서 형상이지 않은 것을 배제하는 것이 "거부 내지 배제의 수속"이고, 그렇게 함으로써 발견된 형상이 "최초의 수확"이다. 그리고 베이컨 자신이 발견한 "열"의 형상이란 "팽창하여 저지되고 저항하는 물체의 소분자 사이의 운동"이었다. 그 뒤에 "진정으로 완전한 귀납법"을 완성하기 위한 보조가 아홉 가지나 더 계속되고 있지만, 최초의 보조의 "특권적 사례"의 나열에 그치고 있다.

관찰을 거부하는 기존의 이론이 극장의 이도라에 해당한다고 한다면, 그가 꿈꾼 귀납법은 현대의 이론 부하성(理論負荷性 : 어느 관찰 데이터도 몇 가지 이론을 전제하고 있다)의 논의에 견뎌낼 수 없을 것이다. 그러나 무엇보다도 경험을 인식의 기원으로 간주하는 베이컨의 발상은 뒤에 데카르트 등에 의해 전개된 대륙 합리주의에 대항하는 영국 경험주의의 원류가 되었다.

천문 대화

갈릴레오 갈릴레이
Dialogo dei massmi sistemi del mondo, 1632

근대의 과학 혁명을 대표하는 이탈리아 과학자인 저자는 아리스토텔레스의 전통적인 세계관과 천동설을 부정하고, 지동설을 지지하는 논의를 대화 형식을 빌려 설명하고 있어 갈릴레오 단죄의 원인이 되었다.

갈릴레오(Galileo Galilei)는 1564년 토스카나의 피사에서 음악가의 아들로 태어났다. 피사 대학에서 의학을 배웠지만, 수학의 매력에 빠져 1589년 피사 대학에서, 1592년부터는 베네치아의 파도바 대학에서 수학을 가르쳤고, 당시 철학자들이 추종하던 아리스토텔레스 역학을 과감하게 비판하였다. 1609년 가을, 소문으로 알고 있던 망원경을 스스로 조립하여 달의 표면, 목성의 위성, 은하수 등의 천체를 관찰하고, 그것을 다음 해 『별들의 세계의 보고』에 공개하여 유럽 전체에 충격을 주었다. 이 발견을 토스카나 대공 코지모 데 메디치에게 봉정하기 위해 그 휘하의 철학자 겸 수학자로서 1610년에 고국에 돌아왔다. 더욱이 태양 흑점, 금성의 참과 이지러짐을 관측하고, 흑점의 해석에 관해서는 공간된 서한에서 논쟁하면서 코페르니쿠스 설을 지지했다. 코페르니쿠스 설과 성서의 서술의 차이에서 이단의 혐의가 생겨 1615년에 토스카나의 왕비 크리스티나에게 서신 등으로 신앙과 자연 과학의 의미의 차이를 설명하여 변명했지만, 다음 해 태양 중심설과 지동설을 포기할 것을 베라르미노 추기경으로부터 권고받아 묵약한다. 혜성의 물리적 해석에 관련해서

1623년에 논쟁이 된 책 『황금 감정인』을 써서 물리적 성질과 감각의 구별의 중요성, 수학을 자연계를 해명하는 수단으로 삼은 방법론을 설명하고, 이것을 교황 우르바네스 8세에게 봉정한다. 다음 해 교황을 알현하여 두 가지 세계 체계(프톨레마이오스 설과 코페르니쿠스 설) 각각의 (진리이지는 않은) 지지와 부정의 과학적 근거에 관하여 논의하는 것의 의의에 대하여 찬동을 얻었다. 바로 『세계의 2대 체계에 관한 대화』(일반적으로는 『천문 대화』라고 의역되어 알려져 있다)를 쓰기 시작하여 1630년 탈고, 다음 해 피렌체에서 출판 허가를 얻은 뒤 1632년에 공간되었지만, 로마 교황청에서 문제삼아 다음 해 6월 22일 로마의 종교 재판소에서 유죄, 종신 금고의 선고를 받았다. 유죄의 근거는 불명료하지만, 코페르니쿠스 설을 어떠한 형태로도 설파하지 않는다고 하는 명령을 1616년에 개인적으로 받았던 것을 기록한 문서(무서명의 서기의 각서로 법적 유효성은 의문)의 존재가 확인된 것이 작용했다. 『천문 대화』는 금서가 되었다. 그는 그 뒤 피렌체 근교에 연금되고 저작의 출판도 금지당했지만, 역학 연구의 집대성인 『새로운 과학 대화』를 썼다. 1642년에 죽었다.

『천문 대화』는 그 앞부분에서 지동설을 막은 로마 교황청의 포고가 이탈리아 사람의 과학적 무시가 아니라, 성서의 해석에 관한 신학상의 이유에 의한 것이 명확하다고 선언한다. 이를 이유로 해서 코페르니쿠스 설이 전개되고, 수학상의 가설인 코페르니쿠스 설로부터 연역된 것이 실제로 관찰된 현상과 일치한다는 것, 또 지동설에 대한 역학적 비판이 틀렸다는 것을 보여주려고 한다. 결론의 정확성은 전제의 정확성을 함의하지 않으며, 저자나 독자의 의혹이 어디에서 생겨나든 형식상으로는 코페르니쿠스의 우주론의 정확성을 적극적으로 주장하지는 않는다(그것은 금지되어 있다). 전통적인 견해의 옹호자 심프리치오, 코페르니쿠스의 입장에 선 연구자 새르비아치, 양식 있는 비전문적 지성을 대표하는 세그레도 세 사람이 4차례에 걸쳐 교환한 재기 발랄한 대화로 쓰여져 있으며, 새로운 수학적 및 운동학적 견해나 관찰이 갖는 의미를 이해시키기 위해 정교하게 행해진 고찰을 평이하게 쓰는 데 독특한 힘이 발휘됐다. 유럽의 학술 용어였던 라틴어가 아니라 속어인 이탈리아어로 썼으며, 학자의 체계적인 스타일을 버리고 관심이 가는대로 탈선도 마다하지 않고 자유자재로 쓴, 르네상스 최후의 체취가 느껴지는 걸작이다.

첫째 날에는 아리스토텔레스 우주론의 원리적 명제를 철저하게 비판하여 천체의 세계와 지구를 둘러싼 세계에 대한 이분법, 지구를 우주의 중심으로 보는 논증이 비판받는다. 하늘에도 변화가 있다는 것, 달이 지구와 유사하다는 것이 주장되고, 망원경에 의한 관찰이 이용되었다. 또 정지에서 운동으로 옮아갈 때에는 연속적인 가속이 있고, 무수히 다른 속력을 통과한다는 새로운 개념이 해설된다. 둘째 날에는 지구의 자전을 지지하는 논의가 열거되어 지구의 운동을 부정하기 위해 사용되어온 역학적 논의의 오류를 운동학적 고찰을 통해 밝히고 있다. 운동의 합성, 운동의 보존, 운동의 상대성, 떨어지는 물체는 가속도 운동을 한다는 것 등이 관찰과 맞물리면서 상세하게 다루어지고 있다. 셋째 날에는 지구의 공전을 지지하는 논의, 이것을 부정하는 논의가 음미된다. 새로운 별의 거리 계산에서 오차의 합리적인 처리 방식이나 항성과 혹성의 망원경 상(像)의 차이(전자는 축소되고, 후자는 확대된다)가 분석되어 시차(視差)를 검색하는 방법이 제안되고 있다. 태양의 자전에 따른 흑점의 운동의 눈에 띄는 변화는 태양의 자전축과는 다른 방향으로 향하는 회전축을 가진 지구의 공전을 가정하면, 설명 가능하다는 것을 보여주고 있다. 넷째 날에는 지구가 공전과 자전의 이중 운동을 하는 것에서 장소마다 다른 가속과 감속을 반복하고, 그 결과 해수가 주기적으로 움직여 조석 간만을 낳는다고 하는 이론, 또 월 변화, 연 변화의 원인을 밝히고 있다.

『천문 대화』는 1635년 라틴어 번역판이 홀란드의 출판사에서 간행되고, 뒤이어 영어로 번역되었다. 그 혜택을 처음 받은 것은 알프스 이북, 특히 신교도였다. 조석 간만론 등 오늘날에는 틀린 것으로 간주되는 논의도 포함되어 있지만, 과학 혁명의 귀추를 좌우했던 역사상 비유할 게 없는 저작이다.

방법 서설

르네 데카르트

Discours de la Méthode, 1637

『방법 서설』은 근대 철학의 방향을 결정한 기념비적 저작이다. 이 철학서는 이성은 만인에게 구비되어 있다고 하는 이성주의적 신념 아래서 학자나 성직자만 쓰는 라틴어가 아니라, 부녀자도 이해할 수 있는 모국어 프랑스어로, 그것도 철학적 자서전이라는 스타일로 집필되었다. 세부에 관해서는 뒤의 저작에서 다시 정밀화되어 구체적으로 전개되고 있지만, 이 책 속에서 이미 방법론, 도덕론, 형이상학, 자연학에 관한 데카르트 철학의 정수가 개진되고 있다.

데카르트(René Descartes : 1596~1650)는 프랑스의 뚜렌느 지방 라 에에서 태어나, 라 흘레쥬에 있는 예수회 계통의 앙리 4세 학원에서 8년 동안의 기초 교육을 마친 뒤 포우치에 대학에서 법률학과 의학을 배웠다. 졸업 후 바로 장교로 지원하여 홀란드로 가서 우연한 기회에 베크만과 친분을 깊게 쌓던 중에 근대 과학의 주요 동향인 수학적 자연학의 가능성에 눈을 뜸과 동시에, 독일에서 생애를 결정지은 형이상학적 착상을 얻지만, 이 착상을 실현하기에는 시기상조라고 생각하여 파리에 이주하여 머물면서 잠시 동안 "방법의 연습"에 빠져든다. 이 시기에 뒤에 평생 열렬한 친구가 된 메르센느를 통해 어느 정도 학회에 이름이 알려지기 시작했다. 그런데 1628년 가을에 데카르트는 웬일인지 홀란드로 거처를 정해 이후 21년 동안을 이곳에서 지냈다. 그의 주요 저작(『정신 지도의 규칙』, 『우주론』, 『방법 서설』, 『성찰』, 『철학 원리』, 『정념론(情念論)』— 앞의 2권은 죽은 뒤 출판됨)은 이곳에서 집필되었다. 명성이 자자하던 말년에 스웨덴 여왕의 개인 교수를 의뢰받아 극한지 스톡홀름에 갔다가 건강을 해쳐 그곳에서 객사했다.

『방법 서설』의 원래 제목은 『이성을 정확히 인도하는 여러 학문들에서 진리를 탐구하기 위한 방법에 관한 서설』인데, 원래 3개의 과학적 논문(「굴절광학」, 「기상학」, 「기하학」)에 대한 서문으로 쓰여진 것이다. 전체는 6부로 나뉘어진다. 저자는 앞부분에서 이 책의 구성에 관해 다루고 있는데, 그것에 접해 있는 제목을 나열하면 다음과 같다. 제1부 : 전통적 학문의 비판/제2부 : 근대적 학문의 방법/제3부 : 잠정적 도덕/제4부 : 형이상학/제5부 : 자연학/제6부 : 장래의 학문의 구상.

"양식은 만인에게 공평하게 분배되어 있다." 『방법 서설』 제1부는 유명한 이 말로 시작하고 있다. 양식이란 정확하게 판단하고, 진위를 변별하는 이성의 능력이다. 이 능력은 만인에게 구비되어 있다. 그렇지만 현실에는 틀린 판단을 내리는 사람이 있다. 그것은 이 능력의 사용 방법을 알지 못하기 때문이다. 그래서 저자는 이성을 정확히 사용하기 위해 따라야 할 방법에 관하여 저자 개인이 더듬어온 길에 따라 말하려고 하였다. 데카르트는 책에 의한 학문으로만 시종 일관하는 학교 교육을 비판한 뒤에 "자신의 행위를 확실히 보고, 확신을 가지고 이 인생을 살아가기 위하여" "세상이라는 커다란 책" 속에서만 발견할 수 있는 학문을 찾아서 방랑의 길을 떠난다.

제2부는 방법론이다. 많은 사람의 손이 닿은 도시보다도 다만 한 사람의 기사에 의해 설계된 도시 쪽이 더 정연한 것처럼, 한 개의 지성에 의해 방법적으로 고안된 체계 쪽이 학문적으로 정합성이 높다. 그렇기 때문에 방법적 규칙은 ① 명석 판명한 것만을 진리로 간주할 것(명증성), ② 복잡한 것을 단순한 것으로 분해할 것(분석), ③ 단순한 것으로부터 복잡한 것을 재구성할 것(종합), ④ 빠뜨린 것이 없나 총점검할 것(열거)이다.

제3부는 도덕론이다. 여러 학문의 기초는 도덕을 포함한 형이상학이다. 하지만 집을 짓는 사람은 짓고 있는 동안에 자신이 살 집이 없으면 안된다. 형이상학의 제1의 원리가 아직 발견되지 않은 동안에도 사람들은 살고 있어야만 하고, 그렇기 때문에 생활 규범을 필요로 한다. 데카르트는 그 규범을 격률(格率〔maxim〕, 주관적으로만 타당한 실천 원리)이라고 부르면서 네 가지를 열거하고 있다. ① 가장 온건한 의견에 따를 것, ② 일단 결단을 내린 것은 최후까지 할 것, ③ 자신의 역량의 범위 안에서 의견을 개진하고 행동할 것, ④ 천직을 정할 것. 데카르트는 자신의 천직을 철학, 즉 이성의 교화에서 찾았다. 여기에 열거된 격률을 이성의 교화에 따라 교정할 여지를 남기기 위한 것이다. 이런 의미에서, 또 형이상학의 기초를 결여하고 있다는 의미에서도 저자의 도덕은 잠정적 도덕이라고 불리지만, 말년의 『정념론』이나 편지에서 전개된 도덕론도 실질적으로는 같은 내용이다. 대체적으로 보수적이라고 평가되는 도덕론이지만, 학문 · 연구를 생활 세계의 장면에 적용시켜본 점에서 이 도덕론의 의의가 있다.

제4부는 형이상학이다. 여기서 유명한 "나는 생각한다. 그렇기 때문에 나는 존재한다"(코기토)라는 원리가 제출되었다. 이 원리가 어떤 의미에서는 근대 철학의 출발점이 되었다. 제5부는 자연학이다. 데카르트의 자연학은 이 책 앞의 『우주론』이 그렇듯이, 기본적으로 광학이지만, 인간론도 포함하고 있다. 왜냐하면 인간이 빛을 보기 때문이다. 갈릴레오의 단죄 사건(1632년)을 알고 『우주론』의 출판을 단념한 데카르트는 이 책에서는 「굴절 광학」과 「기상학」을 그의 자연학의 "견본"으로 제출하는 데 머무르지 않고, 동물은 기계이지만, 인간의 혼은 불멸이라고 강조했다. 제6부에서 저자는 이 책의 성립 경위를 다루면서 앞으로는 의학 연구에 종사하고 싶다고 그 포부를 적고 있다. 저자는 심신 이원론의 입장에 선 반면, 건강이 모든 것의 기초라는 생각도 가지고 있었다.

성찰

르네 데카르트
Meditationes, 1641

『성찰』은 6일 동안에 걸친 데카르트의 형이상학적 사색의 악전 고투의 기록이다. 하늘도 땅도 정신도 육체도 존재하지 않는다고까지 골똘히 생각하는 극한의 회의적 상황으로부터 성찰자는 자아, 신, 세계의 존재를 회복하기에 이른다. 근대의 이른바 주관-객관(이 용어법은 엄밀히 말하자면 데카르트 이후의 것이지만)의 이원론을 기초지은 철학서인 동시에, 본문보다도 방대한 양의 당시의 저명한 철학자 · 신학자(홉스, 아르노, 가상디 등)의 반론과 그에 대한 데카르트의 답변을 수록하고 있기 때문에 17세기 전반의 일종의 사상 지도로서 읽을 수도 있다.

저자의 약력은 『방법 서설』 항목 참조. 『방법 서설』은 처음에는 익명으로 출판되었지만, 그 저자를 대다수가 알고 있는 바였고, 특히 4부의 형이상학적 논의는 많은 논란을 불러일으켰다. 데카르트는 이 견해에 응답하여 그 일부를 이미 1629년에 짧은 논문 형태로 모아두었던 형이상학의 완성에 몰두하여 그 성과가 1641년에 『신의 존재와 혼의 불멸을 증명하는 제1철학에 관한 성찰』이라는 제목으로 라틴어로(왜냐하면 저자가 아카데믹한 평가를 바라고 있었기 때문에) 간행되었다. 다음 해 제2판이 간행되었는데, 그때 "혼의 불멸을 증명하는"이라는 1줄이 "인간의 혼과 신체의 구별을 증명하는"으로 고쳐졌다. 1647년에 저자 자신의 교열(가필 · 수정을 포함하여)을 거쳐 프랑스어판이 출판되었다.

전체는 6부로 나뉘어진다. 제1성찰 : 의심하는 것에 관하여/제2성찰 : 인간 정신의 본성에 관하여. 정신은 신체보다도 쉽게 알려진다고 하는 것/제3성찰 : 신에 관하여. 신이 존재한다고 하는 것/제4성찰 : 진과 위에 관하여/제5성찰 : 물질적인 사물의 본질에 관하여. 그리고 다시 신이 존재한다고 하는 것에 관하여/제6성찰 : 물질적인 사물의 존재 및 정신과 신체의 실재적인 구별에 관하여.

『방법 서설』에서 데카르트는 숲 속에서 길을 잃은 여행객의 예를 들면서 일상 생활의 행동은 한 순간의 유예도 허용하지 않기 때문에 행동에 몰아세운 동기나 이유가 어떠한 것이든 간에 일단 결단을 내린 이상, 그 길을 진정으로 곧게 나아가야 할 것이라는 도덕론을 전개하고 있다. 어떻게 해야 좋을지 모를 문제의 해결을 방기하는 것은 논외이지만, 올바른 길을 찾아 여기저기 헤매는 것도 현실적이지는 않다. 올바른 길(정보라고 말해도 좋다)을 알 수는 없다. 즉 길에서 헤매는 것이다. 절대적인 신뢰는 갖지 않아도 즉각 이 길이라고 일단 결정하면 이 길로 나아가야 한다. 그렇다고 한다면, 설령 바라는 목적지에 갈 수 없다고 해도 적어도 숲 밖으로 나갈 수는 있을 것이다. 정보의 숲 속에서 우왕좌왕하고 있는 현대인에게 그것은 정말로 적절한 행동 지침이라고 말할 수 있을 것이다.

그렇지만 형이상학적 연구에서는 그것과는 반대되는 태도를 취해야 한다고 데카르트는 주장한다. 약간이라도 의심스러운 것은 허위로 간주해야 한다고 주장하고 있다. 이것이 〈방법적 회의〉라 불리는 저자의 형이상학적 전략이다. 말할 것도 없이, 의심스럽다고 하는 상황은 그 진위가 의심스럽다고 하는 것으로, 의심하는 것은 벌주지 않아도 좋다고 말해지듯이 의심하고 있는 것 속에는 진실된 것도 포함되어 있다. 데카르트는 말하자면, 의심스러운 자는 모두 범인이라고 주장하고 있는 것과 같은 것이지만, 물론 그 자신이 이 주장의 불합리함을 인정하고 있으며, 그것을 "과장스러운 회의"라고 부르고 있다.

이 주장의 배경에는 당시 지배적이었던 퓨론파의 회의주의적인 논의가 있다. 퓨론파는 긍정도 부정도 하지 않았다. 회의(懷疑)와 혐의(嫌疑)는 다르다. 의심한다고 하는 것은 원래 곰곰이 생각하는 것이지만, 그것은 결국 판단을 내리지 않는다고 하는 태도 표명이다. 데카르트는 "나는 단지 의심하기 위해서만 의심하고, 늘 결단을 내리지 못하는 것을 자랑하고 있는 회의주의자"(『방법 서설』)는 아니라고 말하고 있다. 그는 의심하고, 그리고 부정적 단정을 내린다. "제7답변"에서 그는 자신의 방법의 실효성을 변호하기 위하여 이러한 비유를 끌어댄다. 바구니 속에 사과가 가득 차 있는데, 만약 그 속에 썩은 사과가 있다고 의심하기 시작하여 그 썩은 사과 때문에 다른 사과까지도 다 썩고 마는 것은 아닌가 걱정하기 시작하는 사람은 어떻게 할 것인가? 바구니 속에서 모조리 쏟아내어 썩고 있는 사과와 그렇지 않은 사과를 골라내어 썩지 않은 사과만 다시 바구니 속에 집어놓으면 안될까? 이와 똑같이, 우리들의 정신 속에는 부모나 교사에게 배운 의견이나 자신이 경험적으로 축적해온 의견이 가득 차 있다. 그 중에 정확한 의견도 있다면, 그렇지 않은 의견도 있을 것이다. 그렇다면 일단 그 의견 전부를 정신 외부로 방출하여 이성의 음미에 올려 정확한 의견만을 정신 속에 집어넣어야 하는 것은 아닌가? "일생에 한 번은 모든 것을 뿌리 채 뒤집어서 최초의 토대부터 다시 고쳐야 한다." 모든 것을 의심한다고 하는 방법적 태도는 불가능하다는 의견도 있지만(비트겐슈타인), 이 "보편적 회의의 시행"은 예를 들어 후설 현상학의 방법론의 본보기가 되었다. 데카르트는 회의를 통해서 자아, 신, 세계의 존재를 확립해갔지만, 그 도중에 이성까지도 의심하기에 이른 래디칼리즘은 전례 없는 시도이다.

리바이어던

토마스 홉스
Leviathan, 1651

『리바이어던』은 근대 국가 성립 메커니즘을 "사회 계약설"에 의해 기초지우려고 한 정치 철학의 고전이다. 인간의 자기 보존 욕구를 강조하여 권력의 근원을 인민에게서 찾았으며, 주권의 절대성을 주장한 이 책은 그리스트교, 왕당파, 의회파 등 각 방면으로부터 각각 무신론, 모반, 왕권 옹호라는 비판을 받았다. 그러나 뒤에 록크나 루소의 "사회 계약설"에 미친 영향은 헤아릴 수 없다.

홉스(Thomas Hobbes, 1588~1679)는 맘즈베리에서 영국 국교회 목사의 둘째 아들로 태어났다. 아버지가 죽은 뒤 유복하고 교양 있는 숙부의 도움으로 옥스포드 대학에 입학했다. 졸업한 뒤 홉스는 귀족의 가정 교사나 베이컨의 조수로 일하면서 여러 차례 대륙에 건너갔다. 처음 체류할 때 고전의 중요성을 배운 그는 귀국한 뒤 투키디데스의 『역사』의 번역에 착수하고, 그럼으로써 사회와 역사에 눈을 떴으며, 세번째 체류할 때에는 갈릴레오, 데카르트, 메르센느 등 당시의 최첨단 학자들과 친교를 맺었다. 여기에서 그가 얻은 것은 "운동" 개념이었다. 1636년에 귀국하자마자 철학의 체계를 구상한다. 우선 자연적 물체 운동의 일반 원리를 고찰하고(1655년에 『물체론』으로 간행), 계속해서 이 외계(外界)의 운동에 대응하는 신체 내부의 운동으로서 감각, 상상, 사고 등을 연구한 뒤에(1650년의 『인간성』, 1658년의 『인간론』으로 귀결), 마지막으로 이 인간 상호의 결합 및 이반으로서 국가를 구상한다(1642년에 『시민론』, 1650년에 『정체론』으로 출간)고 하는 것이었다.

1640년에 퓨리턴(청교도) 혁명의 방아쇠가 된 장기 의회가 개최되자 왕당파로 지목된 홉스는 파리로 망명했다. 그 이후 11년에 걸친 망명 생활 도중에 집필한 것이 이 『리바이어던』이다. 1651년에 런던에서 출판되었는데, 프랑스 당국이 위험시했기 때문에 그는 몰래 영국으로 도망쳤다. 그때 정권을 잡고 있던 크롬웰이 그를 중용하려고 했지만, 크롬웰 사후에 왕정이 복구되어 그의 저작은 왕정 정당화의 도구로도 사용되었다. 거꾸로 말하면, 그의 저작은 어떤 진영에서 보아도 위험한 것으로, 1666년에 발매 금지 처분을 받았고 죽은 뒤인 1682년에는 금서가 된다.

"리바이어던"이란 "땅 위에서는 그것과 비슷한 것이 없는"(「욥기」) 괴상한 짐승이다. 홉스가 이것을 통해 상상하려고 한 것은 모든 전란 상태를 극복하고 평화를 유지하는 절대 왕권이다. 이 절대 왕권의 성립과 구조를 논한 것이 『리바이어던』이다.

그는 먼저 국가란 인간이 만든 것이라고 선언한다. "자연은 인간의 기술에 의해 점차 모방된다. 인간은 그 기술로 인공적 동물을 만들 수 있다. 기술은 이것에 머무르지 않고 자연이 만든 이성적으로 가장 뛰어난 작품인 인간조차도 모방한다. 즉 국가라 불리는 위대한 리바이어던을 창조하지만, 그것은 의심할 것 없이 한 개의 인공 인간에 불과하다." 이 인공 인간의 탐구는 우선 "첫째로, 그 소재와 제작자", 즉 인간 본성의 해명에서 시작된다. 이것이 제1부이다. 감각은 운동에 다름 아니라는 유물론적 · 기계론적 테제에서 출발하여 인간의 "자연 상태"가 서술된다. 그것에 의하면, 인간은 정신 · 신체 양쪽에서 거의 평등할 수 있다. 따라서 "만약 두 사람이 같은 것을 바라고 동시에 그것을 향유할 수 없다면, 그들은 서로 적이 되고 서로 상대방을 없애던가 굴복시키려고 노력할 것이다." 여기에서 도출되는 것이 "만인의 만인에 대한 투쟁"이다. 이 전쟁 상태는 견딜 수 없는 공포를 야기한다. 거기에서 자연법이 명령하는 바에 따라 "평화를 위해, 또 자기 방어를 위해 필요하다고 생각되어지는 한에서 사람은, 다른 사람들도 동의한다면, 만물에 관한 이 권리를 기꺼이 포기해야 한다."

제2부는 먼저 "어떻게 해서, 또 어떠한 계약에 의해 인공 인간이 만들어지는가"를 논한다. "자신들의 모든 인격을 떠맡은 한 개인을 임명하고, 이 담당자가 무엇을 하고 무엇을 하지 않든 간에 각각의 사람들은 그 행위를 자신의 것으로 하여 자신들 개개의 의지를 그의 의지에 따르고, 자신들의 수많은 판단을 그의 하나의 판단에 위임한다." 그리고 "이것이 달성되어 수많은 사람들이 한 개의 인격으로 결합 · 통일될 때 그것은 국가라고 불리게 된다. 이리하여 저 위대한 괴물 리바이어던이 탄생한다." 제2부의 나머지는 "주권자의 권리, 그 정당한 권력 혹은 권한", 국가를 "유지 또는 해체시키는 것"을 상세히 다루고 있다. "그리스트교적 국가란 무엇인가"를 논한 제3부에서는 교회 권력과 국가 권력의 구별이 주제가 되고 있고, 제4부에서는 "암흑의 왕국"으로서 로마 교황청이 비판되고 있다.

홉스의 절대 주권 사상은 무엇보다도 전란 상태를 회피하려고 하는 동기에서 출발하고 있다는 점에서 필마의 중세적인 왕권 신수설(王權神授說)과는 근본적으로 다르다. 그리고 인간 본성의 탐구에서부터 국가 이론을 구축하려고 한 자세는 뒤에 스피노자, 록크, 루소, 헤겔 등의 정치 철학에 막대한 영향을 미쳤다.

신학-정치론

바루흐 데 스피노자
Tractatus Theologico-Politicus, 1670

신을 정점에 위치지운 장대한 형이상학 체계를 구축한 『에티카』의 저자로서 유명한 스피노자는 생전에는 오히려 『신학-정치론』을 쓴 무신론자로 알려져 있었다. 과격하다고 생각되는 이러한 성서 비판 서적을 쓰게 된 데에는 복잡한 배경이 있다. 거기에는 당시의 정치적 상황과 더불어 마라노이면서도 유태 교단을 파문시킨 그 자신의 처지가 반영되고 있는 것이다.

스피노자(Baruch de Spinoza)는 1632년 유태 상인의 아들로 암스테르담에서 태어났다. 그의 선조는 카톨릭의 탄압을 피해 이베리아 반도에서 서유럽으로 옮겨간, 이른바 마라노(marrano : 돼지라는 뜻)라 불리는 사람들이었다. 종교에 관해서는 비교적 자유스러운 홀란드에서 살았던 스피노자는 한 도시에 안주하지는 못했다. 유태의 전통에 따라 어릴 때부터 헤브라이어 신학 교육을 받으면서, 다른 한편으로는 생애의 유일한 선생이라고 말해지는 판 딘 엔딘으로부터 라틴어도 배워 베이컨, 홉스, 데카르트 등의 새로운 학문에 접근할 기회를 얻었지만, 유태 사회로부터 스스로 격리당한다. 24세때 유태 교단을 파문시킨 그는 4년 뒤 암스테르담을 떠나 라이던 근교의 레인스부르흐라는 촌으로 이주하였다. 유태 사회로부터 내쫓겼으면서도 그리스트교로 귀의하지 않고, 당시의 최신 기술인 렌즈 가는 일을 생업으로 삼아 혼자 저술 작업에 몰두한다. 1663년에 헤이그에 가까운 홀부르흐로 이사한다. 스피노자의 강력한 후견인인 홀란드의 천재적인 정치가 안 데 비트가 헤이그에 있었기 때문이었다. 1665년에 그의 정책이 칼뱅파의 공격을 받아 궁지에 빠진 데 비트를 변호하기 위해 『신학-정치론』을 썼다. 『에티카』를 집필하던 중이었음에도 불구하고, 그것을 중단하고 급히 『신학-정치론』을 썼다. 1670년에 출판되자마자 바로 비난의 목소리가 비등했지만, 스피노자는 태연하게 『에티카』를 계속 썼다. 어쨌든 『신학-정치론』이 공격의 표적이 되어 스피노자 자신이 위험하였기 때문에 『에티카』도 사후에야 출판할 수밖에 없었다. 하이델부르크 대학의 철학 교수로 초빙받았으나, 그는 이를 거부하였다. 어떠한 구속도 받지 않은 한 철학자로서 타협하지 않고 형이상학의 체계를 구축하는 일에 전념하려고 했다. 『신학-정치론』을 출판할 무렵에 신중을 기해 헤이그로 옮겨갔다. 『에티카』를 다쓴 스피노자는 『국가론』의 집필에 착수했지만, 반 정도밖에 쓰지 못하고, 1677년 헤이그에서 44세에 생애를 마감했다.

유태 교단을 파문시켰을 때 스피노자는 「변명서」를 교단에 제출하였다. 그것이 『신학-정치론』의 전신이다. 「변명서」는 라틴어로 번역되어 동료들의 눈에 띈다. 그것이 거의 10년 뒤에 『신학-정치론』이란 이름으로 쓰여졌다. 스피노자는 1665년에 올덴부르그 씨에게 보낸 편지에서 이 저작의 목적 세 가지를 들고 있다. 그것은 신학자의 선입견을 없애는 것, 자신이 무신론자라고 하는 세간의 견해를 격파하는 것, 철학하는 자유를 확립하는 것이다. 그러나 무신론자라는 오해를 풀려고 한 이 책의 출판은 유태인, 크리스천을 불문하고 많은 신학자를 자극하여 홀란드에서는 칼뱅파를, 독일에서는 루터파를 격분시켰다.

이 책의 대부분은 성서 비판에 할당되고 있다. 그렇지만 새롭게 번역된 성서의 비판은 매우 작고, 주로 헤브라이어로 쓰여진 구약 성서가 그 표적이었다. 스피노자는 그리스어 지식의 부족을 그 이유로 들고 있지만, 그 작품의 원천이 유태 교단에게 바쳤던 「변명서」였던 것에서도 기인한다. 그러나 어릴 때부터 꿈꾸던 사상을 이 시기에 발표한 동기는 국가에 대한 교회의 탄압을 저지하는 것, 즉 데 비트의 정책에 대한 성직자들의 방해를 비판하는 것이기 때문에 성서 비판 앞에는 당시의 성직자에 대한 비판이 있었음은 틀림없는 사실이다. 그는 예언자, 계시, 징조, 신의 법, 기적이라는 사항을 샅샅이 검토했다. 계시란 자연적 인식의 한계를 넘는 것이고, 따라서 인간 본성의 법칙이 그 원인이 될 수 없는 것이다. 기적이란 초자연적인 사건이 아니라, 원인을 알 수 없는 이상한 사건이다. 계시나 예언을 신의 말로서 떠받드는 예언자들은 다만 상상력에 의지한다고밖에 생각되지 않는다. 내용은 물론, 그 표현이 매우 통렬하여, 스피노자의 심중을 헤아릴 수 있다. 이 책의 목적은 철학과 신학을 분리하고, 교회에 대한 국가의 우위를 명확히 하여 사상과 언론의 자유를 획득하는 것이었다. 그리고 무신론자란 자신과 같은 인간이 아니라, 자연의 법칙에 등을 돌리는 것을 가리킨다고 하는 것이 여기서 강조되고 있다. "성서 가운데 실제로 생기(生起)했다고 보고되고 있는 모든 것은 필연적으로 자연의 법칙에 의해 생기했던 것이다. 하지만 자연의 법칙에 반한다고 증명된 것이 성서 속에서 발견된다면 그것은 무신론자에 의해 부가되었다고 생각할 수밖에 없다. 왜냐하면 자연에 반하는 것은 이성에 반하는 것이고, 이성에 반하는 것은 부조리이고, 그렇기 때문에 배척되지 않으면 안되기 때문이다."

팡세

블레즈 파스칼
Pensées sur la religion et sur quelques autres sujets, 1670

파스칼(Blaise Pascal : 1629~62)은 무엇보다도 먼저 과학자였다. 젊었을 때 수학과 물리학에서 업적을 올렸고, 계산기의 발명자로서도 명성을 얻었지만, 그 뒤에 신학 논쟁에 참가하여 일련의 팜플렛 『플로방샤르』를 익명으로 썼다. 말년에 『팡세』를 집필하기 시작했지만, 미완인 채 끝냈다.

죽은 뒤에 발견된 8백 매 정도의 종이에 쓰여 있던 천 개에 가까운 장단의 단상. 이 초고 더미 속에서 4백 매 정도를 골라내고 어구를 상당히 많이 고쳐 써 편집한 것이 1670년에 간행된 『팡세』 초판(통칭 볼 로와야르판)이다. 19세기 중엽에는 남겨진 초고 거의 전부를, 초고에 충실한 텍스트에 의해 수집된 판본이 출간되었다. 또 1930~50년대의 연구에 의해, 파스칼의 생전에 초고 일부를 정리 · 배열하고 있었다는 것, 현재 파리 국립 도서관에 보존되어 있는 두 개의 사본이 그 작업을 충실히 재현하고 있음이 밝혀지게 되었다. 그러나 파스칼이 배열한 것은 전체의 2/5에 조금 못 미치는 것이기 때문에 결국 『팡세』는 텍스트의 구성 단계부터 독자의 적극적인 참여를 요구하고 있는 것이었다. "내가 새로운 것을 아무 것도 말하지 않았다고 말하지 않았으면 좋겠다. 재료의 배치가 새로운 것이다. ……같은 말도 배치가 다르면 다른 사상을 만드는 것과 마찬가지로, 같은 사상도 배치가 다르면 다른 사상을 만든다"라는 문장도 있는 매우 역설적인 운명의 책이다.

원래 『팡세』의 기본적인 성격은 명확하다. 그리스트교의 진리성을 증명하는 것을 목적으로 하여, 인간의 사고와 행동의 서술 및 분석을 통해 절대 가치에 대한 욕구가 존재한다는 것을 밝히고, 그 욕구의 충족이 진정한 종교에 의해서만 가능하다는 것을 '설득' 하고, 그리고 진정한 종교가 그리스트교 이외에는 있을 수 없다는 것을 '논증' 하려고 하는 시도이다. 이 책이 종종 "그리스트교 변호론" 혹은 "호교론"이라 불리는 것은 이 때문이다. 그렇지만 예를 들어 볼테르가 『철학 서간』에서 "파스칼 씨의 『팡세』에 관하여" 논하고, 니체가 파스칼의 이름을 120차례나 인용하고, 20세기에는 맑스주의자(르페브르, 골드만, 알뛰세르)가 『팡세』에 대하여 특별한 관심을 보이고 있는 것에서도 알 수 있듯이, 이 저작은 단순한 종교서의 틀을 뛰어넘어 다면적으로 복잡한 내용을 가지고 있다. 왜냐하면 『팡세』에는 적어도 세 가지 사상적 조류가 유입되어 있기 때문이다.

그 하나는 몽테뉴로 대표되는 모럴리스트의 인간론이다. 파스칼은 그리스트교 사상가이기 때문에 회의주의 · 상대주의를 비판하지만, 그럼에도 불구하고 "몽테뉴에게서 보이는 모든 것을, 나는 몽테뉴 속에서가 아니라 내 속에서 발견한다"라고 단언하고 있듯이, 『팡세』에서 보이는 일상적 현존재 분석은 몽테뉴의 『에쎄이』를 탐독하지 않고는 생겨나지 않았을 것이다. 둘째는 말할 것도 없이 성서이다. 그리스트교의 진리성의 최대의 증거로서, 구약의 예언이 신약에서 엄밀히 성취되고 있는 것을 파스칼은 표징적(表徵的)으로 보여주려고 한다. 이것 자체는 중세 이래의 성서 해석법의 하나를 답습한다고 말할 수 있지만, 『팡세』의 독자성은 이 표징적 해석을 인간과 세계의 모든 현상에 적용하는 것이다. 세속적 가치의 추구는 초자연적 가치의 추구의 표징으로, 인간 사회의 질서는 신의 질서의 표징으로, 시나고구(Synagogue : 유태교의 예배당)는 그리스트 교회의 표징으로, 성체(聖體)의 이적은 도래할 신의 영광의 표징으로 해석되고, 인간의 역사의 진행은 최종 항인 절대 존재에 향한 바의 〈표징하는 것〉과 〈표징되는 것〉 사이의 무한한 연쇄로서 이루어진다. 셋째로 근대 과학 사상과의 연관에 주목해야 할 것이다. 이것은 비교적 잘 고려되고 있지 않지만, 『팡세』의 여러 곳의 입론을 엄밀히 분석해보면 파스칼이 거기서 사용하고 있는 "현상의 이유"의 논리가 당시 명확한 형태를 띠고 있던 실험 과학의 방법인 가설 연역법(假說演繹法)의 응용임이 확실하다. 피스칼이 인간과 세계를 해석하기 위한 원리로 삼았던 그리스트교의 교리, 특히 원죄의 교리가 자연 법칙을 발견하기 위한 절차에서 〈가설〉의 위치를 차지하고 있다.

팡세의 집필 시기(1658~61)는 15세기 말부터 시작된 〈과학 혁명〉이 일정하게 결말을 본 시기에 해당된다. 데카르트의 저작에 의해 자연계의 합리적 서술이 완성되어 스콜라의 자연학을 대신한 수학적 방법을 통해서 인간이 자연을 지배할 수 있다고 사람들이 생각하기 시작한 시대이다. 그러나 파스칼에게 있어서 문제가 된 것은 거기에는 없었다. "나는 모든 것에 관해 가공할 만한 무지 속에 있다. 나의 신체가 무엇인가, 감각이 무엇인가, 혼이 무엇인가, 그리고 내가 입으로 내뱉은 것을 사고하고 있는, 나의 그 부분이 무엇인지 알지 못한다. ……내가 갇혀 있는 우주의 가공할 만한 여러 공간을 나는 안다. 그리고 왜 다른 장소가 아닌 이곳에 내가 위치하고 있는 것인가, 왜 영원 속에서 나에게 주어진 짧은 삶의 시간이 현재이지 다른 시간이 아니라는 것을 알고 있다. 이 광대한 크기의 편린에 속박되어 있는 자신을 발견하게 된다. ……내가 어디에서 왔는가도, 마찬가지로 어디로 가는가도 알 수 없다." 이 실존적 불안이야말로 말년의 파스칼의 마음을 휘어잡고 있다. 미완의 저서 『팡세』는 이러한 불안감을 가진 독자로부터의 질문을 바라고 있다.

에티카

바루흐 데 스피노자
Ethica, 1677

『에티카』는 스피노자의 대표작인 동시에, 근대 철학이 남긴 커다란 유산이다. 그러나 발간 당시에는 무신론자가 쓴 범신론 저작으로 매장당했다. 오늘날 스피노자를 둘러싼 많은 저작이 출판되고 있는 것은 『에티카』가 그 간결한 금욕적 표현과 복잡한 내용으로 인해 여전히 사람들이 쉽게 접근할 수 없는 작품이기 때문이다. 어쨌든 언뜻 보기에 이 차가운 지성적인 서술의 목적은 지적 관심을 채우는 데 있는 것은 아니다. 그 속에는 항상 인간의 행복, 인간을 올바른 방향으로 인도하는 것, 그리고 진정한 선의 발견이라는 테마가 관철되고 있다.

『에티카』는 스피노자가 생애에 걸쳐서 쓰면서도 생전에 출판하지 못한, 또 오래 주목을 받지 못한 작품이다. 28세 때 『에티카』의 전신인 『신, 인간 및 그 행복에 관한 단문집』을 완성하고 있다. 그러나 그는 이것에 만족하지 않고 계속 정정하였다. 1665년에는 3부 구성으로 거의 완성 단계에 이른다. 그러나 『신학-정치론』의 집필에 의해 중단되어, 이것이 1670년에 출판된 뒤에도 당분간 『에티카』에 손댈 수 없었다. 1675년에 겨우 현존하는, 5부로 이루어진 형태로 완성되었지만, 이번에는 그 발행자가 보이지 않는다. 『신학-정치론』이 비난의 바람을 불러일으켜 발매 금지 처분을 받은 데다가, 후견인이었던 안 데 비트가 정책의 실패로 민중의 손에 학살당했기 때문에 그 출판은 스피노자의 손으로는 어찌할 수 없는 것이 되고 말았다. 1677년, 44세에 이 세상을 떠난 그 해 말에 발행자도 발행한 곳도 감춘 채 친구들의 힘으로 다른 유고와 함께 출판되었다.

인간 이성이 세계를 어떻게 이해할 수 있는가라는 문제를 내걸고, '자연'을 과학적으로 인식하기 위한 틀을 만드는 것은 근세의 합리주의자들에게 있어서 공통된 자세였다. 그 당시에 의지해야 할 모델은 수학에서 찾았다. 스피노자는 이 수학-기하학의 방법을 철저하게 적용해보았다. 즉 정의, 공리, 정리, 증명의 형식을 채택한 것이다.

『에티카』는 5부로 구성되어 있다. 제1부 「신에 관하여」는 "자기 원인"이란 말로 시작하고 있다. 이것이 실체이고, 신이다. 신이 가진 무한한 속성은 신의 힘을 표현하는 것이지만, 이 속성의 변량(變樣)이 자연에서 개체가 된다. 따라서 신이 만물의 원인이 되고, 거기에서 범신론(汎神論)이 전개된다. 제2부 「정신의 본성 및 기원에 관하여」에서는 특히 정신이 다루어지고 있다. 신은 무한히 많은 속성을 가지지만, 인간 정신에게 알려진 것은 사유(思惟)와 연장(延長)뿐이다. 그렇기 때문에 사유-관념과 연장-신체가 2부의 테마이다. 물체와 정신은 신체를 매개로 해서 결합된다. 바꿔 말하자면, 물체에 의해 신체가 받아들인 변량의 관념을 통해서 신체가 인식되고, 그런 한에서만 정신은 자기 인식일 수 있다는 것이다. 그 다음에 진위의 기준으로서 관념의 완전성이 다루어지고 있다. 제3부 「감정의 기원 및 본성에 관하여」에서는 먼저 "능동"과 "수동"이 구별된다. 수동이란 정신의 불완전성을 보여주면서 정신 이외의 개체가 거기에 들어간다. 그러나 자신의 존재를 고집하는 노력, 즉 다른 개체를 배제하려고 하는 노력은 모든 것이 가진 본질이다. 이 노력은 충동이라고 불리며, 심신 어디에나 관계한다. 정신과 신체는 서로 배타적인 것이 아니라 평행하여 있다고 하는 스피노자의 심신론이 확실히 보여진다. 제4부 「인간의 예속 혹은 감정의 힘에 관하여」에서는 수동 감정이 다루어지고, 이것을 억누르기 위하여 덕(德), 즉 이성에 따른 행동이 요구된다. 그리고 정신의 덕은 신의 인식이다. 제5부의 제목은 「지성의 능력 혹은 인간의 자유에 관하여」이다. 신의 인식이라는 최고의 덕은 개체를 보다 많이 인식하는 것에서 초래되는 것이다. 그 방법은 직관 지(直觀知)이고, 그렇게 함으로써 최고의 만족을 얻을 수 있다. 신에 대한 지적 애(愛) 아래서 인간의 자유, 즉 지복도 초래된 것이다.

그의 사상에 영향을 미친 인물을 한 사람 든다면, 그것은 다름 아닌 데카르트일 것이다. 그는 어릴 때부터 데카르트의 저작을 열심히 탐독한 한편, 또 거기에서 모순을 발견하고 있었다. 데카르트도 수학을 학(學)의 모델로 삼고 있음에도 불구하고, 수학적 추론에서 상상력은 본질적이라고 서술하기도 했다. 특히 신을 생각할 때 데카르트는 상상력을 제거하고 순수하게 지성에만 의거하는 것을 삼가고 있었다. 스피노자에게는 이러한 주저함은 보이지 않는다. 상상적인 것을 모두 박탈하고, 지성을 써서 모든 추론을 하고, 또 그 귀결을 받아들였다. 그 방법은 정신의 능력이 지성으로 환원되어가는 『에티카』의 내용과 궤적을 같이 한다. 이 상상력의 거절은 『신학-정치론』 속에서 계시나 예언이라고 말한 상상력에 호소하는 것을 규탄한 것과 같은 지침에 이르고 있다.

스피노자가 처음으로 정당한 취급을 받은 것은 죽은 지 100년이 지난 뒤, 독일 로만주의(낭만주의) 흐름 속에서였다. 레싱그, 괴테 등에 의한 이 스피노자 르네상스는 그의 범신론적 측면이 강조되었다. 더욱이 근년에 다시 이번에는 프랑스에서 들뢰즈, 마슐레, 모로, 마드랭에 의해 철학뿐만 아니라, 정치론에 대해서도 재평가가 시도되고 있다.

형이상학 서설

고트프리드 빌헬름 라이프니츠
Discours de métaphysique, 1686

『형이상학 서설』은 라이프니츠가 40세를 맞이한 1686년에 쓴 작품이다. 정치가로서 또 수학자로서 이미 이름을 날리고 있던 라이프니츠는 이 저작에서 본격적으로 형이상학에 착수하여 그것을 완성하기 위해 말년 내내 노력을 기울였다.

라이프니츠(Gottfried Wilhelm Leibnitz)는 1646년에 독일의 프로테스탄트 도시 라이프치히에서 태어났다. 라이프치히 대학에서 철학 및 수학을 배웠다. 토마지우스 아래서 17세 때에 학사 논문 「개체화의 원리에 관한 형이상학적 논의」를 썼다. 여기에서 이미 그 자신의 독자적인 형이상학의 맹아가 보여지고 있다. 알트도르프 대학에서 법학 박사를 받고 21세의 그는 대학을 떠나 홀란드로 여행을 떠난다. 도중에 마인츠에서 당시 외교관 보르네부르크를 만나 1676년까지 마인츠의 국정에 관여한다. 그 사이에도 파리에서 공부하고, 런던을 방문하여 호이헨스, 마르브랑쥬, 보일 등의 일류 학자와 교분을 쌓았다. 귀국 도중에 홀란드에서 스피노자를 방문하였다. 귀국 후에는 하노화 가(家)에서 일하며 그 가문의 편년사를 작성하고, 하루츠 광산의 탐색에 참가하였고, 교회의 통일을 위하여 20여 년 동안 보슈에와 서신을 교환했고, 아카데미 설립에 노력하는 등 정력적인 활동을 계속했다. 이 사이에 형이상학과 본격적으로 씨름하여 몇 가지 작품과 엄청난 양의 편지를 쓰고 있다. 1716년에 하노화에서 죽었다.

하노화를 방문한 라이프니츠는 그 직전에 만났던 스피노자의 영향을 강하게 받았다. 원래 스피노자의 작품을 친구 치룬하우스를 통해서 열심히 구하고 있었기 때문에 스피노자에 대한 관심은 이만저만이 아니었다. 하노화에서의 처음 10년 동안은 작품을 거의 남기지 않았지만, 이 사이에 스피노자의 영향 아래서 반데카르트 철학을 연마하고 있었던 것으로 생각된다. 더욱이 스피노자도 비판하는 입장을 확립하여 1686년에 『형이상학 서설』을 썼다. 이것은 라이프니츠의 형이상학에 대한 어프로치를 처음으로 명확히 한 저작이다. 여기에서 데카르트를 필두로 한 기계론자가 배척한 스콜라의 개념인 실체 형상이라는 말이 사용되고 있다. 모나드(monad)라는 말은 사용하고 있지 않지만, 뒤에 『단자론』에 대한 계기를 충분히 드러내고 있어 그에게 있어서는 하나의 전기가 되는 작품이라고 말할 수 있을 것이다.

『형이상학 서설』은 37절로 구성되어 있는데, 우선 신이 화제가 된다. 신의 완전성으로부터 그 피조물인 세계의 최선성(最善性)이 도출되고, 다음으로 신과 피조물의 작용을 구별하기 위하여 피조물인 개체적 실체가 음미된다. 주어 · 술어를 다룬 논리학적 관점에 서서 개체 개념을 규정한 다음에, 개체 사이의 조화를 표출이라는 현상을 매개로 하여 설명하고 있다. 더욱이 자연 법칙으로 화제를 바꿔 데카르트의 운동량과 힘의 혼동을 비판한다. 힘은 기하학에서 분리되어 형이상학 아래서 고찰되어야 한다는 것이다.

라이프니츠의 개체적 실체라는 사상은 유니크하지만, 스피노자의 하나뿐인 자존적 실체가 개체에 대하여 다수화된다고 성격이 불식될 수 없는 것이 확실하기 때문에 결정론이라는 스피노자의 유산을 동시에 갖고 있는 것도 불가사의한 일은 아니다. 그 약점을 밝힌 것은 저명한 철학자이자 신학자인 앙뚜완느 아르노이다. 특히 비판의 대상이 된 것은 제13절로, 그것은 아래와 같은 표제로 시작하고 있다.

"각각의 사람들의 개체 개념은 그에게 언젠가 일어나게 될 것을 일단은 포함하고 있기 때문에 사람들은 거기에서 각각의 사건의 진리의 아프리오리한 증명이나 근거를 혹은 왜 다른 사건이 아니라 어떤 사건이 일어나는가라는 것을 발견한다."

『형이상학 서설』의 핵심의 하나라고도 말해지는 이러한 사고 방식에 대해서, 아르노는 최초의 인간인 아담의 개체 개념을 문제삼아 비판한다. 라이프니츠의 아담 개념 속에는 그 자식 개념이 포함되어 있고, 더욱이 그 자식의 자식 개념이 포함되고 있는 것처럼 모든 자손 개념이 포함되게 된다. 이렇게 일단 신이 아담을 창조하려고 하면 그때 인간 일체가 결정되고, 이 점에서 신의 자유가 없어지고 마는 것은 아닌가라는 비판이다.

『형이상학 서설』에서 이 개체 개념을 지탱하고 있던 것은 논리학이었다. 주어에 술어가 내재한다고 하는 분석 판단의 구조에 개체 개념도 포함시킨 것이다. 아담이라는 주어에는 아담에 관한 일체의 것이 술어로서 내재한다고 하는 것이다. 이 논리학적인 측면은 그후 자취를 감추고 힘(*vis*)이라는 관점이 그 대신에 강조되고 있지만, 결코 폐기한 것이 아니라 비난을 피하기 위해 굳이 사용하지 않았다고 생각된다. 1689년에 로마에서 쓴 『동력학— 자연적 물체의 힘과 법칙에 관하여』에서 힘 개념을 확립한 그는 그 성과를 형이상학에 적용한다. 그것이 1695년의 『실체의 본성과 교통 및 정신 물체 사이의 결합에 관한 새로운 견해』를 거쳐 말년의 『단자론』에서 결실을 맺는다.

자연 철학의 수학적 원리(프린키피아)

아이삭 뉴튼
Philosophiae Naturalis Principicia Mathematica, 1687

뉴튼은 근대 과학의 기초와 모범을 잡는 일을 한 영국의 과학자이다. 관성을 갖고 운동하고 있는 달은 링(ring)처럼 지구로 계속 낙하하고 있음을 통찰한 천재가 쓴 난해한, 그러나 근대 물리학의 존재 방식을 결정하는 역할을 수행한 것이 바로 이 책이다.

뉴튼(Isaac Newton)은 1642년 유만 가(家)의 조산 미숙아로 태어났다. 농장주로는 적합하지 않았기 때문에 1661년부터 케임브리지의 트리니티 칼리지에서 공부했다. 당시 대학의 커리큘럼은 아직 중세적인 것이었기 때문에, 독학으로 홉스, 헨리 모어, 데카르트, 케플러, 갈릴레오, 가상디 등을 공부했다. 1665년에 전염병이 나돌아 대학이 폐쇄되자 1667년 4월까지 고향 랭카셔의 울순프에서 좋아하던 연구에 몰두하여 미적분(微積分), 광선은 고유한 색과 굴절률을 가진 백색 광을 합성한 것이라는 광학(光學), 달이나 혹성을 궤도상에 가진 것은 역제곱법칙에 따른 중력이라고 하는 역학(力學) 등을 고안해내었다. 1666년은 뉴튼이 "경이로운 해"라고 불렀는데, 확실히 이러한 천재의 출현은 역사상 유례가 없는 것이다. 1669년에 루카스 강좌의 수학 교수로 선임되어, 32년 동안 이 일을 맡았다. 이 사이에 연금술, 신학, 역사 연대학 연구가 커다란 비중을 차지하고 있었는데, 이것들은 물리학 연구와 마찬가지로 창조주인 신에 의한 세계의 지배를 증명하는 것을 궁극적인 목적으로 삼고 있었다. 성서와 역사 연구에 근거하여 삼위 일체를 인정하지 않는 아리우스파와 가깝게 지내는 등, 사회적으로 "위험한" 신조를 가지고 있었다. 정통파 그리스트교 이외의 무신론, 이신론(理神論)을 공격 목표로, 이신론적으로 보이는 데카르트 철학을 비판의 대상으로서 특별히 의식했다. 『다니엘 서』 등의 예언은 모두 적중했다고 생각하였지만, 예언서로부터 미래를 미리 알 가능성은 부정했다. 고대인에게 세계에 관한 완전한 지식이 계시되어 있었고, 자신의 역학 연구 등도 그것의 재발견이라고 간주하고 있었다. 역학적이지 않고 능동적으로 조직화한 원리(精氣)의 연구가 연금술이며, 이 원리는 신의 지배 아래 있다고 생각했다. 1671년에 고안 · 제작한 반사(反射) 망원경을 런던의 왕립협회에 기증하여 협회의 멤버로 선출되었다. 1687년에 『프린키피아』를 출판하였다. 1699년에 그동안 희망하던 런던 조폐국 감사에 임명되고, 1700년부터는 조폐국 장관으로서 화폐의 개조, 위조 화폐의 적발 · 기소 등의 행정적인 능력을 발휘했다. 1704년에 『광학』을 출판하였다. 다음 해 안 여왕으로부터 기사 작위를 서품받았다. 1727년에 죽었다.

1684년에 하리가 뉴튼을 방문하여 거리의 제곱에 반비례하는 힘에 의해 혹성이 그리는 궤도를 추적하자 뉴튼은 이전에 수학적으로 그것이 타원이 됨을 증명한 바가 있다고 답하고, 훗날 그것을 증명한 것을 찾아서 보내주기로 약속했다. 이것이 계기가 되어 본격적인 집필에 착수한 결과가 3권짜리 『프린키피아』로, 하리의 감독 하에서 왕립협회에서 출판되었다(1687). 협회가 파산 상태에 있었기 때문에 비용는 하리가 부담하였다.

도입부에서는 유크리트의 『원리』의 스타일을 모방하여 정의(질량, 운동량, 고유한 힘, 즉 관성, 원심력, 구심력 등등)와 공리(운동의 3법칙)가 제시되고 있다. 제1법칙은 갈릴레오나 데카르트에게서 유래하는 관성의 법칙이다. 제2법칙은 갈릴레오의 고찰을 발전시켜 힘은 그 크기에 비례하는 속도의 변화를 낳는다고 한다. 제3법칙은 충돌 연구가 명확히 했던 것으로, 작용에는 역방향으로 같은 반작용을 수반한다고 한다. 이들을 사용하여 합력(合力)이 낳은 운동이나 운동량의 보존 등이 논의되고 있다. 주해에서는 감각을 통해서 알려진 대상과의 관계에서 결정되는 상대 시간 · 공간과는 구별되는 절대 시간 · 공간이 진정한 시간 · 공간이 되어 그 존재가 주장된다.

제1권에서는 우선 도구로서 위력을 발휘하는 극한(極限)에 관한 일련의 기하학적 명제가 증명되고 있다. 이어서 물체가 한 점으로 향하는 구심력 아래서 운동한다고 하면, 물체로부터 그 점으로 이끈 움직임이 그린 면적은 시간에 비례한다는 것(케플러의 제2법칙), 또 그 역이 증명되었다. 구심력이 거리의 제곱에 반비례한다면, 궤도는 원추 곡선(타원, 포물선, 쌍곡선)이 된다는 것(타원이 케플러의 제1법칙), 또 그 역이 증명되었다. 타원의 경우에 주기는 긴 축의 3/2제곱에 비례한다는 것(케플러의 제3법칙)이 증명되었다. 구형의 물체의 경우에 질량 전체가 중심에 있다고 간주해도 좋다는 것이 증명되었다(이럼으로써 천체에 적용할 수 있게 되었다) 등등.

제2권은 저항이 있는 매질 속에서의 여러 가지 운동을 논의하고 있다. 유체 정역학, 진자에 비유한 파동 역학이 고찰되고, 유체의 저항의 법칙, (거리에 반비례하는 힘을 가정한) 보일의 법칙이 도입되고 음속이 계산되고, 빛의 파동설이 부정된다. 관성 질량과 중력 질량이 같다는 것, (데카르트파가 주장하는) 에테르는 존재하지 않는다는 것이 실험에 근거하여 주장되고 있다. 데카르트파의 소용돌이치는 운동(渦動)에 붙혀진 혹성의 운동은 케플러의 제1법칙에 맞지 않는다는 것이 밝혀지고 있다.

"세계 체계"라고 이름붙여진 3권은 철학에서의 추리의 규칙을 밝히고, 뒤이어 앞의 두 권의 성과에 기초하여 우주론을 설명하고 있다. 혹성, 달, 혜성의 운동, 조석 간만, 세차(歲差) 등이 만유인력(중력)에 기인하는 것으로서 상세히 논의되고 있다. 지표에서 중력이 장소에 따라 다른 것,

지구가 극 방향으로 기울어져 있다는 것 등이 논의되고 있다. 재판(1713)에 첨가된「일반적 주해」는 인간의 지식을 초월한 신의 지배를 역설하고, 물질에 침투하는 미세한 정기(精氣)에 관해 언급하고 있다.

근대 과학에 가장 커다란 영향을 미쳤고 오해도 많았지만, 계몽주의를 고취하는 역할도 했다.

통치론

존 로크
Two Treatises of Civil Government, 1689

로크의 『통치론』은 홉스의 『리바이어던』, 루소의 『사회 계약론』과 더불어 '사회 계약설'에 근거한 근대 정치 철학의 고전이다. 특히 17세기 영국의 명예 혁명의 이론적 기초라고 말해야 할 '저항권' 사상은 아메리카 독립 전쟁이나 프랑스 혁명 등의 근대 시민 혁명을 지탱하는 강력한 기반이 되었다.

로크(John Locke : 1632~1704)는 잉글랜드의 서머셋 주에서 젠트리 계급 출신의 독실한 퓨리턴의 장남으로 태어났다. 1652년에 옥스포드 대학에 입학하여 왕정 복고 시기인 1660년부터 64년까지 모교에서 그리스어 등의 강사로 근무했다. 이 무렵에 의학 공부에 심취하였다(1675년에 의사 공인 면허를 딴다. 명예 혁명 이전에는 의사로서 이름을 날린다). 1666년에 애슐리(뒤에 샤프시베리 백작 1세)와 알게 되어 주치의로 그의 집에서 지내면서 백작의 심복으로서 정치 활동도 하게 되었다. 1673년에 찰스 2세가 프랑스와 밀약을 맺은 것을 안 샤프시베리 백작은 반국왕 세력에 가담하였다. 1675년부터 1679년까지 로크는 대륙으로 건너가 많은 저명한 지식인과 교류했다. 귀국하자마자 바로 샤프시베리 백작과 국왕의 충돌이 격화되고, 마침내 백작은 1682년에 홀란드로 망명하지만 몇 개월 뒤에 객사한다. 다음 해 로크도 홀란드로 망명하여 가명으로 연구 · 집필 활동을 계속한다. 1689년에 명예 혁명이 성공하자 귀국한 뒤 새 국왕 윌리엄 3세의 간곡한 요청으로 잉글랜드 은행 설립에 참여하는 등 새로운 체제의 확립에 기여했다.

『통치론』은 1679년 경에 집필을 시작하여 홀란드 망명 중에 완성했다. 1689년에 그의 철학적 주저 『인간 오성론』도 출판되었다. 당초의 계획으로는 3편으로 구성하려고 했지만, 현재와 같이 2편이 된 것은 "우리들의 위대한 재건자, 현 국왕 윌리엄이 왕위를 확립하고 ……(명예 혁명을 달성한) 영국 인민을 전세계에 정당화하기" 위해서는 그것만으로도 충분했기 때문이다. 여기에 『통치론』의 정치적 의도가 명확히 서술되어 있다.

제1편은 "로버트 필마 경과 그의 추종자들의 틀린 원리와 근거를 발견하여 논박한다." 1680년에 다시 간행된 필마의 『족부론(族父論)』은 성서의 서술을 근거로 해서 신이 아담에게 세계 전체와 인류 전체를 지배하는 절대적 권력을 주고, 이 권력이 국왕에게 승계된 것을 논증하고 있었다. 이 전형적인 왕권 신수설을 록크는 쫓아가면서 비판하고 있다.

제2편 제1장은 이 제1편의 필마 비판의 요약이다. 그리고 록크는 제2장에서부터는 "통치의 발생, 정치적 권력의 기원 그리고 정치적 권력을 가진 사람을 지정하고 식별하는 방법"을 필마와는 다른 방식으로 논의하고 있다. 고찰의 출발점이 된 것은 홉스와 마찬가지로 인간의 "자연 상태"이다. 다만 록크의 자연 상태는 홉스의 그것과는 대조적이다. 록크에 의하면, "사람들 각각이 다른 사람의 허가를 구하지도 않고, 다른 사람의 의지에 의존하지도 않으면서 자연법의 범위 안에서 자신의 행동을 규제하고 자신이 적당하다고 생각하는대로 자신의 소유물과 신체를 처분하는 완전하게 자유로운 상태"가 자연 상태이고, 이 "자연 상태에서는 자연법의 집행은 각자의 손에 넘겨지고 있다." 그러나 "다른 사람을 자신의 절대적 권력 아래 두려고 기도하는 자"가 출현할 때 전쟁 상태가 출현한다. 그리고 각자가 자연법의 집행자인 자연 상태에서는 "공통의 우월자"가 있지 않기 때문에 "일단 개시된 전쟁 상태는 쭉 계속된다." 그렇다면 전쟁 상태

를 종결지을 방법은 무엇인가? 그것은 계약에 의해 "공통의 우월자", "공공의 손"을 설립하는 것이다. "사람들이 결합하여 한 사회를 구성하고, 그 결과 모든 사람이 자연법의 집행을 방기하여 그것을 공공의 손에게 위임할 때 정치 사회 혹은 시민 사회가 존재한다." "인간은 생래적으로 모두 자유롭고, 평등하고, 독립하고 있기 때문에 누구나 자신이 동의하지 않는다면, 이 상태로부터 벗어나 다른 사람의 정치적인 권력에 복종당하는 것은 있을 수 없다. 사람이 생래적인 자유를 방기하고 시민 사회의 구속을 받게 되는 유일한 방법은 다른 사람과 합의하여 하나의 공동 사회에 가입하여 결합하는 것이다. "다만 그 목적은 각각 자신의 소유물을 안전하게 향유하여 사회 밖의 사람들보다 커다란 안전성을 갖게 됨으로써 서로 쾌적하고, 안전하고 평화로운 생활을 보내게 된다." 그리고 이 목적에 반대되는 통치를 논하는 것이 최종 장 「통치의 해체에 관하여」이다. "자기 방위는 자연 법의 일부분이다. 공동 사회는 국왕 자신을 상대로 할 경우에도 그것을 거부할 수 없다. 따라서 국왕은 국가 전체와 대립하고 인내할 수 없는 악정으로 국민 전체에게 잔혹한 전제(專制)를 가하려 한다면, 국민은 그것에 저항하여 위험으로부터 자신을 지킬 권리를 갖는다." 이 저항권 이론은 직접적으로는 명예 혁명의 이론적 정당화였지만, 약 1세기 뒤의 아메리카의 독립 선언(1776)이나 프랑스의 인권 선언(1789)의 이론적 근거이기도 하다.

록크는 이 책에서 근대 자본주의의 근본적인 뿌리인 사유제의 기초도 시험하고 있다. 인간은 자신의 신체에 대한 사유권을 갖고 있기 때문에 그 신체의 움직임을 통해 얻어지는 것도 그의 소유물이 된다는 것이다. 뒤에 "노동 가치설"이라 불리는 이론의 원초 형태를 여기서 볼 수 있다.

인간 오성론

존 록크
An Essay concerning Human Understanding, 1689

『인간 오성론』은 영국 경험주의의 대표작이며, 근대 철학의 인식론적 전회(轉回)의 효시이다. 그러나 '실체' 개념의 잔존, 데카르트적 명증성의 혼재 등 본래의 경험주의에 반하는 불철저한 측면도 있기 때문에, 이것을 극복하는 것이 록크 이후 영국 경험주의의 전개로 이어진다.

이 책의 성립 사정에 관해서는 앞부분의 「독자에 대한 편지」에서 록크 스스로 다음과 같이 밝히고 있다. "나의 거처에 5~6인의 친구가 모여 이 책과 매우 동떨어진 주제를 논하고 있던 바, 여기지기에서 생겨난 어려운 문제 때문에 어찌할 줄 몰랐다. 나는 문득 자신들의 방법이 틀렸고, 우리들은 이런 류의 연구를 시작하기 전에 자신들의 재능을 살피고, 우리들의 지성이 다루기 적합한 대상과 적합하지 않은 대상을 나눌 필요가 있다고 생각하게 되었다." 이 말을 한 것은 1671년 봄이라고 추정되고 있다. 당시 록크는 애슐리 가에 기거하면서 이 집을 방문한 저명한 지식인들과 논의할 기회가 많았다. 그는 이미 집필에 착수했지만 몇 차례나 원고를 고쳤다. 1675년부터 몇 년 동안의 프랑스 체류 시에 집중적으로 개고하고 망명 생활을 마친 1689년에 출판하였다(이 책 103쪽 참조).

전체는 4권으로 이루어져 있다. 제1권 제1장은 이 책 전체에 대한 서론이다. 거기에서 록크는 탐구의 목적을 "인간적 지식의 기원과 확실성과

범위를 연구하여 모든 신념 · 억측(臆測) · 동의의 근거와 정도를 연구한다"고 적고 있지만, 이 논술에 대응하고 있는 것은 제4권 「지식과 억측에 관하여」이고, 앞의 3권은 말하자면 준비 작업이라고 볼 수 있다.

제1권은 당시 논쟁의 표적이 되고 있던 생득 관념(生得觀念)의 존재를 전면적으로 부정한다. 만약 생득 관념이 있다고 한다면, 보편적으로 승인될 것이다. 그러나 그러한 승인을 받은 원리는 존재하지 않는다. 예를 들어 어린이나 백치는 동일률이나 모순률을 승인하지 않는다. 신의 관념조차 생득적이지 않다. 신의 관념을 가지고 있지 않은 미개 민족도 존재하기 때문이다.

생득 관념이 없다고 한다면, "정신은 이른바 문자를 완전히 결여하고 있는 백지"이다. 그렇다면 우리들은 "어떻게 해서 관념을 얻을까"가 문제가 된다. 이 탐구에 바쳐지고 있는 것이 제2권 「관념에 관하여」이다. 록크는 이 물음에 "한 마디로 말해서 경험으로부터"라고 답하고 있다. "이 경험에 우리들의 모든 지식은 뿌리를 두고 있으며, 이 경험으로부터 모든 지식은 유래한다." 그리고 이 경험에는 두 가지 원천이 있다. 감각과 내성(內省)이다. "감각의 대상으로서 밖에 있는 물질적인 것과 내성의 대상으로서 안에 있는 우리들 자신의 마음의 작용, 이것만이 우리의 모든 관념을 낳는 기원이다." "관념의 기원"을 이렇게 확정한 그는 "관념의 종류, 범위"를 상세히 다루고 있다. 관념은 우선 단순 관념과 복합 관념으로 구분되고, 더욱이 단순 관념은 기원에 따라 네 개로 세분되며 복합 관념도 또 세 개로 세분된다. 그러나 이 제2권 속에서 가장 문제가 되는 것은 제8장 「단순 관념에 관한 몇 가지 보론」이다. 록크는 여기에서 인간 정신 속에서 관념을 만들어내는 물체의 힘을 '성질'이라 부르고, 그것을 제1성질과 제2성질로 구분한다. "물체가 어떠한 상태에 있어도 그 물체로부터 전혀 분리되지 않는 것"이 제1성질이고, "색이나 음이나 맛" 처럼 "대상의 제1성질에 의해, 즉 그 대상이 감지할 수 없는 부분의 부피나 형태나 조직이나 운동에 의해 다양한 감각을 낳는 힘"이 제2성질이다. 따라서 "물체의 제1성질의 관념은 물체의 유사물이고, 그러한 관념의 원형은 물체 그 자체 속에 진짜 존재하지만, 제2성질에 의해 우리들 속에서 생겨난 관념은 그 물체와 전적으로 유사하지 않다." 하지만 모든 관념이 감각과 내성에서 유래한다면, 성질은 모두 제2성질이지 않으면 안된다. 록크가 "제1성질"이라고 생각하고 있던 것은 전통적인 "실체" 개념이었다.

"관념과 말 사이에는 밀접한 결합이 있다"라는 이유로 쓰여진 것이 제3권 「말에 관하여」이다. 여기에서 록크는 이 당시에 다시 불타오른 보편 논쟁에 대하여 유명론으로 답하고 있다. "일반이나 보편은 실재의 것에는 속하지 않고, 지성이 자기 자신이 사용하기 위해 만든 고안물 · 창조물이다."

결론인 제4권 「지식과 억측에 대하여」에서 우선 지식은 "우리들의 관념의 어떤 것과의 일치 · 불일치의 인지"로 규정되고, 이것이 직접적 지식과 논증적 지식으로 나뉘어진다. 전자는 이 일치 · 불일치를 "그 관념만으로 직접적으로", 후자는 "다른 관념의 매개에 의하여"(추론에 의하여) 인지한다. 그러나 후자도 그 추론의 각 단계가 직관에 의해 뒷받침되기 때문에 지식은 모두 확실한 것이 된다. 이것에 반해서 개연성(蓋然性, 억측)은 직관을 결여하기 때문에 일치 · 불일치를 명증적으로 인지할 수 없다. 록크가 지식으로 생각하고 있는 것은 데카르트적 명증성이다. 그리고 개연성이란 회의주의적 아카데미파의 "좋은 생각"(절대 확실하다고는 할 수 없으나, 행위의 기준으로서는 신뢰하기에 충분한 의견)이다.

이러한 이질적인 입장의 혼재로 말미암아 록크의 입장은 대단히 애매하게 되었다. 실제로 그 이후의 영국 경험주의는 록크 비판에서부터 출발했다. 대륙 합리주의로부터도 비판이 속출했다. 라이프니츠가 이 저작의 구성 그대로 축조 비판했던 『새로운 인간 오성론』(1704)이 대표적인 예이다.

역사 비평 사전

삐에르 베이유
Dictionnaire historique et critique, 1696

『역사 비평 사전』은 17세기 말에서 18세기 초에 이르는 사상적 대전환기(아제르가 말한 "유럽 의식의 위기"의 시대)를 가장 잘 대표하는 대작으로, 18세기의 사상가들이 종교적 · 철학적 도그마에 대한 비판의 무기를 손에 넣은 최대의 무기고가 되어 계몽 사상의 형성에 막대한 영향을 미쳤다.

베이유(Pierre Bayle : 1647~1706)는 피렌체 산맥에 가까운 프랑스 남서부의 시골에서 프로테스탄트 목사의 아들로 태어나 청년 시절에 잠시 카톨릭으로 개종했지만 금방 프로테스탄트로 다시 개종했다. 이 재개종은 비합법적이었기 때문에 제네바로 도망가 그 지방의 대학에서 신학을 공부하고, 1675년에 세당의 프로테스탄트 대학의 철학 교수가 되었다. 1681년 7월에 이 학교가 폐쇄되었기 때문에 홀란드의 로테르담으로 망명하여 같은 해 10월부터 로테르담 시의 고등 학원의 철학 및 역사 교수로 일하고, 1693년에 그 도시의 정변 때문에 해임될 때까지 그 일을 계속했다. 무신론과 우상 숭배의 우월론에서 무신론자의 덕성이나 "신 없는 사회"의 존재 가능성이라는 대담한 주장을 도출했던 『혜성 잡고』(1682)나 모국 프랑스의 프로테스탄트 박해를 논박하여 "혼동하는 양심"의 권리를 주장하고, 저자를 록크와 더불어 "종교적 관용"의 최대의 사도로 만든 『'강하면 들어가시오' 라는 예수 그리스트의 말에 관한 철학적 주해』(1686

~87)도 유명하지만, 『역사 비평 사전』(1696)이 최대의 대표작이다.

이 사전은 원래 종전의 역사 서술이나 각종 사전에서 보여지는 오자 · 탈자를 지적하는 "다른 책의 시금석"으로 구상되었다. 저자가 그런 종류의 사전을 만든다고 최초로 예고한 것은 1690년 가을이었는데, 1692년 5월에는 그 계획의 샘플로서 전체 24개의 항목을 첨가하여 『비평 사전 복안』이 발표되었다. 이러한 계획의 배경에는 특히 17세기 후반부터 이루어진 눈부신 고증적 역사 연구의 발전이 있고, 제목으로 사용된 "비평"이라는 말도 역사적 사실을 둘러싼 각종 증언을 비교 · 대조하여 각각의 신빙성을 확정하여 진위의 판정을 내린 역사 연구의 보조 기술을 의미하는데, 특히 오류 적발의 대상으로 생각했던 것은 1674년에 제1판이 출판된 이래 증보를 거듭하여 18세기 최대의 역사 사전이 된 카톨릭 성직자 루이 모레리의 『대 역사 사전』이었다.

이러한 "오류 사전"이라는 구상은 『복안』에 대한 독자의 반응 등을 고려하여 실현 과정에서 조금 변경되었다. 제목도 『비평 사전』에서 『역사 비평 사전』으로 바뀌어 1696년 10월에 제1판(2절판 4권)이 출판된 이 사진은 통상적인 "역사 시전"과 당초에 계획한 "비평 사전"을, 말하자면 절충한 것이었다. 각 항목의 서술은 두 부분으로 나뉘어져, 커다란 활자로 1단으로 조판된 본문은 인물의 약력이나 토지나 종파의 연혁 등 총체적으로 역사 사전식의 서술을 모았고, 상세하고 다기한 비평적 논의는 조그만 활자로 2단으로 된 각주로 돌리는 구성으로 되었다. 각주는 많은 경우에 본문 양의 수십 배, 수백 배에 달하며, 본문이 위에 1행 있으면 뒤에는 전부 각주인 페이지도 적지 않다. 항목의 숫자는 완성판에 2천여 개였지만, 대다수는 인명으로, 특히 16 · 7세기의 인명이 전체의 6할을 차지한다. 계통적인 역사 사전을 만들 의도가 없었던지 항목의 선정은 대단히 불규칙하여, 예를 들어 아리스토텔레스나 에피쿠로스는 항목에 있어도 소크라테스나 플라톤은 없고, 스피노자는 있어도 데카르트는 없는 식이었다.

방대한 각주 중에서도 최대 비중을 차지하는 것은 무수한 인용을 비교하면서 역사 서술의 부정확성이나 일방적인 성격을 도출해낸 충실성을 둘러싼 논의로, 특히 파당적 편견(특히 신 · 구 양 교회의 갈등에서 비롯된 종교적 편견)에 의한 역사의 왜곡 · 위조에 대한 비판은 계통적이면서도 철저했다. 이는 격렬한 종교 전쟁의 와중에서 역사의 진실을 지키는 것을 다른 무엇보다도 중요시했기 때문이다.

그러나 이러한 비평적 · 고증적 논의와는 별도로, 이 책이 독자의 관심을 폭넓게 끄는 주된 이유 하나는 각주의 여러 곳에서 전개된 각종 철학적 · 신학적 논의로, 아낙시고라스부터 스피노자, 라이프니츠에까지 이르는 고금의 철학적 체계들에 대한 예리한 비판은 이 책을 일종의 '비판적 철학 사전'으로 간주할 수 있게 해준다. 예언자 다비드의 배은 망덕에 가차없는 비판을 한 '다비드' 항, 세계에 충만한 죄와 비참함에 빠진 신의 섭리를 변호하는 것은 인간 이성의 힘을 뛰어넘는다고 한 '마니교도' 항, 회의주의의 종교적 효용을 제창한 '퓨론' 항, 『백과 전서』에 그대로 도용된 '스피노자' 항 등이 그 가운데서도 제일 유명한데, 신학 · 형이상학 비판의 보고(寶庫)로서 이 책이 18세기에 항쟁하면서도 읽히는 것도, 뒤에 맑스가 "형이상학의 죽음의 역사를 쓴 형이상학의 역사가"라고 저자를 평가한 것도 사전의 이러한 측면에서 유래하고 있다. 또 역으로 교회 관계자를 중심으로 한 보수층이 사전을 위험한 반종교서로 격렬하게 공격한 것은 말할 필요도 없을 것이다. 『역사 비평 사전』은 저자 생전의 1702년에 대폭 증보된 제2판이 나오고, 그 뒤에도 유고를 모아 여러 차례 증보되었고, 18세기 전반에 9판까지 간행되었다. 영어 번역판 3종, 독일어 번역판 1종도 18세기 전반에 나와 18세기 최대의 베스트 셀러가 되어 러시아 에카테리나 여제가 1권에 반 년, 합계 2년에 걸쳐서 독파하는 등, 애독자는 프랑스뿐만 아니라 '계몽의 유럽' 전역에 있었다.

시각 신론

죠지 버클리
An Essay towards a New Theory of Vision, 1709

종래의 기하학적 광학에 기초한 시각 이론 대신에, 일상적 시각의 서술·분석을 시도한 이 책은 18세기의 '지각의 현상학'이었다. 나아가 이 책은 성직자 버클리 주교가 그리스트교를 옹호하기 위해 쓴 주저 『인지 원리론』의 서장이기도 하다.

버클리(George Berkeley : 1685~1753)는 아일랜드의 길케니에서 젠트리 계급 출신의 영국 국교도의 아들로 태어났다. 더블린의 트리니티 칼리지에서 공부할 때 이미 사제로 임명되는데, 이 성직은 평생 유지된다. 일찍이 20대 중반에 주저를 공표하지만, 외적인 물질 세계를 부정하는 비물질론은 조소와 냉소만 받았을 뿐이다. 그 뒤 그는 철학으로부터 멀어지지는 않지만 성직에 전념한다. 아메리카에서의 포교 활동의 거점으로 대학을 설립하는 버뮤다 계획에 참여하여 기획하고 1728년에 혼자 미국에 건너갔다. 이 계획은 좌절되었지만, 귀국 후 1734년에 조국 아일랜드 클로인의 주교로 임명되어 성수를 교구의 빈민 구제 활동에 쓰려고 하는 등 성직자로서의 활동을 계속한다. 1752년에 런던으로 이주했다가 다음 해 그곳에서 죽었다.

이 책의 주제는 말할 것도 없이 시각이다. 데카르트 이래 광학에 대한 관심이 높아져 이 시대에도 모리눅스의 『굴절 광학』 등 매우 많은 광학 연구가 발표되었다. 그러나 이 연구들은 데카르트의 전통을 이어받은 기하학적 광학이었다. 버클리가 이 책에서 전개한 것은 일상적 지각 경험을 기반으로 한 시각 연구이다. 즉 수학적 · 과학적 개념 구성을 일체 전제하지 않고, 우리들이 경험하는 시각적 지각 그 자체를 서술 · 분석하려고 한 이른바 현상학적 시도이다. 이처럼 이 책에서는 완전히 새로운 관점에서 시대의 과제에 답한다고 하는 의도가 포함되어 있지만, 버클리는 이 저서에 또 하나의 목적을 담았다. 『시각 신론』은 1709년에 출판되었고, 그 다음 해에 주저 『인지 원리론』이 간행되었다. 따라서 두 개의 저작은 거의 동시에 집필되었다고 해도 좋을 것이다. 실제로 버클리가 남긴 메모에 의하면, "(주저에서 전개된 비물질론의) 진리를 그것이라고 느끼지 못한 채 사람들의 마음에 잠입시키기" 위해 "반쪽짜리 비물질론"인 이 책을 쓴 것이고, 이 비물질론이란 유물론과 회의주의로부터 그리스트교를 옹호하기 위한 이론적 기반이었다(이 책 114~16 쪽 참조). 따라서 버클리는 성직자로서 이 책을 쓴 것이다.

"나의 이 논고의 목표는 우리들이 시각에 의해 대상들의 거리, 크기 및 위치를 지각하는 양식을 밝히는 것이다. 또 시각의 관념들과 촉각의 관념들 사이에 있는 차이에 관하여 혹은 이 두 가지 감각 기관 사이에 공통적인 관념이 존재하느냐 않느냐에 관해서 고찰하는 것이다." 먼저 거리 지각에 관해서 가장 기본적인 고찰이 전개된다. 우리들은 거리 자체를 결코 보지 못한다. 그렇다면 거리 지각이란 무엇인가? 이것을 기하학적으로 설명하는 것은 불가능하다. 왜냐하면 기하학적 선이나 각도는 그것 자체로 지각될 수 없는 것이기 때문이다. "거리가 마음에 시사되는 것은 본다고 하는 행위 속에서 그것 자체로서 지각되듯이, 무엇인가 다른 관념에 중개됨으로써이다." 그가 이 "다른 관념"으로 최초로 든 것은 양쪽 안구의 배치 혹은 회전에 동반된 감각이다. "이 배치 혹은 회전은 (근육의 긴장이나 이완의) 어떤 감각을 동반하고 있고, 이 감각이야말로 보다 가까운 혹은 먼 거리의 관념을 마음에 가져다준다." 이것을 뒷받침해주는 것은 개안 직후의 선천적 맹인이 시각에 의한 거리 관념을 가지지 못한다는 사실이다. 그래서 버클리는 촉각이 거리 감각을 가져다준다고 생각하고 있다. 촉각과 시각이 오랫동안의 경험에 의해 습관적으로 결합되어 있기 때문에 우리들은 눈으로 거리를 보고 있는 것 같은 착각에 빠지게 된 것이다. "우리들이 시각에 의해 지각된 대상을 어떤 거리에 있다, 즉 마음 밖에 있다고 판단하는 것은 완전히 경험의 결과이다." 둘째로, 크기도 본래는 촉각의 대상이다. "마음 밖에 존재하고 떨어진 곳에 있는 대상은 늘 변함없이 같은 것으로 존재하고 있다. 그러나 시각적인 대상은 당신이 촉각적인 대상에 가깝던지 멀던지 하는 것에 따라 늘 변화하기 때문에 그것은 고정된 일정한 크기를 갖지 않는다. 그렇기 때문에 우리들이 어떤 것의 크기에 대하여 말할 때 의미하고 있는 것은 촉각적인 크기이다." 셋째로, 위치지각에 관하여, 망막상의 거꾸로 선(倒立) 상을 우리들이 똑바로 선(正立) 상으로 보는 것은 무슨 까닭인가라는 문제가 제기된다. 그리고 이 문제도 시각과 촉각의 구별을 논거로 하여 해결된다. 마지막으로, 시각과 촉각의 관계가 논해진다. 양자는 확실히 구별되어야 하지만, 항상적으로 결합되어 있다. 버클리는 이 결합을 말의 음과 의미의 관계를 모델로 하여 생각하고 있다. 말의 음은 의미를 드러낸다. 그것과 마찬가지로, 시각적 관념은 촉각적 관념을 드러낸다. 그래서 우리들은 빛과 색을 볼 뿐인데 거리나 크기를 지각했다고 생각한다. 그리고 이 드러냄(示唆)의 관계는 항상적 · 보편적이기 때문에 "시각의 고유한 대상은 자연의 창조주의 보편적 언어"이다.

『시각 신론』에 포함되어 있는 관념 연합 이론은 흄이나 현대의 인지과학에도 연결된다. 그러나 버클리는 주저에서 시각만으로 한정된 이 "반쪽짜리 비물질론"을 지각 전체에까지 확대하는 것을 목표로 삼았었다.

인지 원리론

쵸지 버클리
A Treatise concerning the Principles of Human Knowledge, 1710

버클리의 주저 『인지 원리론』은 물질적 실체를 부정하는 비물질론 때문에 동시대인의 조소의 대상이 되고, 후대의 사람들로부터는 극단적인 주관적 관념론으로 비난받았다. 그러나 그는 바로 이 비물질론을 통해 그리스트교를 옹호하려고 했으며, 그런 이유로 이 책은 근대 호교론의 고전이기도 하다.

『인지 원리론』은 버클리가 25세 때 출판되었다. "여러 학문의 오류와 난점의 주요한 원인을 회의주의, 무신론, 무종교의 근거로 한꺼번에 탐구한다"(부제)라는 과제를 내건 이 책은 궁극적인 목표를 그리스트교 옹호에 두고 있음에도 불구하고, 비물질론 때문에 대부분의 동시대인으로부터 무시당했다. 1713년에 버클리는 주저를 쉽게 쓴 『하이라스와 피로나스의 세 가지 대화』를 런던에서 출판했지만, 그 평가는 달라지지 않았다.

그러나 성직자 버클리에게 있어서는 비물질론이야말로 그리스트교를 무신론(유물론)과 회의주의의 위험으로부터 구해내는 것이었다. 만약 물질이 정신 밖에서 스스로 존재(自存)한다면, 그것은 최고의 정신으로서의 신 밖에서도 스스로 존재하는 게 된다. 그 경우에 신이란 겨우 데카르트의 신처럼 이미 스스로 존재하는 물질적인 세계를 운동시키는 역할밖에 할 수 없게 될 것이다. 또 우리들 안에 있는 관념과 우리들 밖에 있는 물질 사이에 일치 내지는 대응이 성립하는가라는 회의주의의 의심은 정신

밖에서 스스로 존재하는 물질을 전제한다. 따라서 이 물질이 스스로 존재한다는 것을 부정하면, 그것은 무신론과 회의주의 양쪽을 한꺼번에 논박하게 되는 셈이다.

『인지 원리론』 본문 전체는 중간 제목이 하나도 없이 연속된 156개의 절로 이루어져 있지만, 이것을 크게 세 개의 부분으로 나누어볼 수 있다. 첫째 부분(1~33)은 "존재하는 것은 지각된다"라는 비물질론의 근본 테제를 논증한다. 록크는 물체의 제1성질과 제2성질을 구별했는데, 버클리는 이 구별의 근거를 "추상 관념"에서 찾고 있다. "크고 작음이나 늦고 빠르기는 마음 밖의 어디에도 존재하지 않는다. 그렇기 때문에 마음 밖에 존재하는 길이는 크지도 작지도 않고, 운동은 빠르지도 늦지도 않다. 이러한 길이나 운동은 길이 일반, 운동 일반이라고 말해진다. 따라서 마음 밖에 존재하는 길이가 있고 운동하는 실체라는 설교는 추상 관념이라는 기묘한 학설에 의존하고 있다." 그러나 추상 관념은 존재하지 않는다. 왜냐하면 "직각 3각형도 예각이나 둔각 3각형도 아니고 등변, 등각, 부등변 어디에도 없고, 이들 모두에 있는 동시에 어디에도 없는 것과 같은 3각형의 관념을 가지는" 것이 불가능하기 때문이다. 이리하여 버클리는 『시각 신론』에서 시각에 한정되어 있던 "감각 대상은 우리들의 마음 속에서만 존재한다"는 테제를 모든 지각에 적용하여 "반쪽짜리 비물질론"을 전면적인 비물질론으로 변모시켜버린다.

이 테제는 물론 우리들의 상식에 거슬린다. 그래서 둘째 부분(34~84)은 세속의 상식, 자연학자, 종교적 신앙 등으로부터의 반론에 대해 재반론함으로써 비물질론을 기초지웠다. 예를 들어 세속적 상식은 버클리의 설교에 따르면, "자연 속에 실재하는 실체적인 것은 전부 소멸하고, 그것 대신에 관념의 망상적인 조직 체계가 생겨난다"고 하여 도대체 현실적 감각과 망상은 어떻게 구별되는가라고 반론을 제기한다. 버클리는 "우리들이 보고 만지고 듣는 것은 모두 이전과 똑같이 견고하고 실재적이고" 망상은 "뜨겁고 약하고 무상한" 것임에 반해서, 감각에 의한 관념은 "자연의 일정한 규칙 내지 법칙에 따라 마음에 각인된다"고 답하고 있다. 뒤에 흄도 거의 같은 문제로 고민하지만, 이러한 대답은 아마 상식을 만족시킬 수 없을 것이다. 그래서 버클리에게는 주관적 관념론 내지 현상주의(現象主義)라는 비판이 오늘날까지도 항상 따라다니고 있다.

마지막으로, 세번째 부분(85~156)은 비물질론에서 도출된 결론을 제시한다. 우선 회의주의는 "마음 밖"과 "마음 속"이라는 이중의 존재를 상정하여 그것들 사이의 일치를 의심한다. 그러나 "마음 밖"이 부정되어버리면 회의주의가 존립할 여지가 없게 된다. 그 다음에, 당시 자연학의 대표로서 뉴튼 역학이 비판된 뒤에 신의 존재가 증명된다. "우리들이 지각하는 대부분의 관념 내지 감각은 인간의 의지에 의해서 생겨나지 않는다. 그렇기 때문에 이러한 관념 내지 감각을 야기하는 다른 (인간 이외의) 정신이 존재한다."

본문의 표제에 "제1부"라는 문자가 기록되어 있는 것으로 볼 때, 버클리는 이 책을 그것의 일부분으로 하는 더욱 더 큰 체계를 구상하고 싶었다. 그가 남긴 메모(『철학적 주해』로 1944년에 편집됨)을 통해 그것을 복원해보면, 제2부는 정신과 신의 형이상학적 고찰 및 자유나 도덕의 윤리학적 고찰에 할당될 예정이었다. 제3부는 자연학, 제4부는 수학론이 될 예정이었다. 이신론(理神論)이나 자유 사상을 비판한 『아르시프론』(1732)과 『사이리스』(1744)는 제2부의, 『운동론』(1721)은 제3부의, 『해석학자』(1734)는 제4부의 단편으로 볼 수 있다.

록크의 경험주의를 뒤쫓다가 버클리가 관념론에 도달한 것은 그렇게 불가사의한 것은 아니다. 감각과 내성만을 출발점으로 삼으면, 거기서 도출되는 것은 관념밖에 없기 때문이다. 따라서 버클리 뒤에 흄이 외계(外界)의 존재를 의심한 것은 그런 의미에서는 당연한 것이었다.

단자론

고트프리드 빌헤름 라이프니츠
Monadologie, 1714

라이프니츠 말년의 대표작. 그의 철학을 간결하게 요약한 소품이라는 말도 있지만, 그 배후에는 거대한 형이상학의 체계가 숨어 있다. 예를 들어 신칸트 학파 류의 근대 철학사의 틀에는 도저히 담을 수 없는 수수께끼 같은 저작으로, 하이데거는 이 『단자론』과 헤겔의 『정신 현상학』, 쉘링의 『인간적 자유의 본질』, 니체의 『짜라투스트라는 이렇게 말했다』를 조합함으로써 비로소 근대의 본질을 통찰할 수 있게 되었다고 하는, 이것 또한 수수께끼 같은 발언을 하고 있다.

『단자론』으로 이름붙여진 이 작품은 1714년, 친구 니콜라 레몽의 요청에 따라 마무리된 것이다. 『이성에 근거한 자연과 은총의 원리』도 같은 해에 오이겐 공(公) 때문에 쓰여졌다. 이것들은 『형이상학 서설』(이 책 86쪽 참조)과 더불어 그의 주저로, 세권 모두 콤팩트하게 짜여진 작품이지만, 이것만으로는 라이프니츠의 체계를 조망할 수 없다. 라이프니츠 자신이 레몽에게 그 취지를 전하고 있듯이, 자신의 철학을 이해하기 위해서는 『변신론(辯神論)』을 비롯한 많은 논문을 읽을 필요가 있다고 한다. 라이프니츠 사후에 『단자론』으로 이름붙여진 이 논문은 발송되지 않은 채, 그리고 미공개된 채 그대로 있었고, 레몽에게는 『은총의 원리』만 보냈다. 이 작품은 거의 같은 시기에 쓰여졌지만, 『은총의 원리』 쪽이 자연학에 근거하여 보다 통속적인 서술로 이루어져 있다. 그것은 애당초 『단자론』을 보낼 예정이었던 레몽이 『변신론』의 열렬한 독자로, 플라톤에 경도된 학자연하는 인물이었던 것과 관계가 있을 것이다. 『단자론』이 공개를 전제로 한 것이 아니라, 한 사람의 학자를 독자로 상정하여 쓰여진 것이란 점을 생각하면, 그 간결성과 난해함도 저절로 이해가 될 것이다.

『단자론』은 90개의 짧은 절로 구성되어 있다. "모나드(단자)", 즉 부분을 갖지 않은 단순한 실체, 곧 혼(魂)에서부터 이야기를 시작한다. 모나드란 개체적 실체이고, 내적인 차이에 의해 서로 구별된다. 그리고 하나인 것이면서도 표상을 가진 것으로 많음(多)을 포함하고 있다. 더욱이 욕구라는 원리를 통해 표상에서부터 표상으로의 추이가 가능하게 된다. 모나드 중에서도 인간 정신은 이성을 가진 특수한 존재로, 진위의 판단을 내릴 능력을 갖추고 있다. 그때 모순률이 영원한 진리로, 근거률이 우연적인 진리에 관련되어 있다. 그러나 우연적 진리를 역행해서는 근거에 도달할 수 없다. 따라서 궁극적인 근거는 이 세계 밖에서, 곧 신 아래서 찾아내는 것이다. 이 신의 존재 증명 뒤에 라이프니츠는 신의 본질을 논하고 있지만, 거기에서 주목할 만한 것은 유명한 "최선 관(最善觀)"일 것이다. 볼테르와 루소의 논쟁에서 보여지듯이, 이 "최선 관"은 다음 세기의 가장 뜨거운 논점의 하나가 되었다. 『단자론』의 뒷부분에서 논의되고 있는 것은 물체이다. 라이프니츠는 모나드에 근거하여 "물체" 개념을 음미함으로써 근대 자연 과학의 물체관에 근본적인 변혁을 초래했다. 즉 갈릴레오, 데카르트에게서 전형적인 기하학적 · 기계론적인 "죽은" 물체 대신에, 각자 속에 운동의 원리를 내재한 "살아 있는" 물체의 사상이 움트고 있었던 것이다. 이것은 스콜라 철학, 더 나아가서는 고대 그리스의 자연관의 부흥으로 볼 수도 있지만, 근대 자연 과학에 대한 래디칼한 이의 제기라는 의미 쪽이 훨씬 중요하다.

『단자론』은 『형이상학 서설』의 연장선상에 서 있지만, 거기에서는 새로운 것이 전개된다. 아르노의 비판에 직면한 논리학적 기초가 모습을 감추고, 힘 개념이 강조되게 된다. 『단자론』에서 실체는 단적으로 힘(*vis activa*)을 가진 것으로 묘사되고 있다. 그것은 운동량과 구별되는 원초적 힘(*vis primitiva*)이다. 힘을 전면에 내걸음으로써 라이프니츠의 형이상학은 생명의 계기를 포함한 유기체론이라는 색채를 새롭게 띠게 된다. "그렇지만 이 생물이나 동물의 몸은 항상 유기적이다. 어느 모나드나 각각 우주를 유기적으로 비추고 있는 거울이고, 또한 우주는 완전한 질서에 따라 정돈되어 있기 때문에 그것을 표현하는 것에서도 질서가 반드시 있다. 즉 혼의 표상이나, 따라서 또 혼이 우주를 표현할 때 그 수단이 되고 있는 몸 속에도 질서는 반드시 있다."

라이프니츠의 사상을 승계한 것은 크리스찬 월프이지만, 칸트 철학이 대두함으로써 라이프니츠는 철학사의 본류에서 밀려난다. 18세기 말에 시작한 질풍 노도 운동(Strum und Drang) 시대에 독일에서 바로크 부흥이 제창되기는 했지만, 그 대상이 되었던 것은 주로 스피노자였다. 그러나 19세기 말부터 라이프니츠의 재발견이 본격적으로 시작된다. 프레게, 파아노, 쿠츄라 등의 논리학자 사이에서 라이프니츠의 논리학적 측면이 높게 평가받았다. 또 뉴튼의 절대 시간 · 공간에 대해서 라이프니츠가 주장한 상대 시간 · 공간이 상대성 이론의 발견 이래 새삼스럽게 가치를 인정받기 시작했다. 하이데거는 니체 말기의 "힘에 대한 의지"의 철학에도 라이프니츠의 『단자론』이 깊은 영향을 드리우고 있다고 했다. 더욱이 최근에 M. 쎄르, 데리다, 들뢰즈 등의 프랑스 사상가들 사이에서 스피노자와 더불어 라이프니츠의 재평가가 이루어지고 있다.

인간 본성론

데이비드 흄

A Treatise of Human Nature, 1739

"윤전기에서 사산(死産)되었다"고 흄 스스로가 평가했던 『인간 본성론』은 록크, 버클리의 경험주의를 비판적으로 계승하여 마침내 회의주의에 도달했다. 인과률의 객관성, 외계의 존재, 자아의 실체성을 모두 부정하는 이 책은 칸트로 하여금 "독단의 나태"로부터 자각하게끔 해주었다.

흄(David Hume : 1711~76)은 스코틀랜드 에덴버러의 젠트리 계급 출신 변호사의 둘째 아들로 태어났다. 23년, 에덴버러 대학에 입학하여 고전과 더불어 록크와 뉴튼의 '새로운 학문'을 배웠다. 졸업한 뒤에도 철학과 학문에 대한 열정이 식지 않아 고전을 탐독하고 문필가를 지망했다. 이때 중증의 우울병에 걸렸다. 34년부터 37년까지의 대륙 체류 중에 주저 『인간 본성론』을 집필했고, 39년 최초의 2편을, 다음 해 제3편을 출간했다. 그러나 흄 스스로가 "윤전기에서 사산되었다"고 평가하고 있듯이, 답답한 문체와 쓸 데 없이 길고 지루한 논술은 독서계에 들어갈 수 없었으며, 회의주의와 무신론이라는 평가만 남겼다. 이 때문에 에덴버러, 글래스고우의 대학에서 자리를 얻을 수 없게 되었다. 그러나 42년에 출판한 『도덕-정치 논집』이 평판을 불러일으켜 일약 문필을 휘날리게 되었다. 이것에 자신을 얻어 48년 『인간 본성론』을 훨씬 명석하고 간결하게 써 내려간 『인간 지성에 관한 철학 논집』(58년에 『인간 지성의 연구』로 제목을 바

꿈)을 출판했다. 이 사이 귀족이나 정치가의 비서로 일했지만, 52년 에덴버러 법조회 도서관장에 취임했다. 거기에 재직 중에 『영국사』를 집필했다. 이것에 의해 "영국 최대의 문인"이라는 평가를 받았고, 62년부터 65년에 주프랑스 대사의 수행원으로 파리에 머물 때는 『영국사』의 저자로 환대받았다. 그후 런던에서 국무 차관으로 일한 뒤에 은퇴하여 고향으로 돌아간다. 종교론인 『자연 종교를 둘러싼 대화』는 사후인 79년에 출판되었다.

『인간 본성론』은 "인간 본성의 여러 원리를 해명하려고 했던 것으로, 완전히 새로운 기초 위에서 학문의 완전한 체계를 건설하"려고 하였으며, 그 때문에 "실험적인 방법을 정신적 주제에 도입한다."(부제) 여기에서의 "실험적인 방법"이란 베이컨 이래의 영국의 전통인 '경험과 관찰'이다. 결국 "경험적 사례들을 인간 생활의 주의 깊은 관찰에서 긁어모아, 그것들이 교제나 일이나 오락에서의 사람들의 행동을 통해서 일상 생활의 장면에서 나타나는 그대로 받아들임"으로써 "다른 어떠한 학문과 비교해서도 확실성에서 뒤떨어지지 않고 유용성에서 확실히 뛰어난 학문"을 구축하는 것이다. 제2편 「정념(情念)에 관하여」, 제3편 「도덕에 관하여」는 이러한 인간 관찰을 종횡으로 구사한 논고이다. 그러나 후대의 철학에 대한 영향이라는 측면에서는 제1편 「지성에 관하여」가 훨씬 더 중요하다.

제1편은 4부로 이루어져 있다. 제1부 「관념 : 그 기원, 복합, 추상 등에 관하여」에서 흄은 관념의 기원을 인상에서 찾고 있다. 관념은 인상의 복사물로, 양자 사이에는 생기와 활기의 정도의 차이밖에 없다. 따라서 생득 관념도 추상 관념도 부정된다. 그는 버클리의 논의를 거의 전면적으로 받아들여 추상 관념이라 불려지고 있는 것은 실제로는 개별적 관념으로, 다른 유사한 관념을 대신하고 있는 것에 불과하다고 주장한다. 이렇게 관념이 모두 개별적이라고 한다면, 그것들은 어떻게 결합되는가? 흄이 결합의 원리로 든 것은 유사, 근접, 인과이다. 이 중에서 가장 문제가 된

인과 관계를 집중적으로 논의한 것이 제3부이다.

제2부 「공간과 시간의 관념에 관하여」에서도 흄은 관념이 인상의 복사물이라는 테제를 관철시키고 있다. 예를 들어 공간에 관해서는 "감각 기관이 나에게 전달한 것은 일정한 방식으로 배열된, 채색된 점의 인상일 뿐이다. 시간의 관념이란 이들 채색된 점과 이들 점의 나타난 쪽의 복사물에 다름 아니다."

제3부 「지식과 개연성에 관하여」는 인과성을 개연성의 부류에 집어넣은 뒤에 그 본성을 고찰하고 있다. 흄은 원인과 결과의 필연적인 결합이 어디에서 유래하는가를 추적하고 있다. 이 결합에 대응하는 감각 기관의 인상은 없다. 또 이성이 논리적으로 그것을 증명할 수 있는 것도 아니다. 그렇다면 우리들이 원인에서 결과(혹은 그 역)를 추리할 수 있는 것은 '경험' 에 의해서만이다. 이 대상이 과거에 "항상적으로 수반"되고 "관습적으로 결합"되어 있던 것을 경험했기 때문에 우리들은 "하나의 대상에서 늘 그것에 수반되어 있던 다른 대상으로 이행하고, 그것이 생각해낸대로 결정되고 있다고 느끼는" 것이다. 따라서 인과률은 객관적인 원리가 아니다.

제4부 「철학의 회의주의적 체계와 그밖의 체계에 관하여」에서는 흄의 회의주의가 가장 선명하게 드러나고 있다. 어떠한 지식도 필연적으로 개연성으로 퇴화하며, 외계의 존재도 우리들의 상상력의 산물에 불과하다. 그리고 자아조차도 "생각할 수 없는 속도로 계속 일어나고, 영원한 흐름과 운동 속에 있는 지각의 다발 혹은 집합"이다.

흄은 뒤의 『인간 지성의 연구』에서 회의주의를 두 개로 구별하여 극단적인 회의주의인 퓨론이즘을 멀리하고 아카데미아파의 "적당한 회의주의"를 권장하고 있지만, 인과률 비판을 필두로 한 그의 도전은 전통적 철학에 궤멸적인 타격을 가했다고 할 수 있다. 그리고 이 도전을 정면에서 받아 맞선 것이 칸트였다.

새로운 학문

잠바티스타 비코
Scienza nuova, 1744

과학 혁명의 시대에 태어난 최후의 르네상스적 인문주의자에 의해 이루어진 학문들의 종합을 향한 초인적 노력의 성과이자, 동시에 일찍이 근대를 영도하고 있던 이성주의적 학문 체계에 대한 래디컬한 비판의 동기도 잠재적으로 갖고 있는 저작.

비코(Giambattista Vico)는 1668년 나폴리의 조그만 책방 주인의 아들로 태어나 거의 대부분을 독학으로 공부하여, 1699년에 왕립 나폴리 대학의 웅변술 교수로 취임했다. 1741년에 퇴임할 때까지 그 일을 계속했다. 1744년 1월 23일 75세에 죽었다.

『새로운 학문』은 비코가 문명의 기원에 관한 근세 자연법 이론의 설명을 대체할 〈새로운 학문〉의 여러 원리를 확립하기 위하여 자신이 학문적으로 축적한 모든 것을 기울인 필생의 대작이다. 다만 이것은 1725년, 1730년, 1744년의 세 개의 판이 있는데, 특히 1725년판과 1730 · 1744년판 사이에는 구성의 면에서도, 내용의 면에서도 상당한 차이가 있다. 시야를 〈새로운 학문〉의 실질적인 제1초안으로 보이지는 『보편법』(1720~22)에까지 넓힐 경우에는 차이가 더욱 두드러진다. 이 점에 관해서는 비코 자신의 『자서전』 속에서 『보편법』에서는 철학자들의 계몽된 지성의 높은 곳에서부터 최초의 인간들의 우둔하고 몽매한 지성으로 하강해가지만, 이것은 역의 길로 나아가야 하며, 또한 『새로운 학문』의 제1판에는 관념의 기원과 언어의 기원을 개별적으로 다룬다는 점에서 구성상의 어려움이 있다고 말하고 있다. 덧붙여서 말하자면, 최종판의 풀 타이틀은 『여러 국민에게 공통적인 자연 본성에 관한 새로운 학문의 원리들』이다. 저자가 죽은지 반년 뒤에 공간되었다.

저작의 개요를 최종판에 따라 살펴보면, 앞부분에 「저작의 관념」이라고 이름붙여진 서문에 뒤이어 본문이 시작되고, 전체 5권으로 이루어진 것 중의 제1권에서는 논증의 기본 요소가 되는 공리가 114개가 있으며, 동시에 원리와 방법에 관한 설명이 이루어지고 있다. 비코는 〈새로운 학문〉의 기획에 몰두하던 1710년에 쓴 저작 『라틴어의 기원에서 도출한 이탈리아인의 태고의 진리』 제1권 「형이상학편」에서 지식이란 사물이 만들어낸 양식에 관한 인식이며, 그러한 인식을 달성할 수 있는 것은 그 사물을 만든 사람뿐이라는 지식 개념을 개진하고 있다. 이 지식 개념에 의거한, "여러 국민의 세계는 확실히 인간들에 의해 만들어진 것이기 때문에 당연히 그 원리들은 우리 인간의 지성 자체의 여러 양식 속에서 발견된다"라는 견해 아래서 특히 16세기 로마 법학자들 사이에서 전개된 법률의 역사성을 둘러싼 논쟁에서 많은 시사를 받았다고 추정되고 있는 "하나의 새로운 비판술"을 가지고서 기획을 수행한다고 하는 것이 그 취지이다.

계속해서 제2권에서는 여러 국민의 세계를 창건한 최초의 인간들의 지혜였다고 추정되는 "시적 지혜"에 관한 상세한 고찰이 전개되고, 제3권에서 "진정한 호르메스의 발견"에 관한 보고가 있은 뒤, 제4권과 제5권에서는 인간 지성의 발전 단계에 따라 여러 국민이 도달했다고 간주된 "신들의 시대"에서부터 "영웅들의 시대"를 거쳐, "인간들의 시대"로의 이전의 과정과 그 반복의 모양이 서술되고 있다. 그리고 맨 마지막의 「저작의 결론」에서는 『혜성 잡고』(1682) 등에서 신에 대한 신앙을 갖지 않은 자들로 이루어진 사회의 존재 가능성을 주장한 프랑스의 철학자 삐에르 베이유를 지명하면서 비난하고, "경박한 자는 진정으로 현명할 수 없다"는 충고를 하고 있다. 최초의 인간들은 천성적으로 시인이었다. 그들이 타고난 "시적 지혜"를 발휘함으로써 가상적으로 창조한 신에 대한 공포심으로 지탱되기 시작한 사회의 성립이 가능해졌다고 비코는 주장하고 있다.

『새로운 학문』은 거기에서 "역사의 철학"을 본 쥘 미슐레부터 "미학의 최초의 발견자"를 끄집어낸 베네딕트 크로체에 이르기까지 여러 입장에서 다양하게 읽혀왔다. 그러나 현대의 학문 상황과 관련해서 특히 재음미해야 할 것은 거기에서 제출되고 있는 〈필로로지〉(문헌학)의 개혁 구상일 것이다. 비코는 그가 지향한 여러 국민의 자연 본성의 해명에서 필요불가결한 연구 부문이 계속해서 학문으로서의 형식을 갖추고 있지 않았다고 보았다. 그리고 이것을 학문의 형식으로까지 높이는 것은 인간이 인간으로서 살아가는 데 필요하고 유익한 것들에 관한 인류의 공통 감각을 여러 국민의 언어와 신화 속에서 찾아내서 "지성의 살이 되는 사전"에 모아놓고, 거기서부터 여러 국민이 시간 속에서 경유하는 역사의 뿌리에 있다고 상정된 "영원한 이념적인 역사"의 구도를 끄집어낼 필요가 있다고 생각하고 있다. 여기에서는 예를 들어 에드문트 훗설이 수고 「기하학의 원리」 속에서 역사학의 가능성의 조건으로 시사했던 〈의미의 본질 보편적인 구조적 아프리오리〉의 존재 예상이나, 끌로드 레비-스트로스의 구조인류학 구상과도 깊이 관련된 것이 인정되고 있다. 그래도 비코의 경우에는 키케로 이래의 변론술의 전통에서 끄집어낸 토피카적 〈인접의 논리〉가 동시에 논증 전체의 근저를 관통하고 있고, 그 플라톤이즘에 일종의 탈구조적인 작용을 하고 있는 것이다.

인간 기계론

줄리앙 O. 드 라 메트리
L'Homme-machine, 1748

생리학적 유물론에 기초하여 대담하면서도 공격적인 논조로 인간을 논한 『인간 기계론』은 저자의 주저인 동시에, 풍부하고도 다양한 성과를 낳은 18세기 프랑스 계몽주의의 무신론적 유물론 사상에서 초기의 대표적인 작품으로 대단히 중요한 위치를 차지하고 있다.

라 메트리(Julien Offroy de La Mettrie : 1709~51)는 부르타뉴 지방 생 마로의 부유한 비단 상인의 자식으로 태어났다. 고향과 칸느, 파리의 꼴레쥬에서 수학했으며, 잠시 쟝센느주의에 빠졌지만, 아버지의 희망에 반해 신학을 버리고 의학으로 바꿨다. 34년 랑스 대학에서 의학 박사 학위를 취득하여 다음 해 생 마로에서 의사로 개업했다. 그러나 같은 해 라이덴에 가서 저명한 의학자 브르하페에게 사사받고, 35년에 고향에 돌아오자마자 스승의 저작을 번역하는데 종사하고, 37년의 『현운(眩暈)론』 이래 의학서의 집필에 매진하면서 풍자 작가로도 활동하였다. 42년에 파리에 간 이후 플랑드르 방면의 근위 연대와 야전 병원의 군의관으로 일했다. 45년에 헤이그에서 출판된 『영혼의 자연사』에서 철학자로 활약하고, 47년에 『인간 기계론』을 집필하였다. 이 책이 여러 방면에서 물의를 일으키자 신변의 위험을 느껴 프로이센으로 도망쳐 프리드리히 2세의 환영을 받아 48년 2월 포츠담의 궁정에 들어갔다. 이후 의학서나 풍자 문학뿐만 아니라 『인간 식물론』, 『기계 이상의 인간』, 『반 세네카론 또는 행복론』, 『에피쿠로스의 체계』, 『향락술』 등의 철학 책을 차례차례 출판했지만, 51년 11월에 갑자기 병으로 죽었다. 의사 라 메트리는 오히려 과격한 유물론자로 이름을 날렸지만, 같은 시대의 계몽 사상가와는 관계가 소원했다.

이 책은 라이덴에 체재 중인 47년에 집필한 것으로, 같은 해 이곳의 에리 뤼섹 어린이 서점에서 익명으로 출판되어 금서가 되었다. 헌사를 쓴, 저명한 생리학자 브르하페의 제자 하라는 미혹에 빠졌다고 분노하면서 기를 쓰며 변명했다. 저자는 하라와 면식이 없고, 헌사는 익명의 저자의 진짜 모습을 은폐하기 위한 공작이었다. 초판은 겨우 몇 부 만들어졌고, 일반에게 유포된 것은 48년에 출판된 베를린판이다.

이 책은 「인쇄자 서문」과 「궤팅겐의 의학 교수 하라 씨에게」라는 헌사와 본문으로 이루어져 있는데, 원고 분량이 얼마 되지 않는 소책자이다.

『영혼의 자연사』(뒤에 『영혼론』으로 개칭)에서 라 메트리는 이미 록크의 "생각하는 물질"이라는 가설을 받아들이면서 감성과 사고 능력을 갖춘 물질의 존재를 전제하여 모든 관념이 감각에서 유래한다고 주장하고, 더욱이 지적 능력을 포함한 인간의 정신적 능력들이 감성적 · 물질적 영혼에 의해 설명될 수 있음을 암시적으로 드러내고 있지만, 『인간 기계론』에서는 이러한 단순한 감각론에서부터 대담하게 나아가 인간의 모든 지적 능력을 토탈한 물질성을 명백히 주장하기까지 한다.

저자의 방법론적 입장은 기본적으로는 프랑스 계몽주의자들처럼 모든 신학적 · 형이상학적 편견을 버리고 직접적인 관찰과 경험(실험)에 근거한 사실의 학문을 수립하려고 하는 것이다. 경험에 의해 뒷받침되지 않는 사항에는 진히 믿음을 주지 않는다고 하는 단호한 입장을 내걸어 광신을 타파하고, 세계의 유일한 수수께끼는 인간으로, 인간이야말로 가장 완전한 수수께끼라고 하는 저자가 이 책에서 끄집어낸 결론은 인간은 동물에 불과하고 동물과 같이 하나의 기계에 다름 아니다는 것이었다. 인간이

협의의 동물과 다른 것은 신체 구조의 완성도뿐이며, 대단히 복잡한 기계인 인체는 "스스로 태엽을 감는 기계이며, 영구 운동의 살아 있는 견본이다"라고 하는 저자는 이러한 주장을 의사로서의 학식과 경험 위에 기초지우려고 노력하고 있다. 브르하페나 하라의 학설, 생물학, 생리학, 특히 비교 해부학의 당시의 성과가 총동원되고 있지만, 정신적 현상들이 신체 조직과 그 기능에 의거하는 것임을 입증하기 위하여 그 중에서도 자극에 대한 생체 조직의 반응, 생식과 발생의 틀이 논해지고 심장, 신경계, 특히 뇌 조직의 중요성이 반복적으로 강조되고 있는 것은 매우 흥미롭다.

데카르트적인 영혼과 육체의 이원론을 배척하고 인간의 물질적 일원성을 설파하면서도 데카르트의 동물 기계론을 인간에게 적용했다는 점에서는 데카르트에게 많은 것을 빚지고 있는 이 책의 주장의 배후에는 신의 창조라는 인간 이성으로 이해하기 곤란한 사항은 일단 보류해두고 자연을 신의 매개 없이 자연 자체로 말한다고 하는 정신 태도가 자연학에서 유물론적 인식의 심화를 초래하고, 그것이 프랑스 계몽주의의 무신론적 담론을 지탱해주는 뿌리가 된다는 사정이 선명하게 읽혀질 것이다.

도전적인 언변이 흘러넘치고 명쾌한 주장으로 관철되고 있는 이 책은 대단히 통쾌한 저작이지만, 인간을 사회적, 정치적 혹은 역사적 존재로서 이해하려고 하는 배려를 결여하고 있기 때문에 일면 심오하지 않은 책으로 취급되기도 한다. 그렇지만 그것은 이 책의 약점인 동시에 강점이기도 했다. 디드로부터 돌바흐에 이르는 이후의 프랑스 계몽주의의 대다수 철저한 무신론적 유물론은 저자의 강인한 개성이 각인된 이 책의 도발적인 공격성에 결정적으로 빚지고 있는 것을 부정하기 어렵고, 그 선구성은 높게 평가되어야만 한다. "편견의 사슬을 끊고 경험의 횃불로 무장하자"라고 절규한 이 책이 출판과 동시에 종교계의 모든 종파의 증오를 불러일으켜 총반격을 받은 것도 결코 이유가 없는 것은 아니다.

법의 정신

샤를르 - 루이 드 몽테스키외
L'Esprit des lois, 1748

『법의 정신』은 복잡하게 짜여진 작품이지만, 역사 사상(事象)의 목적론적 해석을 거부하는 입장에서 법 이론의 전통적인 개념과 결별하고, 특히 정치 현상을 사회학적인 관점에서 이해하려고 노력했던 독창적인 작품으로, 이것을 통해 그 저자가 실증 과학의 창시자, 현대 사회 과학들의 위대한 선구자로 칭해지게 된 불후의 명저이다.

몽테스키외(Charles - Louis de Secondat, baron de La Brède et de Montesquieu : 1689~1755)는 보르도 근교의 남작령 라 브레드에서 군인의 장남으로 태어났다. 부계의 할아버지 대부터 법조계 귀족 가문이었다. 11살부터 5년 동안은 파리에 가까운 쥬이이의 오라토리오회가 경영하는 꼴레쥬에서, 그후 3년 동안은 보르도 대학 법학부에서 공부했다. 1709년부터 13년까지 파리에서 체재하였고, 16년에 큰아버지가 죽음으로써 몽테스키외 남작령과 보르도 고등 법원 부원장 직을 상속받는다. 같은 해 회원이 된 보르도 시의 아카데미를 무대로 하여 이후 다양한 논문을 발표하고, 21년에 암스테르담에서 간행한 『페르시아인의 편지』의 대성공으로 일약 저명 인사가 된다. 22년 이래 파리에서 살면서 싸롱에 출입하고, 26년에는 부원장 직을 팔아버리고, 28년 아카데미 프랑세즈 회원이 되자 4월부터 31년 5월까지 유럽을 여행하는데, 특히 마지막 1년 반 동안 체재했던 영국에서의 견문은 중요한 경험이 되었다. 34년의 『로마인 성쇠 원인론』의 출판 뒤에 『법의 정신』의 집필에 몰두하여 48년에 출판되어 나오자 대평판을 받았고 카톨릭의 비판에 대해 응전하였다. 55년에 파리에서 죽었다. 남겨진 세 권의 노트에서 저자의 혼의 궤적을 엿볼 수 있다.

이 책이 본격적으로 집필된 것은, 앞에서 살펴보았듯이 34년 이후라고 생각되지만, 『로마인 성쇠 원인론』에서 로마사의 연구에 적용한 실증적 방법을 법 일반에 적용하려고 기획한 이 거대한 저작은 일사 천리로 써 내려간 것이 결코 아니다. 몇 차례의 좌절을 거친 뒤 파리의 싸롱과 고향 라 브레드를 오가면서 퇴고에 퇴고를 거듭하면서 계속 써 겨우 46년에야 간행의 가시권 안에 들어왔다. 47년 여름 무렵부터 인쇄를 시작해 다음 해 11월 제네바의 바리에 서점에서 익명으로 출판되었다.

이 책의 구성은 오이디푸스에서 차용한 제사(題辭) "어미 없이 태어난 자식을"에 뒤이어 「저자 머릿말」(57년판에 처음 나타남)과 「서문」이 있고, 본문은 제1편부터 최종 제31편까지가 제1부에서 제5부까지로 나뉘어져 있고, 더욱이 각 편마다 표제가 붙은 장으로 나뉘어져 있다. 이것을 내용면에서 요약해보면 다음과 같다.

제1편은 총론적 부분으로, 자연법과 실증법을 구별하면서 법 일반의 정의를 내리고 있다. 즉 법이란 "사물의 본성에서 유래하는 필연적인 관계들이다." 제2편부터 13편까지는 정체(正體)의 본성에 적용된 법이란 관념에서 출발하여 통치 이론을 전개하는 부분이다. 여기에서는 우선 유명한 세 가지 정체 이론이 제출되는데, 그의 독창성은 정체의 분류, 즉 공화제(민주제와 귀족제) · 군주제 · 전제의 구별에 있다기보다는 이들 정체를 각각 고유한 지도 원리와 결합하여 설명한 점에 있고, 미덕 · 명예 · 공포심이 차례대로 각 정체의 원동력이라는 것이다(제2 · 3편). 계속해서 이들 원리의 결과들이 그 기능과 부패의 측면에서 검토되고(제4~10편), 마지막으로 정치적 자유의 형태와 조건들이 분석되면서 끝맺고 있다(제11~13

편). 제14편부터 25편까지는 정치 현상과 외적 조건 사이의 관계를 규정하는 법의 연구에 할당되고 있다. 구체적으로는 풍토, 토지의 성질, 국민의 일반 정신과 관습, 상업, 화폐, 인구, 종교와의 관계에서 법을 검토하는 것이다. 나머지 26편부터 31편까지는 역사적인 고찰에 할당되어 로마법, 프랑스 법, 입법자에 관해 논한 뒤에, 최후의 2편에서 부록으로 봉건제의 기원을 규명하고 있다. 전체로서의 결론은 특별히 붙여지지 않았다.

법 일반의 정의에서 시작하여 세 가지 정체의 분류와 그 지도 원리의 이론, 풍토 이론, 사법 · 입법 · 행정의 권력 분립 이론(제11편 제6장 「영국의 국정에 관하여」) 등 유명한 이론을 퍼뜨린 이 책은 어떤 때는 데카르트적 합리주의, 또 어떤 때는 과학적 경험주의 입장을 채용하는 등 서로 모순되는 요소를 포함하고 있고, 연구자의 해석이 나뉘어진 점에도 알 수 있듯이 적지 않게 복잡한 책이다. 전체로서 보면, 저자의 입장은 영국의 입헌 정체를 모델로 하여 귀족 계급이나 고등 법원 등 중간 권력들의 역할을 중시하는 온건한 군주제에 호의적이라고 말할 수 있고, 그런 의미에서 정치적 자유주의의 프로파갠더 서적이라고 생각되지만, 정치 현상을 그 구성 요소들 사이의 유기적 관련과 상호의 관계성 속에서 포착한 학문적 방법이야말로 이 책을 뛰어나게 독창적이자 선구적인 것으로 만들었다고 말할 수 있을 것이다.

이 책은 출판된 뒤 순식간에 대반향을 불러일으켜 50년까지 22판을 거듭하고, 영어 및 이탈리아어 번역판도 나왔다. 다양한 비판, 그 중에서도 종교계의 비판에 대하여 50년 2월에 저자는 『법의 정신 변호』를 출판했지만, 51년 11월에는 로마 교황청의 금서 목록에 들어가고 말았다. 57년에는 런던에서 4권짜리로 나와 이것이 오늘날 정본이 되고 있다. 스코틀랜드 계몽주의, 아메리카 독립 혁명, 프랑스 대혁명은 이 책의 영향 없이는 생각할 수 없다

맹인 서한

데니 디드로

Lettre sur les aveugles, à l' usage de ceux qui voient, 1749

『맹인 서한』은 맹인에 의한 외계의 지각이라는 인식론상의 문제를 다루면서 의표를 찌르는 존재 방식으로 전통적인 신의 존재 증명에 통렬한 가격을 가했던 무신론사의 획기적인 작품으로, 저자의 사상적 발전에서도 회의주의적 · 이신론(理神論)적 입장과 결별하고 명확한 유물론적 무신론으로 방향 전환하는 계기가 되었다고 하는 점에서 소책자이지만 매우 중요한 작품이다.

디드로(Denis Diderot : 1713~84)는 프랑스의 부르고뉴 지방 랑그르에서 유복한 대장장이의 둘째 아들로 태어났다. 10세 때 고향의 예수회 꼴레쥬에 들어가 철학과 신학을 공부하고, 뒤이어 15세에 파리로 가서 꼴레쥬에서 법률을 배웠고, 게다가 소로본느에서 신학 박사를 따려고 했지만, 아버지의 뜻에 반하여 성직의 길로 나아가지 않고 보헤미안 생활을 하게 된다. 이후 73~74년에 러시아의 에카테리나 여제를 만나러 페테르부르그에 여행한 것 이외에는, 계속 파리에서 활동했다. 법률 사무소의 견습이나 가정 교사를 하면서 루소 등과 교우 관계를 맺으면서 샤푸치베리 백작 3세의 자유를 번역하여 영국어 번역가로 알려지게 되었고, 46년에 『철학 단상』을 익명으로 출판해 신진 철학자로 데뷰하였고, 47년에는 달랑베르와 함께 『백과 전서』 편집을 맡아 72년에 도판을 완결하기까지 허다한 곤란을 물리치고 이 세기의 대사업에 공헌했다. 그 동안 감각론과 생물학에 기초한 유물론적인 일련의 저작, 『라모의 조카』 등의 소설, 새로운 시민 극이나 연극 이론서, 관전(官展) 비평가로서의 미술 평론, 평생의 애인 소피 보랑에 대한 서한 등, 다방면의 작품을 정력적으로 썼다. 백과 전서파의 대표자인 동시에 계몽의 세기를 대표하는 일대 지성이다.

이 책의 집필은 장센느주의적인 그리스트교를 비판하면서 이신론의 입장을 명확히 했던 46년 6월에 출판된 『철학 단상』을 출발점으로 해서 46년부터 47년에 집필한 『자연 종교의 충족성에 관하여』와 『회의주의자의 산책』을 거쳐 명확한 유물론적 무신론에 겨우 도착한, 저자의 사상적 발전 위에 위치지어져야 한다. 49년 초에 프랑스의 저명한 자연학자 레오뮈르의 의뢰로 프로이센의 안과 의사 힐마가 백내장에 걸린 처녀를 수술하여 시력을 회복시킨 사건이 있었는데, 이것이 이 책 집필의 직접적인 계기가 되었다고 생각된다. 이때 디드로는 최초의 붕대 제거에 입회하기를 바랬지만, 희망대로 되지 않았다. 그러나 실제로는 몇 명의 맹인을 취재하여 저작을 준비하였다. 49년 6월 초순에 파리의 듀랑 서점에서 익명으로 출판되었다.

이 책은 저자의 당시의 애인 퓨이쥬 부인으로 생각되는 여성에게 쓴 서한 형태를 띠고 있는데, 분량이 매우 작은 소책자이다. 장을 전혀 구분하지 않지만, 내용상으로 대략 세 부분으로 나누어볼 수 있다.

우선 맹인 일반에 관해 고찰하고 있다. 레오뮈르의 실험에 입회하지 않았던 '나'는 대신에 퓨이조의 맹인 농민을 방문하게 되는데, 그 경험으로부터 시력을 잃은 사람의 인식의 성립과 도덕 관념의 형성의 문제, 인간의 모든 지식은 감각에서 유래한다는 것, 대수나 기하학 등의 추상적인 관념을 맹인이 어떻게 획득하는가를 논하고 있다. 다음으로, 1살 때 실명한 영국의 수학자 샌더슨을 등장시켜 그의 입을 빌려 무신론에 호의적인 논의를 전개한다. 이 부분이 이 책에서 가장 박력있는 부분이다. 임종의 자리에 불려간 목사 홈즈와 맹인 수학자는 신의 존재에 관하여 이야기를 나눈다. 우주의 질서도 경이로움도 맹인에게는 아무런 역할도 하지 못한다. "만약 나에게 신을 믿도록 하려면 신과 맞닥뜨려야 한다"고 쓰면서 목적론적 · 자연 신학적 신의 존재 증명을 산뜻하게 제거해버린 샌더슨은 계속해서 자신과 같은 괴물이 존재하기 때문에 신은 완전한 것이 아니며, 세계는 다발 사이의 균형이고 한순간의 질서에 다름 아니라고 열렬히 호소하면서 숨을 거두고 있다. 최후의 부분은 17세기의 아일랜드 철학자 모리눅스가 제기한 문제, 즉 수술에 의해 시력을 회복한 맹인은 같은 크기의 입방체와 구체를 식별할 수 있는가라는 문제를 다루고 있다. 모리눅스 문제는 18세기의 철학자들, 특히 감각론의 입장에 서 있는 철학자들에게는 대단히 중요한 인식론상의 문제이지만, 여기에서 저자는 록크나 꽁디약을 언급하면서 외계의 인식에는 감각 기관의 훈련에다가 감각 기관을 통합한 이성의 움직임이 중요하다는 입장을 채택하고 있다.

『맹인 서한』은 간행되자마자 일거에 디드로의 명성을 높였고, 볼테르 등도 반론하면서 열렬한 찬사를 보낼 정도였지만, 동시에 이 위험한 저작으로 말미암아 디드로는 체포되어 백여 일 동안 방센느 감옥에 유폐당했다. 디드로는 이 쓰라린 경험으로 중요 저작은 이후에 결코 공표하지 않겠다고 결심하여 오늘날 높게 평가된 그의 문학 · 사상 작품은 동시대인들에게는 거의 알려지지 않았다. 이 책의 「보론」 역시 1782년에 『문예 통신』 지상에 발표되었다.

『철학 단상』에서부터 69년에 완성한 『달랑베르의 꿈』 3부작, 더욱이 73~74년에 집필한 『엘베시우스 논박』에 이르는 저자의 사상의 궤적의 전환점에 위치하는 이 책은 프랑스 계몽주의의 기계론적 유물론에서 감각론적 유물론으로의 방향 전환을 보여주는 동시에, 저자의 작가로서의 표현 양식에서도 흥미로운 작품이라고 말할 수 있다.

인간 불평등 기원론

장-작크 루소

Discours sur l' origine et les fondements de l' inégalité parmi les hommes, 1754

『인간 불평등 기원론』은 『학문 예술론』에 뒤이은 저자의 두번째 논문으로, 여기에서 밝혀진 철학적 인간학과 역사 철학은 그 뒤 루소의 모든 저작의 근저에 위치하며, 루소를 이해하는 데에도 가장 중요한 저작이라고 할 수 있다. 레비-스트로스가 이 작품을 가지고서 루소를 "인류학의 아버지"라고 칭송한 것은 기억에 새롭다.

루소(Jean- Jacques Rousseau : 1712~78)는 칼뱅파 도시 국가 제네바 공화국에서 시계공의 둘째 아들로 태어났다. 탄생한지 며칠 뒤에 어머니가 죽고 10살 때 아버지도 죽어 고아나 마찬가지 신세가 된 루소는 도제 생활을 하기도 했지만, 15살 때 조국을 떠난 이후 방랑 생활에 들어간다. 사보이 공국의 수도 아누시에서 바랑 부인을 알게 되어 카톨릭으로 개종하고, 토리노에서 귀족의 하인 노릇도 했지만, 결국 부인 밑으로 돌아가 이윽고 그의 애인이 된다. 1730년대의 몇 년은 아누시, 그 다음에 샹베리에서 부인과 더불어 생애에서 가장 행복한 시간을 보냈으며, 독학에 전념했다. 42년에는 음악가로서 입신하려고 파리에 갔다가 디드로, 꽁디약 등을 알게 되어 보헤미안 생활을 한 뒤, 50년 디종의 아카데미 현상 논문에 당선되어 『학문 예술론』을 출판하고, 사상가로 데뷰한다. 그 뒤 오페라 작가로도 명성을 날리지만, 자기 개혁을 결의하여 연구와 집필에 몰두하여

『인간 불평등 기원론』, 『새로운 에로스』, 『에밀』, 『사회 계약론』 등을 계속 발표한다. 62년에 『에밀』이 고등 법원으로부터 단죄받아 스위스, 영국으로 망명한다. 말년에는 전적으로 자전 작품의 집필에 몰두하였다. 『고백』은 루소의 인간 됨됨이와 사상을 아는 데 가장 좋은 자료이다.

『인간 불평등 기원론』은 53년 11월에 『메르퀴르』 지상에서 디죵의 아카데미 현상 논문의 과제 "사람들 사이에서의 불평등의 기원은 무엇인가, 또 그것은 자연법에 의해 정당화될 수 있는가"를 읽고서 감명받아 집필을 결심했다. 54년 7월에 낙선된 것을 알지만, 같은 해 10월에는 암스테르담의 서점 주인 루이에게 원고를 보내, 다음 해 55년 6월에 「제네바 공화국에 대한 헌사」를 붙여서 출판하였다.

이 책의 구성은 본론 부분을 나누어 그 전후에 상당한 첨가 부분이 있는 것이 특징이다. 본론의 앞에는 제사, 헌사, 서문, 주에 관한 주가 상당 분량 배치되어 있다. 서문의 맨 마지막에도 또 하나의 제사가 부가되고 있는 주의 사항이 있다. 본론 바로 뒤에는 저자에 의한 상세한 주가 붙여져 있다. 이 원주는 본론의 내용을 부연 · 발전시키고 있는 바가 적지 않고, 무시할 수 없는 중요한 내용을 포함하고 있다. 본론은 짧은 서문 부분에 뒤이어 엄청난 분량의 2부로 구성되어 있다. 제1부에서는 루소의 철학적 인간학이라고 불러야 할 것이 명확히 되고 있고, 제2부에서는 그의 역사 철학이 전개되고 있다.

우선 루소는 자연적 · 신체적 불평등과 정신적 · 정치적 불평등을 구별하고, 후자만을 문제삼는다고 단정하고 있다. 그렇지만 사람들 사이의 불평등의 기원을 알기 위해서는 인간 그 자체를 아는 것에서부터 시작해야 하며, 불평등이 자연법에 의해 정당화되는가 그렇지 않은가를 물으면, 더 한층 인간 본성이 문제가 된다, 왜냐하면 자연법이란 인간 본성에 관한 관념에 다름 아니기 때문이다. 이렇게 제1부에서는 인간의 자연 상태 혹은 자연 상태의 인간이라는 초역사적인 가설적 · 이념적 상태가 상정되지만, 이 경우에 자연인은 동물과의 유사성과 차이에 의해 구별되고, 특히 그 정신적 · 형이상학적 측면에 고찰의 중심이 놓여 있다. 자기 스스로 충족하고 있는 자연인의 특성은 우선 자기 보존의 배려(自己愛)와 연민의 정이지만, 이는 동물도 느끼는 것이다. 양자의 결정적인 차이는 자연인이 자유의 의식과 자기 완성 능력을 갖고 있는 것이다. 하지만 이 능력은 자연 상태에서는 잠재적인 것이기 때문에 자연인은 외견상으로는 동물과 어떠한 차이도 없다. 이러한 자연인 개념을 세움으로써 루소는 인간의 본원적 선함을 주장하고, 그것이 그의 철학의 제1원리가 되고 있다.

제2부의 역사 철학은 인간이 불응하지 않고 안에 포괄하고 있는 이 과잉물로서의 자기 완성 능력이 우연히 현재화하고, 그럼으로써 신체적 욕구가 문화적 욕망으로 결정적으로 변질되고, 이리하여 인간이 자연 상태에서부터 사회 상태로 불가피하고 불가역적으로 이행하는 그 과정과 결과를 자세히 묘사하고 있는데, 사회적 · 정치적 불평등의 직접적인 기원은 사적 소유에 있다고 한다. 마지막으로 "실정법에 의해서만 용인되고 있는 정신적 불평등은 그것이 신체적 불평등과 같은 균형을 갖고 일치하지 않을 때에는 반드시 자연법에 반하고 있다"고 결론짓고 있다.

이러한 내용을 가진 『인간 불평등 기원론』은 당시의 사람들로부터는 그 내용이 이해되지 않아, 헌정된 볼테르는 "당신의 저서를 읽으면 네 다리로 걷게 됩니다"라고 피력할 정도였다. 그러나 거기에서 명확히 되고 있는 인간의 본원적 선함에 대한 확신을 단서로 해서 루소는 한편에서는 그것을 신의 선함의 원리 위에 기초지우는 방향에서 종교 철학의 구축으로 나아가고 되고, 또 동시에 다른 한편에서는 인간이 악한 것보다 더 악하게 치료되고 있는 인간이 악하다고 해서 제도와 통치를 문제삼는 방향에서 정치 철학의 길로 나아가게 된다. 그런 의미에서 루소가 뒤에 한 철학적 작업은 모두 이 책에서 요청된 것이었다고 해도 과언이 아니다.

깡디드

볼테르
Candide ou l' optimisme, 1759

"옵티미즘"이라는 부제가 붙여진 『깡디드』는 꽁트 작가로서의 볼테르의 최고의 작품인데, 이것은 꽁트라는 득의의 형식을 빌어 라이프니츠, 볼프, 포프 등으로 대표되는 철학적 옵티미즘(최선관)의 체계를 비판한 사상 소설의 걸작으로 18세기의 신의론(神義論) 논쟁과 깊게 관련된 작품이다.

볼테르(Voltaire : 1694~1778)는 파리의 부유한 공증인의 막내 아들로 태어났지만, 사실은 어머니가 부정을 저질러 낳은 아이였으며, 이것은 그의 굴절된 성격에 그림자를 드리우게 만들었다. 예수회가 경영하는 명문교 루이 황제 학원에서 수학한 뒤 법률가가 되기를 바랐던 아버지의 뜻을 어기고 문학에 전념한다. 17년에 섭정을 풍자한 시 때문에 바스티유 감옥에 갇히지만, 다음 해 옥중에서 쓴 비극 『외디푸스 왕』으로 이름을 떨쳐, 조숙하게 천재성을 발휘하여 라신느의 뒤를 이을 대 비극 시인으로 간주되었다. 25년 말에 어떤 귀족과 다투어 다음 해 다시 투옥되어 망명을 조건으로 출옥하여 29년까지 영국에서 체류한다. 귀국한 뒤에 그 경험을 모아 견문록 『철학 서한』을 34년에 출판하여 영국의 관습 · 문화를 소개하면서 프랑스의 국정을 호되게 비판한 이 책은 발행 금지 처분을 받고, 그는 애인 샤도레 후작 부인 시레의 성에 몸을 맡긴다. 44년 이래 베르사이유에서 영광의 시기를 보내어 국왕의 대변인, 또 아카데미 회원이 되지만,

49년에 부인이 죽자 50년에 이전부터 교제하던 프로이센 국왕 프리드리히 2세의 초청으로 포츠담으로 간다. 그러나 국왕과도 불화를 일으켜 제네바로 피해가고, 58년 이래는 스위스 국경 근처 훼르네의 자신의 영지에서 살면서 역사, 철학, 시, 소설 작품에 붙인 서한, 팜플렛 류 등을 계속 발표하여 문필가로서 다채로운 활동을 전개하는 한편, 사회 운동가로서도 정력적으로 활동하여 "훼르네의 장로"로 칭송받는다. 78년에 자신이 쓴 비극을 상연하기 위해 파리로 가다가 객사했다.

이 책의 집필에는 이 세상의 악을 앞에 두고 신의 섭리를 옹호하는 신의론(辨神論)을 둘러싸고 쓴 볼테르 자신의 한 편의 시와 그에 대한 루소의 비판이라는 전사가 존재한다.

『철학 서한』 이래 포프에 대한 찬사를 아끼지 않은 채 이신론의 입장에서 신의론의 문제를 옵티미즘의 체계에서 해결하려 한 볼테르는 55년 11월 1일에 발생한 리스본 대 재앙에서 2만 명 이상의 사람이 불에 타 죽었다는 참상 소식을 듣고서 신의 섭리에 심각한 의심을 품고, 같은 해 말 『리스본의 대 재앙에 관한 시 혹은 '모든 것은 선하다' 는 공리의 검토』라는 시를 써 다음 해 3월에 출판했다. 이것을 읽은 루소는 반론을 쓸 것을 결심하여 같은 해 8월 18일 자 『섭리에 관한 볼테르 씨의 편지』를 집필하여 인간의 본원적 선함을 주장하여 원죄를 물리치는 한편, 인간의 불행은 신으로부터 부여받은 자유와 능력을 남용하고 있는 인간 자신의 책임이라고 하여 선의의 신과 최선관을 옹호하고, 모든 것은 선한 것 대신에 전체는 선하고 혹은 모든 것은 전체이기 때문에 선하다고 주장했다. 이 루소의 서한에 대하여 볼테르는 9월 12일 자로 "뒤에 또 상세히 설명한다" 라는 취지의 답장을 보냈는데, 그것이 『깡디드』이다. 집필은 58년 초에 시작하여 가을에 끝마쳤다. 다음 해 59년 1월에 제네바의 크라메르 서점에서 간행되었지만, 같은 해 파리의 랑베르 서점에서도 출판되었다. 원본은 랑베르판이다.

이 책은 전체 31장으로 이루어져 있는데, 각 장마다 제목이 붙어 있다. 서문도 후기도 없다. 총 타이틀에 이어 「랄프 박사의 독일어 번역. 1759년 민덴에서 죽을 때 박사의 호주머니에서 발견된 보론」이 있는데, 이것은 탄압을 피하기 위한 저자의 방편이다. 이야기는 베스트팔렌의 남작인 큰아버지의 성에서 큰 청년 깡디드(천진난만한이라는 뜻)가 남작의 딸 큐네공드를 사랑하여 성에서 도망쳐 독일, 홀란드, 포르투갈, 스페인, 라틴 아메리카, 프랑스, 영국, 베네치아 등 세계 각지를 순회한다고 하는 일종의 가공 여행기 체제를 띠고 있는데, 황당 무계한 사건이 빠른 템포로 속 시원하게 이야기되고 있다. 주인공은 라이프니츠의 제자인 팡그로스 선생으로부터 "모든 것은 선하다"라는 가르침을 받았음에도 불구하고 다다르는 곳마다 운명에 미혹되어 늘 악한 일만 생겨난다. 군대에 강제적으로 들어가게 되고, 리스본에서는 대 지진을 만나고, 살인을 하고, 종교 재판소에서 사형 판결을 받게 된다고 하는 줄거리. 세계의 부조리와 인간 생활의 비참함과 인간의 어리석음이 혐오스럽다고 하는 것까지 묘사한 철저한 페시미즘의 세계이다. 그러나 깡디드는 결코 절망하지 않았다. 콘스탄티노플에서 최후로 마주친 연로한 터키 농민의 모습을 보고서 "흡사 우리들의 뜰을 경작해야만 한다"라고 하는 인생의 실천적인 지혜를 발견한 것이다. 더구나 제18장에 묘사된 황금향 애틀랜타 견문담은 일종의 유토피아 이야기로서 읽을 수 있는 것으로서 주목할 만한 가치가 있다.

출판하자마자 제네바에서 단죄된 이 책은 바로 대 평판을 불러일으켜 55년에만 재판을 거듭하여 20쇄를 찍었고 2만 부 정도 발행한 것으로 추정되고 있다. 같은 해에 이탈리아어와 영어로도 나왔다. 신의론 문제의 이론적 해결을 방기했던 볼테르가 겨우 도달한 이와 같은 일종의 체념의 철학은 집필 당시 저자 자신의 신변 사정을 짙게 반영하고 있지만, 어쨌든 한 번 읽고 인생의 의미를 생각해볼 만한 것이다.

사회 계약론

장-작크 루소

Du contat social, ou Principes du droit politique, 1762

『사회 계약론』은 "국정법[정치적 권리라고도 해석할 수 있다]의 원리"라는 부제도 있는 정치 철학의 고전 중의 고전이다. 분량도 작지 않고 내용적으로도 언뜻 보면 무미건조한 책이지만, 뒤에 프랑스 대혁명에 원리적으로 커다란 영향을 미치는 등 18세기 유럽이 낳은 가장 중요한 작품 중의 하나라고 말해도 지나치지 않다. 그러나 이 작품을 같은 저자의 『사회 불평등 기원론』과의 관련 속에서 정합적으로 이해해보려고 하는 것은 그다지 오래된 것은 아니다.

이 책을 집필한 계기는, 저자에 의하면, 1743년부터 44년에 걸쳐 1년 가까이 베네치아 공화국에서 주프랑스 대사의 비서로서 체류한 경험이라고 한다. 이 나라의 통치의 결함을 눈으로 본 루소는 이후에 "모든 것은 근본적으로 정치에 연결되어 있고, 어떠한 행동 방식도, 어떠한 국민도 그 정부의 성격의 규정을 받아야만 한다"(『고백』)라는 확신을 갖고, 54년 경부터 『정치 제도론』이라는 대 저작을 쓸 구상을 하고 있었다. 56년부터 60년까지 틈을 보이는 것은 오늘날 『제네바 초고』라고 일반적으로 불리어지는 초고를 썼기 때문이다. 이 구상은 결국 좌절되고 그 중의 일부만 뽑아내어 출판하였다. 61년 1월에 『새로운 에로스』를 출판한 뒤에 본격적으로 집필에 들어가 그 해 8월에 초고가 완성되어 11월에는 암스테르담의 서점 주인 루이에게 원고를 보내 다음 해 62년 4월에 간행되었다. 최종 원고에는 『제네바 초고』에 있었던 「인류의 일반 사회에 관하여」가 삭제되고, 「국가〔시민〕 종교에 관하여」가 새롭게 추가되었지만, 『제네바 초고』도 『사회 계약론』을 이해하는 데 없어서는 안될 중요한 자료이다.

이 책은 웰기리우스의 『아에네이스』에서 인용한 제사와 짧은 서문에 뒤이어 제1편에서 제4편까지 4편으로 구성되어 있는데, 내용상으로는 크게 두 부분으로 이루어져 있다. 즉 사회 계약에 관해 논한 제1편과 주권의 성질 및 한계를 논한 제2편은 바꿔 말하자면 주권론이며, 여러 정부의 이론적 연구인 제3편과 국가 기능의 실제적인 연구, 특히 고대 로마의 여러 제도를 소개 · 분석하고 있는 제4편은 정부론이라고 말할 수 있을 것이다. 전체의 3/5을 차지하는 후반부는 말하자면 몽테스키외 류의 비교 정치론에 다름 아니며, 이 책의 중요성은 말할 것도 없이 국제(國制)의 원리를 이론적으로 구축하려 한 전반부에 있다. 더욱이 제4편 제8장 「국가 종교에 관하여」는 종교를 사회적 통일성 속에 위치지우려고 한 시도이며, 일종의 공동성 감정으로 종교를 자리매김한 것으로 주목할 만하다. 9장은 전체의 결론 부분이다.

전반부를 요점만 추려보면 다음과 같다. 『사회 계약론』은 글로치우스나 프펜도르프 이래의 프로테스탄트 계의 자연법 · 만민 법학파의 계약설의 전통 위에 서 있으면서 홉스나 록크 등의 영국계 사상가들도 사정권 안에 집어넣고 논의를 전개하고 있는 저작이다. 정치 사회의 성립의 근거에서 자연(부권)도 신(신권, 왕권 신수설)도 혹은 힘(정복권, 노예권, 최강자의 권리)이라는 것도 배제하고, 단지 인간의 자유 의지에 근거한 약속으로만 이것을 기초지운 다음에, 더욱이 그 계약의 질 그 자체를 문제삼는 구성을 띠고 있다. 그리고 일반 의지와 전면 양도 개념을 도입함으로써 정치적 권위와 인간의 본래적 자유의 있을 수 있는 관계를, 바꿔 말하자면 자기의 의지에만 복종하도록 강제된 상호적인 계약에 의해 새로운 정치체를 구성하는 것을 성찰하는 것이다. 구체적으로는 일반 의지의 표현에 다름 아닌 주권의 양도 불가능성, 불가분성, 대표 가능성이라는 이론이 도입되어 인민 주권 개념이 명확히 되고 있는데, 여기에서 강조되고 있는 것은 이러한 정치체에서 인간의 가치적 질서로의 이행, 즉 정신적 자유를 전제로 한 덕성의 획득임을 망각해서는 안될 것이다.

루소에 의하면, 자기 완성 능력의 현재화에 의해 인간은 자연 상태에서 불가피하고 불가역적으로 일탈하여 자유의 남용과 더불어 예속과 비참함과 불평등을 특징으로 하는 사회 상태로 이행하게 된다. 그런데 어떻게 해서 현재의 사회 상태 대신에 제2의 본래적인 사회 상태를 만들어내는가가 『인간 불평등 기원론』 이후의 루소의 사상적 과제였다. 따라서 『사회 계약론』에서 묘사한 국가란 『인간 불평등론』에서 철저하게 비판적으로 분석한 현실로서의 사회 상태에 대한 안티 테제로서의 사회 상태에 다름 아니며, 자연 상태에서 본질적 가치들(평등, 행복, 특히 자유)을 회복한 사회 상태라고 생각하고 있다. 문제는 자연에 되돌아가는 것이 아니라 "이미 시작되어버린 인위"에 대해서 "완성된 인위"를 대체하는 것이야말로 『사회 계약론』에서 제시한 뛰어난 루소적인 문제라고 말할 수 있을 것이다. 루소의 공동체가 인간이 자기 자신 이외에는 복종하지 않는 공동체라고 한다면, 루소의 정치 철학이 자유의 정치 철학이라고 말해지는 바는 이상의 문맥에 비추어 해석하지 않으면 안된다.

인민 주권과 직접 민주주의의 바이블인 이 책은 동시대인들로부터는 거의 무시당했으나, 프랑스 대혁명 속에서 간신히 쟈코벵파에게 '발견' 되는 운명을 거쳐 그로부터 2세기가 지난 오늘날에도 인류 사회는 이 책의 시정권 밖으로 벗어나지 못하고 있다.

현자 나탄

고트홀트 에프라임 레싱
Nathan der Weise, 1779

『현자 나탄』은 독일 연극의 가장 중요한 고전적 레퍼토리 중의 하나이다. 여기에서는 종교적 관용으로 대표되는 인문주의(Humanität)가 가장 순수한 형태로, 운치있는 시적 언어로 말해지고 있다. 작가의 사상적 도달점을 보여주는 나탄의 이상적 인간상은 계몽주의를 뛰어넘어 괴테, 실러로 대표되는 독일 고전주의 사조 · 문학에 의해 계승되고 있다.

레싱(Gotthold Ephraim Lessing : 1729~81)은 구(舊) 작센령 카멘츠에서 신교 목사인 아버지 밑에서 태어났고, 라이프치히 대학에서 신학을 공부했다. 재학 중에 창작이나 번역 등 문학 활동에 집중하였고, 또 연극계와도 교류를 맺었다. 48년 이후에는 동부와 북부 독일의 주요 도시를 전전하면서 문필 활동을 했다. 정식 직업을 거의 갖지 않은 자유로운 몸이었지만, 경제적으로는 늘 빈곤 상태에 처했다. 48세 때 친구의 미망인과 결혼하여, 처음으로 인생의 짜릿한 행복을 맛보지만, 1년 여만에 사랑하는 처가 죽어버려 고독한 말년을 보낸다.

레싱의 문필 활동은 창작과 비평 분야로 나뉘어진다. 독일 시민 비극의 선구가 된 『미즈 셀라 샘프슨』, 수도 없이 많은 독일 희극의 걸작의 하나로서 오늘날까지도 상연되는 『민나 폰 바룬베룸』, 딸이 영주의 정욕에 희생당하는 대신에 명예를 지키기 위해 그녀를 살해한 부친의 비극을 묘사한 명작 『에밀리아 가롯티』 등이 그를 독일의 대표적인 극작가로 만들어주었다. 다채로움의 극치를 보여준 평론 활동에서는 회화와 문학의 구분을 논했던 『라오콘』, 함부르크 국립 극장의 드라마투르크로서의 경험으로 쓴 『함부르크 연극론』 등이 주요한 성과로서 열거되고 있다. 또 그의 왕성한 회의 · 비판 정신은 철학 · 신학에 관한 전투적인 논쟁에서 가장 눈부시게 발휘된다. 논적에 대한 날카롭고 기지에 충만한 논박에는 타의 추종을 불허했다. 카톨릭 교회가 퇴조하고 있던 당시는 루터파 정통주의, 경건주의, 이신론이 맹렬히 싸워 종교 문제가 활발한 논의를 불러일으켰다. 레싱은 어느 파에도 속하지 않고 독자적인 입장을 선택했다. 그러한 상황에서 그는 연장자이면서도 친구인 신학자 라이마르스의 유고를, 당시 자신이 관장으로 있던 볼펜뷰텔 도서관에서 발견한 체제 그대로 『어느 익명의 사람의 단상』으로 74년부터 78년까지 출판한다. 반(反) 도그마주의적 · 급진적인 이 단상은 커다란 반향을 불러일으켰다. 정통주의의 실력자 궤체가 이것에 격렬하게 저항했다. 78년 레싱은 일련의 『안티 궤체』로 응전했지만(거기에서는 성서도 역사적 · 철학적으로 비판되어 신의 직접적 계시로서의 성서의 가치에도 의문을 제시했다), 교회의 압력으로 부라운슈바이크 제후는 그에게 더 이상 종교 문제에 관한 글을 쓰는 것을 금지시켰다. 정신의 자유와 진정한 신앙을 위해 전력을 기울인 이 논쟁을 도중에서 단념할 수밖에 없었던 그는 커다란 분노와 굴욕을 맛보았다. 그래서 그는 논쟁에서 다하지 못한 것을 시적 창작에서 실현하려고 하여 "자신이 본래의 강단, 즉 극장에서 누구에게도 방해받지 않고 설교를 들을 수 있는" 『나탄』의 집필에 78년부터 착수한다. 하지만 그것은 전투적 논쟁 드라마가 아니라 장임한 5각 무운 시(얀부스)로 조용하게 말하는 유화 · 화해의 시극(詩劇)이 되었다. 가혹한 논쟁을 거쳐 인생의 쓴맛과 비애를 맛본 뒤 완숙의 경지에 도달한 작가 레싱은 그리스트교도에게 자식들을 학살당하면서도 그 분노와 비애를 뛰어넘어 종교적 관용을 설파하는 유태인 주인공과 중첩된다.

십자군 원정 시대의 예루살렘을 무대로 한 이 희극에서는 등장 인물이 각각의 종교를 대표하여 행동한다. 회교도의 포로로 그 지역에 연행되어 교주 사라딘에 의해 동생과 얼굴이 비슷하다는 이유로 특별히 사면된 젊은 그리스트교 성당 기사는 나탄의 양녀 레하를 불 속에서 구해낸다. 어딘지 모르게 유태인을 경멸하고 있던 그도 나탄과 만남으로써 그의 고결한 인격과 깊은 식견에 강한 충격을 받고, 또 레하에 대한 연심을 품는다. 한편 재정적 궁핍 상태에 있던 사라딘은 돈을 가지고서 현자로 이름 높던 나탄을 궁정에 부른다. 그 자리에서 회교, 그리스트교, 유태교 중에서 어느 것이 진정한 종교인가라는 사라딘의 물음에 대하여 나탄은 세 개의 손가락에 비유한 유명한 우화로 답하였다. 여기에서는 신앙의 진실은 문자나 드라마가 아니라 사랑을 동반한 관용, 자애의 마음, 신에 대해 마음으로부터 우러나온 귀의, 순수한 감정, 윤리적 행동이며, 진정한 종교는 인종, 민족, 혈통, 국가, 계급을 초월한 진정한 인문주의임을 암시적으로 드러내고 있다. 희극은 신전 기사가 사실은 사라딘의 동생의 자식이고, 나탄의 양녀 레하와는 형제 사이임이 판명되는 것으로 끝난다. 과장된 이 결말에서도 세 종교의 합일 · 화해라는 작가의 이상이 상징되고 있다.

『나탄』은 헬더, 괴테, 실러, 게다가 슐레겔 등 독일의 지식인에게 커다란 공감을 주었다. 괴테는 "인간 문화의 최고 걸작"이라고 평했다. 논쟁적인 정통주의 신학자들도 이번에는 침묵을 지켰다. 하지만 레싱은 이 이념극이 무대에서 상연되는 것을 한번도 보지 못한 채 죽었다. 실러의 번안에 의해 1802년 바이마르 궁정 극장에서 상연된 이후 각지에서 상연이 이어졌다. 특별히 매력적인 줄거리나 극적 갈등이 없는 이 희곡은 그 윤리적 내용에 의해 경건한 마음으로 주인공의 말에 조용히 귀 기울이는 관객 · 독자를 여러 세대에 걸쳐 계속 매료시키고 있다.

순수 이성 비판

임마뉴엘 칸트
Kritik der reinen Vernunft, 1781

칸트의 철학은 그 주요 저작이 비판이라는 타이틀을 갖고 있기 때문에 비판 철학이라 불려진다. 그 세 개의 비판서 중에서도 최초로 쓰여져 다른 두 개의 비판서를 결정적으로 규정하는 것이 이 『순수 이성 비판』이다. 동시에 이 책은 데카르트에 의해 개시된 근대 철학, 특히 인식론의 총결산이기도 하다. 칸트 이후의 근현대의 철학은 그가 여기에서 전개한 사고양식이나 개념 장치를 빼고서는 말할 수 없다.

칸트(Immanuel Kant : 1724~1804)는 동프로이센의 쾨니히스부르크에서 가난한 마구 직인의 아들로 태어났다. 쾨니히스부르크 대학에서 철학, 수학, 물리학을 공부한 뒤 1755년에 모교의 시간 강사가 된 이후 계속 교편을 잡지만 1770년에야 겨우 정교수가 된다. 교수 취임 논문 『가감계와 가상계의 형식과 원리』를 1770년에 쓴 뒤에 갑자기 집필 활동을 중단한다. 10년 뒤 1781년에 오랜 침묵을 깨고 출판한 것이 바로 이 책이다. 이 책에서 칸트의 비판 철학이 탄생하지만, 그 이전의 이른바 "전(前) 비판기"에도 『천계의 일반 자연사와 이론』(1755)이나 『시령자의 꿈』(1766) 등 주목해야 할 많은 글이 있다. 이 책은 이 "전 비판기"에 흡수한 영국 경험주의와 라이프니츠적 합리주의를 통합하여 독자적인 인식 이론을 전개하고 있다.

한편으로는 근대의 수학적 자연 과학을 초월론적으로 기초지움(「초월론적 감성론」, 「초월론적 분석론 · 원칙론」)과 동시에, 다른 한편으로는 종래의 형이상학의 결함을 비판하여 새로운 형이상학의 가능성을 모색하는 것(「초월론적 변증법」)— 이것이 『순수 이성 비판』의 과제이다. 인식이 개개의 경험에 의해서만 생겨난다고 한다면, 보편성과 필연성을 가진 학적인 인식은, 흄이 말한 것처럼 성립하지 않는다. 그러나 인식에는 경험하는 개인에 의해 달라지는 감각 내용과 같은 우연적인 계기 이외에, 그러한 경험으로 환원될 수 없는 보편적이면서 필연적인 계기를 포함하고 있다. 그것은 개개의 경험에 앞서서(아프리오리하게) 모든 주관이 공유하고 있는 보편적인 인식 형식이다. 그런데 일반적으로 인식은 먼저 직관에 의해 데이터를 받아들이고, 다음에 그것을 오성이 생각한다고 하는 구조를 갖고 있다. 이 감성적 직관과 관념적 사유 각각에 인간 주관에 공통적인 아프리오리한 형식이 있다. 직관의 형식은 시간과 공간이다. 어떠한 경험도(과학적 경험도) 이전에 어디에서 행해진 것으로, 어떤 공간 · 시간상의 점에 위치하지 않는 경험은 있을 수 없는데, 공간 · 시간의 이 보편성에 순수 과학의 가능성은 지탱되고 있다. 관념적 사유의 형식(순수 오성 개념, 즉 카테고리)은 12개 있지만, 그 중에는 원인/결과와 실체/우연성의 카테고리가 포함되어 있다. 이렇게 아프리오리한 사유 형식이 없다면, 우리들의 경험적 인식은 통일된 경험으로 성립할 수 없다. 그러나 직관 형식과 오성 형식이 우리들의 경험의 불가결한 조건이라고 해도, 이러한 주관의 아프리오리한 형식이 어떻게 해서 존재하는 자연적 세계에 꼭 들어맞는가? 그것은 "경험의 가능성의 조건이 경험의 대상의 가능성의 조건이기" 때문이다. 과학적 세계(자연)가 우리들로부터 완전히 독립하여 성립되어 있기 때문에 주관의 아프리오리한 형식이 세계에 적용된 근거는 거의 없다. 그렇다면 경험만이 인식의 원천이 되고, 보편적인 인식은 기대할 수도 없게 된다. 그러나 우리들이 보고 있는 세계는 있는 그대로의 세계(물 자체)가 아니라, 우리들의 경험의 조건을 통해서 본 한에서의 세계(현상의 세계)에 지나지 않는다. 자연계는 우리들로부터 독립하여 스스로 존재하는 것이 아니라, 우리들에게 의존하고 있는 세계라는 이 획기적인 발상 전환, 이른바 "코페르니쿠스적 전회"를 통해 칸트는 수학적 자연 과학을 인식론적으로 기초지운 것이다.

그러나 이 전회는 동시에 합리주의적 형이상학을 비판하는 무기가 된다. 자연계가 우리들의 주관적 형식에 의해 구성된 현상계라고 한다면, 현상계의 내부에서 인간의 아프리오리한 인식은 확실한 자연 인식으로 구속된다. 그러나 이것을 다른 측면에서 말하면, 그 범위 이외의 곳에 있는 것(초감각적 이념의 대상)에 관해서는 주관의 아프리오리한 형식에 꼭 들어맞는 이것을 인식하는 것이 불가능하게 된다. 그렇지만 종래의 독단적 형이상학자들은 원래 현상계 이외에는 들어맞지 않는 공간 시간적 규정이나 카테고리를 물 자체에까지 확장해서 세계 전체나 신의 존재, 영혼의 불사(不死) 등 인간 인식의 범위 밖의 문제에 대해 순수한 이성만으로 결정을 내린다. 그러나 그것은 명백한 월권 행위라고 칸트는 말한다. 우리들이 알 수 있는 것은 우리들의 감각에 나타나는 현상뿐이며, 물 자체는 알 수 없다. 물 자체에 관한 이 불가지론(不可知論)을 통해 칸트는 이론 이성에 의한 형이상학적 인식이 불가능하다는 것을 증명하려고 했지만, 동시에 순수한 이론만으로는 알 수 없는 물 자체의 세계가 있다는 것도 시사하고 있다. 그 세계는 도덕(실천 이성)을 단서로 해서 명확하게 되는 자유의 영역이다. 자연의 세계와 자유의 세계의 이러한 대립이 이후의 독일 관념론 철학을 작동시키는 중요한 테마가 된다. 이 책에 대한 오해를 징징하기 위해 칸트는 1783년에 『프롤레고메나』를 쓴다. 1789년의 이 책 제2판에서는 대폭적인 수정이 이루어졌다. 이 수정으로 말미암아 후세의 칸트 해석에 문제가 생긴다. 어떤 판에 의거하느냐에 따라 해석이 상당히 달라지기 때문이다.

실천 이성 비판

임마뉴엘 칸트
Kritik der praktischen Vernunft, 1788

"제2비판"이라고 불려지는 것에서도 알 수 있듯이, 이 책은 칸트의 비판 철학의 제2부에 해당한다. "제1비판", 즉『순수 이성 비판』은 이론 이성으로는 알 수 없는 물 자체의 세계가 존재할 가능성을 남긴 채 끝냈는데, 이것을 받아들여 초감성적인 세계에 대한 접근 가능성이 여기에서 탐구된다. 그 실마리는 도덕이다. 따라서『실천 이성 비판』은 도덕 형이상학을 기초지우기 위한 비판이다.

1785년의『도덕적 형이상학의 기초』에서 "의무"라는 상식적인 현상에서 출발하여 도덕을 철학적으로 분석하여 그 형이상학적 기초에까지 다다른 칸트는 그 성과를 1788년의 이 책에서『순수 이성 비판』과 결부지어 더욱 체계적인 이성 비판을 전개한다. 다만 이 책에서의 이성 비판은 제1비판과는 내용을 달리 한다. 원래 "나누다"란 의미의 "비판"은 제1비판에서는 현상계와 물 자체를 나누어 이론 이성의 월권을 제한하는 목적을 갖지만, 이 책에서는 이성을 감성으로부터 떼어내서 순화시키는 것을 지향한다. 왜 그런가?

눈 앞에 이미 존재하는 것을 정확히 인식하는 경우에는 대상의 정보를 감성에서 받아들인 이성으로 생각할 필요가 있다. 즉 이성은 늘 감성과 협력해야만 한다. 그렇지만 실천, 즉 이것에서부터 행동을 하는 것이라고 결의하는 경우에 거기에서 작동하는 이성은 반드시 감성과 협력할 필요가 없다. 그렇기는커녕 이성이 순수하게(감성을 주고받지 않으며) 의지를 결정해야만 한다. 도덕적 행위를 하려고 결의할 때이다.

도덕적인 행위를 도덕적이게끔 하는 것은 의지 결정의 선 · 악이지만, 인간의 의지 결정은 꼭 막다른 데서가 아니라, 무엇인가의 실천적 원칙에 따르는 형태로 결정된다. 그러나 반드시 항상 원칙대로 결의하지 않는 우리 인간에게서 실천적 원칙은 명령의 형태로 나타난다. 그런데 우리들이 직면하는 명령에는 크게 두 종류가 있다. 공리(행복)를 목적으로 한 가언(假言) 명령법과 도덕을 명하는 정언(定言) 명령법이다. 가언 명법은 "만약 A를 바란다면 B를 하라"는 조건부 명령, 정언 명법은 "단적으로 B를 하라"는 무조건적인 명령이다. 양자 모두 필연성(강제력)을 가진 명령이지만, 가언 명법은 어디까지나 조건부 명령이기 때문에 A를 바라지 않는 사람에게는 강제력이 없어 진정한 의미의 보편성은 없다. 반면 정언 명법은 어떠한 조건에서도 인간인 이상 반드시 B를 하는 명령이기 때문에 보편타당성을 갖는다. 이러한 도덕에서 중요한 것은 전적으로 의지 결정이 보편적인 형식을 띠는 것에 있다. 즉 "그대의 의지의 격률(개인적 행동 원리)이 늘 동시에 보편적 입법의 원리로서 타당할 수 있는 행위"라는 보편적인 원칙에 따르는 것이 도덕적인 것의 불가결한 조건이다. 의지 결정을 도덕적이게끔 하는 이 원칙(도덕 법칙)은 감성에 의해 포착된 자연 법칙이 아니라 아프리오리하게 순수 이성에 의해 세워진 법칙이다. 도덕에서 우리들은 누구나 이성의 이러한 입법에 직면하기 때문에 도덕 법칙은 이성의 사실이다. "그대여 해야 한다"라는 이성의 소리가 있다는 이 사실 때문에 칸트는 이성적 존재자로서의 인간의 자유를 증명한다. 도덕 법칙에 따른 의지는 감성에 의해 결정되지 않기 때문에 자연 법칙의 인과로부터 자유로우며, 또 인간이 무엇인가의 의미에서 자유롭지 않다면 이 "이성의 사실"은 인간에게서 들을 수 없을 뿐이다. 도덕 법칙은 자유의 인식 근거이고, 자유는 도덕 법칙의 존재 근거이다. 칸트는 더욱이 발을 디딘 이 자유를, 자신이 세운 법칙에 스스로 따른다는 의미의 "자율적인 자유"로서 적극적으로 해석하고, "제1비판"에서 단지 가능성으로만 생각하고 있던 자유의 개념에 실천적 실재성을 부여했다. 이리하여 자율의 주체로서의 인격(목적 자체)이 상호간에 만들어내는 자유의 세계가 존재하게 되고, 그럼으로써 현상계를 뛰어넘는 예지(叡智)계에 실천적 실재성이 부여되는 동시에 도덕 형이상학의 기초가 수립되게 된다.

이상은 이 책의 전반부 「순수 실천 이성의 분석론」의 핵심을 이루는 "원칙론"인데, 이 전반부는 더욱이 자율적인 의지의 대상으로서의 "선"을 논하는 「자유의 카테고리론」, 존경의 감정이나 의무를 논한 「실천 이성의 동기」(이른바 감성론)로 나아가 끝낸다. 『순수 이성 비판』의 "분석론"의 구성과 정확히 역의 순서를 띠고 있다.

이 책 후반부의 "변증론"에서는 덕과 행복의 일치(최고 선)를 찾는 실천 이성의 필연성과 그것에서 생겨난 이율 배반이 비판적으로 고찰된다. 행복해지기 위해서 덕을 따르는 것은 본말 전도이지만, 덕을 따르는 것만으로는 행복해질 수 없다. 최고 선은 어떤 경우에도 달성되지 않는다. 최고 선이 실현되기 위해서는 첫째로, 인간이 도덕 법칙에 합치하는 것(최상의 선)이 필요하지만, 이것은 인간의 혼이 영원히 도덕적인 노력을 계속하지 않으면 불가능하다. 그래서 혼의 불사가 요청된다. 둘째로, 대신에 최상의 선이 실현되어도 인간의 힘으로는 덕과 행복을 완전히 일치시킬 수 없기 때문에 이 일치를 실현하는 전능한 신의 존재를 요청하지 않으면 안된다. 이리하여 칸트는 최고 선을 실현하기 위한 불가결한 조건으로서 혼의 불사와 신의 존재를 요청하는 것으로, 실천 이성의 이율 배반을 해결하려고 했다. 『순수 이성 비판』에서 그 존재성을 부정한 자유 · 불사 · 신이라는 세 이념은 이 책에서 실천적 실재성이 인정되게 되고, 여기에서 형이상학에서의 실천 이성의 우위가 확립됨을 의미하는 것이다.

판단력 비판

임마뉴엘 칸트
Kritik der Urteilskraft, 1790

"제3비판"이라 불리는 『판단력 비판』에서 칸트는 『순수 이성 비판』과 『실천 이성 비판』, 자연과 도덕, 필연성의 세계와 자유의 세계의 이원론을 극복하려고 했다. 그러한 체계적인 사명을 가진 동시에, 이 책은 앞의 두 비판서가 남겨두었던 미학과 생명의 문제를 초월론적으로 기초지우려 하고 있다. 동시에 로만주의 운동에 커다란 영향을 준 책이기도 하다.

이 책에서 비판의 대상이 되고 있는 판단력은 미리 주어진 일반적인 개념 아래서 특수한 사례를 포섭하는 규정적 판단력이 아니다. 오히려 특수한 사물이 먼저 주어져 있고, 거기에 대응하는 "일반적인 것"을 탐구하는 반성적 판단력이다. 다만 "일반적인 것"은 여기에서는 수학이나 물리학의 일반 법칙이 아니라 오히려 예전부터 "목적"이라고 칭해져온 것이다. 목적에 적합하다고 하는 것, 즉 합목적성이 반성적 판단력의 대상이 된다. 목적에 적합할 때 주관 속에서 유쾌함의 감정이 생겨난다. 그렇기 때문에 『판단력 비판』은 감정(aisthesis)의 학, 즉 미학(Ästhetik)을 그 제1부로 포함한다. 그러나 합목적성은 대상과 주관 사이에서만이 아니라, 자연의 대상 자체 속에서도 발견된다. 예를 들어 유기체 속에서는 전체(일반적인 것)가 부분(특수)의 목적이 된다고 하는 합목적성이 인정된다. 따라서 이 책은 제2부로서 유기적인 생명체의 이론, 넓게는 자연 전체의 목적론을 포함하고 있다.

제1부 「미적 판단력 비판」에서는 대상과 주관 사이에서 성립하는 주관적 합목적성이 논해진다. 동시에 그것은 미학의 초월론적 기초가 된다. "X가 아름답다"라는 판단(취미 판단)은 X를 개념적으로 규정하는 판단은 아니다. 예를 들어 꽃이 붓꽃인지 연자화인지 분간할 수 없어도 아름답다고 판단할 수 있다. 즉 취미 판단은 X와 판단 주관 사이의 정서적인 관계를 표현하고 있고, 주관 쪽의 어떤 종류의 만족을 표현하고 있다. 하지만 이 만족에는 어떠한 이해 관심도 수반하지 않는다. "X는 쾌적하다"와 "X는 도덕적으로 좋다"는 판단은 그 점에서 결정적으로 다르다. 이들 감각 판단이나 도덕 판단에는 욕구의 대상으로서 특정한 목적이 선행하고 있지만, 취미 판단은 실천적 목적이나 관심을 전제하지 않는다. 그럼에도 불구하고 그것은 어떤 의미에서의 유쾌한 감정의 표현이다. 따라서 거기에서는 특정한 목적을 전제하지 않는 어떤 합목적성, 즉 "목적 없는 합목적성"이 있는 셈이다. 더욱이 취미 판단에는 다른 사람도 같은 판단을 내려야 한다는 보편 타당성에 대한 요구와 필연성이 포함되어 있다. 이것은 관념에 매개되지 않는 감정적인 보편성과 필연성이지만, 이러한 보편성과 필연성이 가능하게 되는 것은 취미 판단이 독특한 아프리오리한 구조에 근거하고 있기 때문이다. 그 구조는 개개의 대상을 수용할 때 작동하는 상상력이 특정한 개념에 긴박된(규정적 판단력의 경우에는 그러하다) 것이 아니라, 지적 능력 일반과 자유롭게 노닌다는 것이다. 이 지적 능력이 오성일 경우에는 합목적성은 미로서 표현되고, 이성일 경우에는 숭고로서 표현된다. 이리하여 「미적 판단력의 분석론」은 「미적인 것의 분석론」과 「숭고한 것의 분석론」으로 나뉘어진다. 또 이들에 뒤이은 「미적 판단의 연역론」에서는 협의의 예술론도 전개되고 있다. 예술 작품(예술 미)은 기술의 산물이고, 그런 한에서 자연 미와 대립하는 것처럼 보이지만, 사실은 예술가에게 있는 형성력은 자연의 선물(천재)로, 예술가 자신의 의도

나 목적을 뛰어넘는 유래를 가진다. 예술이란 특정한 개념이나 규칙이나 목적에 긴박되지 않고, 미(합목적적 대상)를 스스로 무의식적으로 창작한 천재의 기술이라는 의미이다.

이와 같은 자연의 형성력이란 사고 방식을 끌어들인 것이 제2부 「목적론적 판단력 비판」이다. 여기에서는 유기체에 관해 고찰된다. 모든 자연물에는 동일한 물리적 법칙이 관철되고 있는 것을 칸트는 『순수 이성 비판』에서 초월론적으로 기초지우지만, 무기체와 유기체, 단순한 물질과 생명체의 차이는 이 법칙만으로는 설명하지 못한다. 칸트가 "자연 목적"이라고 이름붙인 유기체에서는 각 부분이 인과 관계에 있는 동시에, 부분은 전체의 기관(수단)이 되고 있다. 부분은 전체에 대해서 합목적적인 관계에 서 있을 뿐이다. 이 합목적성은 주관과 대상의 합목적적 일치(주관적 합목적성)가 아니라, 오히려 객관적인 합목적성이다. 그렇다고 하더라도 그것은 카테고리에 의해 규정된 물리적인 자연을 발판으로 하여 성립한 일종의 게슈탈트 같은 것이기 때문에 어디까지나 형식적 합목적성이다. 이 형식적 · 객관적 합목적성을 표현하는 것에, 칸트는 물리적 자연의 근저에 "마치" 목적인(因)이 있는 "그것처럼" 판단해야 한다고 적고 있다. 이리하여 판단의 방식이 자연 전체에 확장된다고 한다면, 자연계 전체가 합목적적인 질서에 있다는 판단도 가능하게 된다. 칸트는 이러한 자연 전체의 목적론 위에서 도덕적인 주체로서의 인간을 궁극적인 목적으로 삼음으로써 현상계와 예지계의 통일과 조화의 가능성을 전망한 것이다.

미의 창작과 생명의 형태들의 연구에 종사하고 있던 괴테는 미학과 생명의 문제를 동일한 하나의 반성적 판단력이라고 말한 원리로 기초지우려고 한 이 『판단력 비판』을 감사와 희열을 가지고서 읽었다고 말한다. 또 이 책이 쉘링의 자연 철학에 미친 영향은 이루 말할 수 없다. 이원론의 극복이라는 독일 관념론의 모티브도 이 책 없이는 생각할 수 없다.

모든 지식학의 기초

요한 고트리에프 피히테
Grundlage der gesamten Wissenschaftslehre, 1794

1794년에 출판된 이 책은 프랑스 혁명에 의해 촉발되어 쓰여졌다. 이 혁명에 관한 최초의 진실한 철학적 성찰이다. 피히테는 프랑스 혁명이 내건 자유의 원리를 통해 인간의 모든 지적인 작업을 기초지우고 체계화하고, 이른바 "자유의 체계"를 구축하려고 한다. 또 이 책은 쉘링, 헤겔로 이어지는 '변증법'이라는 독일 관념론 특유의 체계 구성법을 최초로 확립한 점에서도 중요한 저서이다.

피히테(Johann Gottlieb Fichte)는 1762년에 작센의 조그만 마을 랑메나우에서 태어났다. 예나, 라이프치히의 대학에서 공부하고, 89년의 프랑스 혁명에 깊은 감명을 받았다. 91년에 존경하는 칸트를 쾨니히스부르크에서 만났고, 다음 해 칸트의 도움으로 출판한 『모든 계시에 관한 비판의 시도』로 명성을 얻었다. 94년에 라인홀트의 뒤를 이어 예나 대학의 교수로 취임한다. 이 책은 거기에서의 강의 교재로 쓰여진 것이다. 그러나 99년에 무신론 때문에 예나를 떠날 수밖에 없게 되어 베를린으로 이주한다. 이곳에서 슐레겔 형제, 슐라이엘마허 등의 독일 로만파와 만난다. 더욱이 1807년, 나폴레옹 점령 하의 베를린에서 『독일 국민에게 고함』이란 강연을 한다. 애국주의의 입장에서 독일 민족의 문화적 재생을 호소한다. 1810년에 베를린 대학이 창설됨과 동시에 교수로 취임하고, 다음 해 초대

총장이 되지만, 1814년에 티프스에 걸려 죽는다.

자유를 원리로 내건 프랑스 혁명으로 새로운 역사가 개시된 것을 본 피히테는 이것을 열광적으로 지지하는 정치 논문(『유럽 군주에 대한 사상의 자유 반환 요구』, 『프랑스 혁명에 관한 대중의 판단 시정』 등을 1793년에 발표)을 쓰는 한편, 그 자신의 철학 체계를 다듬고 있었다. 그 동안 그는 라인홀트의 "의식률"과 슐츠의 비판, 제로몬 아이몬의 사상 등에서도 영향을 받았지만, 무엇보다도 결정적인 것은 칸트 철학의 영향이었다. 그는 "실천 이성의 우위"라는 칸트의 기본 사상에서 세 자유의 원리의 철학적 표현을 본 것이다. 그리고 예나 대학 교수가 된 1794년에 피히테는 우선 『지식학의 개념에 관하여』에서 "지식학"이라는 그 자신의 철학 체계의 개요를 드러내고, 이어서 이 책에서 그것을 체계적으로 전개하고 있다.

인간의 모든 인식을 기초지우려고 하는 "지식학"은 절대로 확실한 인식에 의거해야만 한다. "나는 존재한다"라는 나의 의식(즉 자아)이야말로 그것이다. 왜냐하면 여기에서는 아는 일과 알려진 대상이 똑같이 나이기 때문이다. 이 자아는 세 개의 계기를 포함하고 있고, 그것이 그대로 지식학의 세 개의 근본 명제가 된다. 제1 근본 명제는 "자아는 지기 자신을 정립한다"이다. '나'는 돌이나 동물처럼 단지 사실적으로 존재하고 있는 것이 아니라, 우선 자신을 무엇인가로서 자유롭게 던져서 대상화하고, 그렇게 대상화된 〈나〉를 의식함으로써만 존재한다. 인간의 본질은 자유로운 실천 행위 속에 있다. 그러나 자아가 자기 자신을 정립하고, 대상이 되기 위해서는 자아는 무슨 방식으로든 그 자신을 뛰어넘어 그 자신과는 이질적인 것(즉 비아(非我))으로 향하지 않으면 안된다. 이것이 "반정립"이라는 움직임이다. "자아에는 비아가 반정립된다"가 지시하이 제2 근본 명제가 된다. 하지만 자아가 자기 자신을 정립함으로써 동시에 비아가 반정립된다고 하는 것은 명백히 모순된다. 이 모순의 해결책은 하나밖에 없다. 자아는 자기 자신을 일거에 전면적으로 정립하는 것이 아니라, 당분간은 부분적으로밖에 정립하지 않으며, 그 결과 나머지 부분이 비아로서 대립한다고 생각하는 것이다. 이리하여 제1명제와 제2명제의 종합으로서의 제3명제 "자아는 자아에서 가분적(可分的)인 자아에 가분적인 비아를 반정립한다"가 얻어진다. 자아의 본질이 자유에 있다고 해도 자아는 그 자신의 본질을 일거에 실현하는 것이 아니라, 가분적인 비아를 조금씩 부정하고 극복함으로써 그 자신의 본질을 확장해가지 않으면 안된다. 지식학은 인류가 그 자신의 자유를 자각해가는 역사를 철학적으로 재구성한다. 피히테는 지식학을 "인간 정신의 실용적 역사"라고도 부른다.

이 책에서의 지식학의 구성에는 명백한 난점이 있다. 인간에게 있어서 자연은 늘 부정되고 극복되어야 할 장애에 불과하고, 인간과 자연은 영원히 대립한 채 있다. 이 점을 비판한 것은 피히테의 제자 셸링이었다. 셸링은 이 비판을 통해서 자연과 정신의 통일을 지향한 '동일(同一) 철학'을 전개하게 된다. 피히테 자신도 이 난점은 깨달아, 몇 차례나 지식학을 새롭게 구상하려고 했지만, 그때마다 지식학은 도덕적, 종교적인 색채를 깊게 드리운다. 이미 『인간의 사명』(1800)에서는 절대적 자아는 신적인 자아로 간주되고, 신적 자아의 관상에 인간의 최고의 목적이 위치하고 있다.

그럼에도 불구하고 정립 · 반정립 · 종합이라는 변증법의 체계 구성법을 최초로 확립한 공적은 『모든 지식학의 기초』에게 돌아가야 할 것이다. 셸링의 『초월론적 관념론의 체계』(1800)도, 헤겔의 『정신 현상학』(1807)도 피히테의 변증법 없이는 생각할 수 없다. 이런 의미에서 『모든 지식학의 기초』는 독일 관념론의 선두에 선 저작이다.

종교론

프리드리히 E. D. 슐라이엘마허
Über die Religion, Reden an die Gebildeten unter ihren Verächtern, 1799

"종교를 경시하는 교양인에 대한 강의"라는 부제를 가진 이 책은 과학과 교양 시대의 종교 경시 풍조에 대항하여 종교의 독자적인 본질과 존재 의의를 로만주의의 입장에서 밝히고 있다. 슐라이엘마허는 이 책과 말년의 『그리스트교 신앙』(2권, 1821~22)을 통해 19세기의 프로테스탄트 신학에 결정적인 영향을 미쳤다.

슐라이엘마허(Friedrich Ernst Daniel Schleiermacher : 1768~1834)는 프레슬라우에서 군대 목사의 아들로 태어났다. 헤른푸트파(경건수의의 일파)의 교육을 받았지만, 당시의 계몽 사상의 영향 아래서 종교에 의문을 품고 할레 대학에서 공부하면서 스피노자, 칸트에 푹빠졌다. 1796년에 베를린으로 이주하여 독일 로만주의자들과의 교류를 통해서 새로운 종교 이념에 눈떠 『종교론』(1799)을 쓴다. 친구 프리드리히 슐레겔의 『루친데』(1799)를 옹호했기 때문에 베를린에 있을 수 없게 되어 잠시 슈트레프에서 목사가 되지만, 1804년에 할레 대학 신학 교수가 된다. 1809년에 베를린에 되돌아가서 베를린 대학의 창실에 진력을 다하고, 죽을 때까지 베를린 대학의 신학 교수로 일한다. 앞의 책 이외의 주요 저서로 『독백록』(1800), 『종래의 도덕 학설 비판』(1803), 『신학 통론』(1811) 등이 있다. 또 플라톤을 획기적으로 번역한 것 이외에, 성서의 비판적 연구를 통해서 해석학의 확립에 공헌하고, 딜타이에게 중요한 영향을 미친다.

『종교론』은 슐라이엘마허 자신의 손으로 대폭 개정되어 1806년에 제2판이, 1821년에 제3판이 나왔지만, 제1판이 그의 사상의 특징을 가장 잘 보여주는 것으로 애독되고 있다.

『종교론』은 5개의 강의로 이루어져 있다. 제1강의 「변명」에서 교양인들이 경시하고 있는 종교라는 것이 사실은 진짜 종교가 아님을 지적한 뒤, 이 책의 중심 부분인 제2강의 「종교의 본질」에서 슐라이엘마허 자신의 독자적인 종교 개념이 전개된다. 그것에 의하면, 종교는 형이상학과도 도덕과도 구별되는 독자적인 본질을 갖는다. 종교는 형이상학처럼 우주를 그 본성에 근거하여 설명하려고 하지 않고, 도덕처럼 인간의 자유 의지로부터 우주를 만들어 완성하려고 하지도 않는다. "종교의 본질은 사유하는 것도 행동하는 것도 아니며, 직관이자 감정이다." 종교는 "우주를 직관하려"고 한다. 하지만 우주는 부단히 활동하는 전체이고, 모든 순간에 전체로서의 그 자신을 계시한다. 따라서 "모든 개체를 전체의 일부로 받아들이고, 모든 유한한 것을 무한한 것의 표현으로 받아들이는 것, 이것이 종교이다." 무한한 것으로서의 우주의 직관은 인간의 마음에 진정한 종교적 감정이 싹트게 만든다. 우리들은 우주의 직관을 통해서 우리들의 자아가 우주에 비해서는 무한히 작은 것이고, 자신의 생명이 전체 속에서 생겨나 전체에 의존하고 있는 것을 자각하게 된다. 이리하여 우리들에게 영원히 불가시적인 것(이른바 신)에 대한 외경(畏敬)이란 생각이 생겨난다. 『그리스트교 신앙』에 이르면 "직관"보다도 오히려 이 "절대적 의존 감정"이 종교 개념의 중심에 자리잡게 된다.

제3강의 「종교로 인도하기 위한 교육」은 "이지적 인간"과 "실제적 인간"이라는 근대적인 인간 유형이 종교에 대한 접근을 방해하고 있다고 하면서 진정으로 종교에 이르는 세 가지의 적극적인 길을 보여준다. 첫번째 길은 일편 단심으로 내면으로 향해 자기 관조에 의해 우주를 발견하는 것

(신비주의). 두번째는 외부로 향하여 세계관상의 무규정한 것에 도달하는 길(세계관으로서의 학문). 그리고 세번째로 이 두 가지 방향이 내적으로 결합된 것, 즉 예술과 예술 작품으로 향하는 길이 그것이다.

제4강의 「종교에서 집단 혹은 교회와 성직」에서는 진정한 종교에서부터 필연적으로 진정한 교회가 생겨나는 것이 설파되고 있다. 스스로를 전체와 합일한 존재로서 느끼는 종교적 감정으로부터는 보편적인 종교적 심정의 공동체가 생겨나는 것이 아니다. 진정한 교회는 누구라도 성직자도 평신도도 되는 완전한 공화국이다. 사람들이 비난하고 있는 것은 교양에 근거한 교회가 국가에 이용당한 교회에 불과하다.

제5강의 「여러 종교」에서는 종교에는 그 본질상 많은 형태가 있을 수 있음이 주장된다. 다양하게 있을 수 있는 우주의 직관의 어느 쪽이 중심에 선택되느냐에 따라 종교의 형식도 변하는 것이다.

슐라이엘마허의 종교에는 교양도 신학도, 교회도 성직자도 필요하지 않다. 그렇기는커녕 그리스트나 신조차도 필요하지 않다. 그는 종교를, 우주와 더불어 생겨난 인간의 생생한 삶의 체험에까지 연결하고, 세속화된 종교에 고립된 근대의 인간을 연대시키는 힘을 회복시키려고 한다. 이러한 시도는 그의 동료인 로만주의자들, 특히 노바리스의 열렬한 지지를 받았을 뿐만 아니라 19세기 신학의 주류를 형성하게 된다. 그의 종교론은 리츌을 거쳐 보바민의 「종교 심리학적 순환」이나 오토의 "성스러운 것"이란 개념으로 계승되었다. 칼 바르트나 에밀 브른너 등 19세기의 신학을 뛰어넘으려고 하는 현대의 신학자들이 슐라이엘마허와의 대결을 주요 과제로 삼았던 것도 그의 영향력의 큼을 입증하는 것이다.

초월론적 관념론의 체계

F . W. J. 쉘링
System des transzendentalen Idealismus, 1800

쉘링은 철학적 입장을 어지럽게 바꾼 것으로 유명하지만, 『초월론적 관념론의 체계』는 초기의 자연 철학으로부터 중기의 동일 철학으로의 이행기에 쓰여진 저작으로 가장 체계적인 구성을 갖고 있다. 또 천재의 예술 활동에서 자연과 정신의 종합 · 통일을 보고, 예술을 체계의 정점에 위치시킨 사고 방식은 독일 로만주의의 예술 개념에 막대한 영향을 미쳤다.

쉘링(Friedrich Wilhelm Joseph von Schelling)은 1775년 독일 부르덴부르크 지방의 레온베르크에서 태어났다. 90년에 튜빙겐 신학교에 입학하여 헤르달린, 헤겔 등과 친교를 맺었다. 피히테의 지식학이 발표되자마자 그의 자아 철학을 바로 자신의 것으로 만든 쉘링은 『철학 일반의 형식의 가능성에 관하여』(1794)와 『철학의 원리로서의 자아에 관하여』(1795)를 썼다. 하지만 자연을 부정되고 극복되어야 할 장애로만 본 피히테의 자연 관념에 만족하지 못하여 그는 『자연 철학의 이념』(1797)이나 『세계 영(靈)에 관하여』(1798) 등에서 독자적인 자연 철학을 전개하기 시작한다. 쉘링의 자연 개념은 대단히 로만주의적이다. 자연은 자아와 이질적인 것이 아니라, 오히려 일종의 무의식적인 지성이고, 정신 활동과 마찬가지로 저차적인 위상에서부터 고차적인 위상으로 발전해간다. "자연사"가 그의 자연 철학의 대상이 된다. 그렇다면 정신 쪽에서도 또 자연과 똑같은 발전 법칙에 따르고 있는 것을 구체적으로 보여주지 않으면 안된다. 이러한 과제 아래서 쓰여진 것이 이 책 『초월론적 관념론의 체계』이다. "자연사"에 대응하는 "자기 의식의 발전적 역사"를 서술하는 것이 이 책의 과제이다.

이 책은 서론과 6개의 장으로 구성되어 있다. 서론과 최초의 2개의 장에서는 초월론적 철학의 정의와 구분이 행해진다. 모든 인식은 주관적인 것(표상)과 객관적인 것(대상)의 일치에 근거한 것이기 때문에 철학의 과제는 이 일치를 설명하는 것이다. 그러나 주관적인 것의 총체로서의 지성과, 객관적인 것의 총체로서의 자연은 일반적으로 가장 대립하는 것으로 간주되고 있다. 그것으로 미루어보건대, 이 일치의 설명에는 두 가지 방법밖에 없다. 객관적인 것에서부터 출발하여 그것과 일치하는 주관적인 것이 어떻게 해서 나타나는가를 설명하던가, 역으로 주관적인 것에서부터 출발하여 그것과 일치하는 객관적인 것의 출현을 설명하는 것이다. 전자는 자연 철학의 임무이고, 후자는 초월론적 철학의 임무이다.

초월론적 철학의 출발점이 주관적인 것(자아)에 있다고 한다면, 이 자아가 가장 확실하다고 간주하고 있는 사항에서 출발할 수밖에 없다. 그 하나는 "우리들 밖에 사물의 세계가 있고, 우리들의 표상은 이것에 일치시킬 수 있다"는 확신이고, 다른 한편으로는 "자유에 의해 우리들 속에서 생겨난 표상이 현실의 세계로 옮아가고 객관적인 것이 될 수 있다"는 확신이다. 그런데 초월론적 철학은 제1의 확신의 근거를 묻는 "이론 철학"과 제2의 확신의 근거를 묻는 "실천 철학"으로 나뉘어진다. 제3장 「이론 철학의 체계」에서는 "근원적 감각", "산출적 직관", "반성"이 발전적으로 도출되고, 최후로 "반성"에서부터 "절대적 의지 작용"으로의 이행이 설명된다. 제4장 「실천 철학의 체계」에서는 의지, 충동, 이상에서 시작하여 법, 역사, 종교 등이 다루어진다.

그렇지만 이 양자의 철학이 다루는 두 개의 확신은 서로 모순된다. 왜냐하면 한편에서 의식은 그 이념에 따라 세계를 다시 만들 수 있는 데 반해, 다른 한편에서 현실의 세계는 의식으로부터 독립하여 의식 쪽이 세계에 준거하지 않으면 안된다고 생각되고 있기 때문이다. 의식은 어떻게 해서 자기 자신으로부터 독립하여 세계에 영향을 미칠 수 있을까? 이 의문에 답하는 데는 단지 하나의 방법밖에 없다. 그것은 세계의 본질 그 자체가 그것에 공작을 가한 인간의 실천적 활동과 이질적인 것이 아니라고 생각하는 것이다. 즉 실천적 활동이 일정한 목적에 따른 의식적인 생산 활동이라고 한다면, 세계의 본질도 또 합목적적인, 단지 무의식적인 생산 활동이다. 이리하여 제5장에서는 "목적론의 여러 원칙"이 다루어진다. 하지만 이것에서도 아직 체계는 완결되지 않는다. 초월론적 철학의 원리가 자아에 있는 이상, 이 동일성 그 자체가 자아에 자각될 필요가 있다. 제6장 「철학의 보편적 기관의 연역 혹은 예술 철학의 여러 원칙」에 의하면, 예술이야말로 이 자각을 주고 있다. 천재의 예술 활동은 자연을 산출해가는 무의식적인 합목적적 활동과 인간의 의식에 근거한 의식적 활동을 자각적으로 통합하는 곳에서 성립한다.

셸링은 이 책을 쓰자마자 자연 철학과 이 책의 성과에 근거한 『나의 철학 체계의 서술』(1801)을 발표하여 "동일 철학"을 완성한다. 이럼으로써 그의 철학 활동은 절정기를 맞고, 이 이후에 그는 철학의 무대에서 조금씩 멀어져간다. 그 원인으로는 1803년에 친구였던 빌헤름 슐레겐의 부인 카러리네와의 결혼 문제 등 때문에 당시의 철학과 로만주의 예술의 중심지 예나를 떠날 수밖에 없었던 것, 1807년에 헤겔의 『정신 현상학』에 의해 동일 철학이 통렬하게 비판받은 것 등도 있지만, 가장 커다란 이유는 이미 이 무렵 그가 더욱 곤란한 후기 사상으로의 이행기에 있었던 것이다. 이 이후에 셸링의 사상은 점차 신비적인 색채를 강하게 띠어간다,

정신 현상학

헤겔
Phänomenologie des Geists, 1807

『정신 현상학』은 독일 관념론의 완성을 보여주는 저작만은 아니다. "의식의 경험의 학"이라는 표제를 붙이려고 했던 이 책은 그리스 이래의 서구 문화의 지적 유산을 자연적 의식으로 더듬어 치유하려고 한 일종의 교양 소설이기도 하다.

헤겔(Georg Wilhelm Friedrich Hegel : 1770~1831)은 뷔르텐베르크 공국의 슈투트가르트에서 태어났다. 1788년 튜빙겐 신학교에 입학하여 동장 헬더린 및 쉘링과 친교를 맺었다. 베른과 프랑크푸르트에서 가정 교사를 한 뒤, 1801년 예나 대학에 시간 강사로 부임한다. 여기에서 이미 교수로 일하고 있던 쉘링이 예나를 떠나는 1803년까지 헤겔은 그와 극진한 친교 관계에 있었다. 우선 헤겔은 거기에서 부임하자마자 『피히테와 쉘링의 철학 체계의 차이』(1801)를 출판하여 피히테에 대한 쉘링의 우위를 주장했다. 더욱이 1802년부터 3년까지 두 사람 공동으로 『철학 비평 잡지』를 편집했다. 그러나 쉘링이 떠난 뒤 자기 자신의 철학 체계를 모색하고 있던 헤겔은 그 최초의 성과를 나폴레옹의 예나 입성 전야에 완성하여 1807년에 『학의 체계 제1부, 정신 현상학』으로 출판했다. 그리고 이 책에서 헤겔은 이전과는 정반대로 쉘링을 비판했기 때문에 두 사람의 우정은 영원히 끝나고 말았다.

헤겔이 쉘링 철학을 비판한 것은 쉘링이 절대자를, 모든 대립을 뛰어넘는 무차별적인 것으로 상정하기 때문이다. 절대자가 이렇게 초월적인 것일 수밖에 없다면, 그것에 가까워지는 방법은 신비적인 감정이나 직관밖에 없고, 철학은 한정된 사람의 비교(秘敎)적인 행동이 될 수밖에 없게 된다. 그러나 헤겔에 의하면, 철학은 개념적으로 파악할 수 있는(즉 누구나 가까이 할 수 있는) 것이어야 한다. 그러기 위해서는 우선 절대자, 즉 실체가 쉘링처럼 모든 구별을 배제하는 것이 아니라, 오히려 자신 속에서 구별되고 스스로 자신을 구별하는 활동이어야만 한다. 가장 중요한 것은 "진정한 것을 실체로서만이 아니라 주체로서 포착하여 표현하는 것"이다. 그리고 이 주체로서 포착된 주체를, 헤겔은 "정신"이라 부른다. "정신"이란 스스로 타자가 되고, 그것을 자신과 관계지움으로써 비로소 그 자신을 정신으로 알고, 현실의 것이 되려는 존재이다. 『정신 현상학』은 바로 정신이 그 자신을 자각해가는 이 과정을 서술한 것이다.

그러나 현상학이 누구에게나 이해될 수 있기 위해서는 그 서술이 철학자의 일방적인 단언이 아니라, 철학에는 무지한 상식적 개인(자연적 의식)도 경험할 수 있어야 한다. 개인은 상식이란 단계에서부터 절대 지(철학)의 입장에 이르기 위한 "사다리"를 철학에 요구할 권리를 갖고 있다. 이리하여 『정신 현상학』은 동시에 자연적 의식 자체가 지의 여러 단계를 올라가는 오랜 편력의 과정의 서술, 즉 "의식의 경험의 학"이기도 하다.

헤겔은 지의 여러 단계를 먼저 "A 의식, B 자기 의식, C 이성" 등의 세 단계로 나누고, 세번째 단계의 이성을 다시 "AA 이성, BB 정신, CC 종교, DD 절대 지" 네 개로 구분한다. 여기에서 이성은 두 번 나타난다. 이성은 의식의 최고 단계에 있지만, 그것 자신도 또한 자신을 포함한 네 개의 발전 단계를 가지고 있다.

지의 첫번째 단계로서의 "의식"이란 "상대적 의식"이다. 그것이 지의 가장 낮은 단계에 불과한 것은, 이 의식은 대상만이 진리이고, 그 자신과의 관계에서 대상이 현상에 불과하다고 생각하고 있기 때문이다. 하지만 의식은 대상을 진리(객관적인 것)와 현상(주관적인 것)으로 나누고 관계지우고 있는 것이 자신이고, 주관과 객관의 통일로서의 진리를 체현하고 있는 것이 자신임을 알게 된다. 이리하여 자기에 관한 의식, 즉 "자기 의식"이 등장한다. 하지만 자기 의식은 스스로가 진리임을 증명하기에는 대상이 또 필요하다는 것을 깨닫게 된다. 이리하여 대상적 의식과 자기 의식의 통일인 "이성"으로 이행한다. "이성이란 모든 실재라고 하는 의식의 확신이다." 여기에서 절대 지는 형식적으로는 이미 달성되고 있지만, 현상학은 아직 끝나지 않았다. 이성은 "모든 실재라고 하는 확신"을 스스로 증명하지 않았기 때문이다. 그런데 이성은 "AA 이성"에서 자연적 세계로 향해 가고, "BB 정신"에서는 역사적 세계로 향해 가서 자신이 이 두 세계 모두의 본질임을 보여준다. 그리고 "CC 종교"에서는 그리스트교의 신이 이성과 세계의 화해의 표상으로서 경험되고, 최종적으로 이 신의 표상이 개념적으로 파악되어 "DD 절대 지"에 다다르는 것이다.

『정신 현상학』은 당초 "학의 체계 제1부"라고 되어 있었다. 이 시점에서는 헤겔은 제2부로서 논리학과 실재(實在) 철학(자연 철학과 정신 철학)을 생각하고 싶었다. 실제로 그는 뉴른베르크의 김나지움의 교장 시절에 『논리학』(1812, 16)을 쓰고, 하이델베르크 대학에서 자기 자신의 철학 체계 『철학적 학의 엔치클로페디』(1817)을 완성한다. 하지만 이 체계의 제1부는 논리학이고, 현상학은 제3부의 하나의 장에 지나지 않는다. 이러한 변화는 현상학의 "사다리"로서의 성격과 관련이 있다. 의식이 다시 절대 지의 입장에 인도되어버리면, "절대적 관념론"의 체계는 논리학에서부터 시작해야 하기 때문이다.

인간적 자유의 본질

F. W. J. 쉘링
Philosophische Untersuchungen über das Wesen der menschlichen Freiheit und die damit zusammenhängenden Gegenstände, 1809

『인간적 자유의 본질 및 그와 관련된 대상들에 관한 철학적 연구』라는 긴 제목을 가진 이 책은 "적극(積極) 철학"이라고 불리는 후기 철학을 준비한다는 점에서만 중요한 것이 아니다. 이 책은 신을 이성으로서가 아니라 일종의 맹목적인 욕구로 간주함으로써 헤겔의 이성주의적 철학과 결별하여 키에르케고르의 실존 철학이나 니체의 의지의 철학의 선구가 되고 있다.

1799년의 『자연 철학 체계의 제1초안』과 『자연 철학 초고에 대한 서론』에서 자연 철학을, 1800년의 『초월론적 관념론의 체계』에서 정신 철학을 전개한 쉘링은 이것에 기초하여 다음 해에 『나의 철학 체계의 서술』에서 "동일 철학"을 완성했다. 동일 철학이란 정신과 자연의 대립을 뛰어넘은 절대자를 원리로 하는 철학이다. 자연과 정신이 서로 대립하고 있기 때문에 유한할 수밖에 없는 데 반해서, 절대자는 모든 대립을 뛰어넘은 절대적인 무차별이기 때문에 무한하고 유일하게 진정으로 존재하는 것이다. 쉘링은 이른바 스피노자적 범신론에 가담한다.

하지만 이것 이후에 그의 저술 활동은 눈에 띄게 줄어든다. 이것 이후에 그의 대부분의 저작은 미발표인 채 끝내고 있다. 그 원인의 하나가, 예전의 둘도 없는 친구였던 헤겔이 동일 철학을 통렬히 비판한 것임은 확실하다. 헤겔은 『정신 현상학』(1807)에서 쉘링의 절대자는 "거기에서는 모든 소(牛)가 검게 되는 깜깜한 밤"과 같은 것이라고 비판했다. 즉 절대자가 무차별한 무한이라고 한다면, 도대체 어떻게 해서 거기서부터 유한한 것이 생겨날 수 있단 말인가. 이 비판은 확실히 정당하다. 그러나 쉘링 자신도 예나를 떠난 1803년 무렵에는 이미 동일 철학의 이러한 약점을 눈치채고 있었다. 이전하기 전에 뷰르츠부르크에서 쓴 『철학과 종교』(1804)에서는 이미 신으로부터의 타락이라는 종교적인 이미지를 통해 절대자와 유한자의 관계를 설명하려고 하고 있다. 하지만 이러한 시도는 "타락"이라는 형태에서 나타나고, 유한자의 기원을 유한자 그 자체에서 찾을 수밖에 없다. 이리하여 쉘링은 신으로부터 어떻게 해서 유한자가 생겨나는가라는 문제에 직면하게 된다. 이러한 문제 의식 아래서 쓰여진 것이 『인간적 자유의 본질』이다.

이 책에서 말하는 "자유"란 신에 대한 유한자의 존재의 자립성이다. 그리고 그러한 자유는 "인간적 자유"여야만 한다. 왜냐하면 인간은 자유를 그의 고유한 존재 양식으로 삼고 있는 유일한 구체적 실체이기 때문이다. 쉘링의 "인간적 자유"란 관념론이 다루는 예지적 인간이 가진 자기 결정 능력이 아니다. 인간적 자유란 "악을 낳을 수 있는 능력"이다. 이리하여 물어야 할 것은 어떻게 해서 신에서 악이 생겨났는가라는 변신론적인 문제가 된다.

이 문제를 해결하기 위해서는 철학의 신이 아니라 종교의 신이, 즉 이성적인 신이 아니라 자기를 계시하려고 하는 신이 전제되어야만 한다.

우선 쉘링에 의하면, 신 이전 혹은 신 이외에는 아무 것도 없기 때문에 신은 자신의 실존의 근거를 자신 속에 갖는다. 그러나 이 신은 자신을 계시하려고 하는 신이다. 그렇다면 신의 실존의 근거는 계시에 의해 비로소 실존하는 신 그 자체와는 구별되며, 그것에 선행하고 있을 뿐이다. 쉘링은 이 근거를, "신 안에 있는 자연" 혹은 "근원적 자연"이라 부르며, 신과 근원적 자연의 관계를 빛과 어둠에 비유해서 설명한다. 어둠은 그것만으로는 혼탁하기 때문에 빛을 자기 자신으로부터 발현시켜 자기 자신을 비추게 만든다. 이와 마찬가지로, 신의 어두운 근거 속에서 자기 자신을 계시하려고 하는 신의 의지가 우선 "동경(憧憬)"으로, 다음에 이 동경으로부터 실존하는 신이 생겨나고, 그리고 이번에는 이 신이 어둡고 혼탁스러운 근원적 자연에 규칙과 질서를 가져다준다. 셸링에 의하면, 악의 기원은 여기에 있다. 어둠은 빛을 만들어내어 자기 자신을 비추게끔 하지만, 그와 동시에 비추어진 부분 밖에는 오히려 어둠이 선명하게 떠오른다. 그와 똑같이 빛이 된 신은 세계에 규칙과 질서를 가져다주지만, 그럼으로써 오히려 제거되지 않고 잔여로서 남아 있는 무질서가 부각되게 된다. 이 빛에 의해서 부각되게 된 어둠의 영역이 악의 영역이다. 따라서 왜 악이 인간 고유의 능력인가가 명확해진다. 왜냐하면 인간만이 악의 가능성의 조건인 빛의 원리(오성)와 어둠의 원리(의지)를 나누기 때문이다.

『인간적 자유의 본질』은 이 이후의 거의 모든 저술과 마찬가지로, 생전에 발표하지 않았다. 이 책은 그가 죽은 뒤 둘째 아들에 의해 편집된 『저작집』(전 14권, 1856~61)에 처음 수록되었다. 그리고 원문이 80쪽도 안 되는 소논문임에도 불구하고, 장 구분도 제목도 전혀 없이 단번에 써 내려간데다 내용도 대단히 난해하기 때문에 최근까지도 거의 연구되지 않았다. 하이데거가 그의 『셸링 강의』(1936)에서 이 논문을 축자적으로 해석해보고서야 겨우 그 내용과 의의가 이해되게 되었다.

의지와 표상으로서의 세계

아르튀르 쇼펜하우어
Die Welt als Wille und Vorstellung, 1819

쇼펜하우어의 주저 『의지와 표상으로서의 세계』는 헤겔의 이성주의에 반대하는 유니크한 비합리주의 철학서로, 그 지적 자극은 니체, 딜타이 등의 "생의 철학"을 거쳐 현대의 하이데거에게까지도 미치고 있다. 바그너, 프로이트, 토마스 만 등 철학 이외의 분야의 사람들에게도 폭넓게 영향을 미친 책이다. 니체가 이 책과의 운명적인 만남을 말하고 있는 것은 너무나도 유명하다.

쇼펜하우어(Arthur Schopenhauer : 1788~1860)는 단치히에서 은행가인 아버지와 소설가인 어머니 사이에서 태어났다. 궤팅겐 대학, 베를린 대학에서 철학을 공부하고 1813년에 「충족 이유율의 네 가지 근거에 관하여」라는 논문으로 예나 대학의 박사 학위를 받았다. 1820년에 베를린 대학의 시간 강사가 되지만, 당시 그 대학에 있던 헤겔에 압도당해 강의는 성공할 수 없었다. 1831년부터는 프랑크푸르트로 이주하여 거기서 거리의 철학자로서 생애를 보냈다. 이 책 『의지와 표상으로서의 세계』(정편)는 1819년에 그가 약관 31세에 쓴 대작이지만, 이 정편을 보충하기 위하여 뒤에 「속편」도 썼다. 1851년에는 이 책을 부연한 『여록(파레르가)과 보론(파라리포메나)』도 출판되었다. 그 교묘한 문체도 손으로 손으로 전해져 그의 철학은 많은 사람들에게 받아들여졌다.

이 책에서 쇼펜하우어는 칸트의 현상과 물 자체의 구별에서부터 출발한다. 우리들이 경험하는 세계는 공간과 시간이라는 직관 형식과 근거율(인과율)을 통해서 나타나는 현상계이고, 그런 의미에서 "세계는 나의 표상이다." 인과율에 따른 과학은 표상으로서의 세계를 파악할 뿐이며, 물 자체를 파악할 수는 없다. 그러나 쇼펜하우어는 물 자체를 전적으로 불가지한 것으로 생각하지는 않는다. 물 자체의 세계는, 그에 의하면 의지의 세계이지만, 우리들은 그것을 자기 자신의 신체를 통해서 파악할 수 있다. 자기 자신의 신체는 과학의 한 객체이기도 하지만, 동시에 자신의 의지의 직접적인 표현이다. 즉 신체로서 표상된 나 자신은 물 자체로서는 의지이다. 이 의지는 칸트가 말하는 이성적인 의지가 아니라, 오히려 신체 활동과 밀접히 결합되어 있는 비이성적이고 무의식적인 "생에 대한 의지"이다. 『의지와 표상으로서의 세계』는 이 의지와 신체의 관계를 다른 존재자에도 유비적으로 적용하여 생명 현상이나 물리 현상의 근저에도 물 자체로서의 무의식적인 "생에 대한 의지"가 있다고 생각한다. 이 의지는 공간 시간이라는 개체화의 원리 밖에 서 있기 때문에 모든 존재자를 관통하여 하나가 되는 의지이지만, 근거율을 벗어나고 있기 때문에 근거도 목적도 없이 맹목적이고 충동적인 의지이다.

생에 대한 의지에는 목적도 이유도 없기 때문에 이 의지에 내몰린 인간은 궁극적인 만족에 도달할 수 없다. 인간의 욕구는 좀체로 만족할 수 없으며, 만족된다고 해도 곧 새로운 욕구가 다시 생겨난다. 생겨난 것은 욕구를 가진 것으로, 욕구를 가진 것은 또 만족하지 않은 것을 의미한다. 그렇기 때문에 인간의 생은 늘 고통스럽다. 살려고 하는 이 암울한 "욕(欲)"은 다른 사람을 업신여기는 에고이즘의 원천이기도 하다. 따라서 살려고 하는 의지가 서로 다투는 이 세상은 아욕(我欲)이 부딪치는 최악의 세계라는 것이다. 이것이 쇼펜하우어 철학이 페시미즘(염세 관 · 최악 관)이라 불리는 까닭이다.

이 고통으로부터 벗어나는 길(생에 대한 의지로부터 해탈하는 방책)은, 쇼펜하우어에 의하면 세 가지가 있다. 첫번째는 예술에 의한 해탈, 두번째는 도덕에 의한 해탈이다. 인간의 지성은 보통은 맹목적인 의지에 봉사하여 개체적인 것으로 취해지고 있는데, 예술에 의해 의지로부터 해방된 순수한 관조의 입장으로 인도된다. 그 관조의 능력이 천재이다. 예술에서 지성은 시간 · 공간과 인과율을 뛰어넘은 플라톤적 이데아를 관심 없이 직관한다. 예술 중에서, 이런 점에 뛰어난 것은 비극과 음악이다. 특히 음악은 개개의 이데아를 묘사하는 것이 아니라 의지 그 자체를 모사하는 것으로, 예술의 최고 형태라고 쇼펜하우어는 생각한다(또한 예술은 생에 대한 의지의 진통제라고 하는 이 예술관이 니체를 자극하여 『비극의 탄생』을 쓰게 만든다).

그러나 예술에 의한 이러한 해탈은 매우 드물게 생겨나는 특권적인 것, 일시적인 것이다. 이보다 더 항상적이고 지속적인 해탈 방법은 도덕이다. 생이 결국에는 고통인 이상, 도덕은 타인과 함께 고통스러워하는 것, 즉 "동정"을 원리로 하는 것에 다름 아니다. 동정에 의하여 우리들은 타인의 고통을 자신의 고통으로 느끼고, 그럼으로써 개체적인 자기를 제거할 수 있다. 그러나 동정의 도덕은 타인을 자신과 마찬가지로 사랑하고, 타인에 대해서 가능한 만큼의 것을 한다고 하는 정도의 것이기 때문에 그것도 또 결국에는 순간적 · 일시적인 해탈일 수밖에 없고 생존의 고통으로부터의 궁극적인 해탈은 아니다. 생의 고통으로부터의 진정한 의미의 해탈은 고통의 원천인 "생에 대한 의지" 그 자체를 부정하고 없애는 것이다. 이러한 부정은 "금욕" 생활에 의해서만 가능하다. 이 금욕은, 예를 들어 불교에서처럼 종교적인 체념에 의해 실현된다. 그러한 방법으로 우리들은 자신의 무(니힐)에 도달할 수 있는 것이다. 이 니힐리즘은 비판적으로 더욱 강화되어 니체에게 계승되어진다.

역사 철학 강의

헤겔

Vorlesungen über die Philosophie der Geschichte, 1837(1822~31)

"동양은 **한 사람**이 자유로운 것을 알 뿐이고, 그리스와 로마의 세계는 **특정한 사람들**이 자유로운 것을 알며, 게르만 세계는 **모든 인간**이 자유로운 것을 알고 있다." 이 말로 유명한 『역사 철학 강의』는 그리스트교 유럽이 만들어낸 최후의, 가장 포괄적인 역사 철학이다. 풍부한 자료와 평이한 문장으로 쓰여진 이 책은 헤겔 철학에 대한 가장 좋은 입문서이기도 하다.

이 『강의』의 목표는 있는 그대로 과거의 사실을 쓰는 것도 아니고, 세계의 역사를 봄으로써 거기에서 일반적인 반성을 끄집어내는 것도 아니다. 세계사 그 자체를 철학적으로 고찰하는 것이다. 세계사의 철학적 고찰이란, 세계사를 지배하는 것이 이성이고, 세계사란 자유의 의식이 발전해가는 과정이라는 것을 인식하는 것이다. 이 점에서는 헤겔의 역사 철학은 볼테르, 튀르고, 꽁도르세 등의 프랑스 계몽주의의 역사관, 즉 인간 이성의 무한한 진보를 낙관적으로 신봉하는 진보 사관의 계보에 연결된 것이라고 말할 수 있다. 실제 "역사 철학"이란 용어도 볼테르의 『풍속 사론』(1756)의 서론 제목으로 사용한 것이 최초이다.

그러나 헤겔의 역사 철학의 특징은 동시에 역사를 신의 이념이 계시되고 신의 계획이 실현되어가는 과정으로도 본다는 데 있다. 그리스트교의 신은 스스로 형체를 드러내어 보편적인 이념이 현실의 것이 될 수 있음을 몸으로써 보여준다. 그 동안 종교의 추상적인 이미지로 받아들여지고 있던 이념의 현실화라는 이 사태를 세계사의 현장에서 사고(思考)를 통해 받아들여 고치는 것이야말로 역사 철학의 임무이다. 헤겔의 역사 철학은 신의 존재를 정당화하는 변신론이기도 하다. 이러한 의미에서 그의 역사 철학은 아우구스티누스의 『신의 나라』(5세기)에서 비롯된 '경제사' 전통의 맨 끝에 위치하는 것이기도 하다. 이에 뒤이은 19세기의 위대한 두 개의 역사관, 즉 맑스의 유물 사관과 꽁트의 실증주의적 역사 철학은 헤겔의 계몽주의적 발전 단계설을 계승하면서도 변신론적 역사관에는 강력히 반대한다. 맑스는 의식과 종교를 가진 인간이 아니라 도구에 의해 스스로 먹을 것을 생산하는 인간을 역사의 주체로 보고, 꽁트는 산업가와 과학자가 지배하는 사회를 역사의 최종 단계로 본다.

『역사 철학 강의』는 헤겔의 역사 방법론이라고 말해야 할 것을 전개한 서론과 4부로 이루어진 본론으로 구성되어 있다. 세계사의 무대는 "동양 세계", "그리스 세계", "로마 세계", "게르만 세계" 순서로 이동해간다. 서술은 "동양 세계"에서 시작되기 때문에 당연히 이 세계가 역사의 시원이라고 생각되지만, 사태가 그렇게 간단하지만은 않다. 헤겔은 이 세계 속의 중국과 인도가 "아직 세계사 밖에 있다"고도 말한다. 왜냐하면 역사의 원동력은 공동체의 원리와 개인의 자유의 대립에 있는데, 여기에서는 개인은 공동체에 완전히 매몰되어, 그 자신의 자유를 의식하지 못하기 때문이다. 그에 반해 페르시아가 세계사의 본래의 시원이 되고 있다. 헤겔은 중국이나 인도와 구별되는 페르시아의 결정적인 특징을 멋들어지게 설명하고 있는 것은 아니다. 그럼에도 불구하고 그가 페르시아를 특별히 다룰 수밖에 없는 이유는 거기에 유태교와 그리스트교를 낳은 유태의 땅을 포함되어 있기 때문이다. 이러한 역사 시원의 설정에도 경제사에 대한 그의 관심이 엿보인다.

“그리스 세계”에서 비로소 동양에는 결여하고 있던 개인이 형성된다. 그리스에 있는 것은 개인의 자유 의지에 기초한 공동 정신이고, “아름다운 자유의 왕국”이다. 하지만 다른 한편으로 개인은 공동체의 목적에 아무런 사심 없이 일체화하고 있기 때문에 자유로운 내면성을 결여하고 있다. 이 내면성을 얻기 위해서는 정신이 공동체와 개인의 대립을 경험하지 않으면 안된다. 이 대립의 단계가 “로마 세계”이다. 로마 제국에서는 공동체의 이해가 개인을 떠나게 된다. 공동체가 개인을 억압하고, 개인은 공동체 속에서 자신을 방기하지만, 그와 반대로 개인은 추상적 인격, 즉 법적 인격으로 인정된다. 이러한 세계에서는 정신은 화해를 자신의 내부에서 찾을 수밖에 없고, 이로 말미암아 내면의 생활이 개시된다. 그리스트교를 수용하는 기초가 만들어지게 된다.

그리고 세계사의 네번째 단계로서 “게르만 세계”가 등장한다. 게르만 세계는 그리스트교의 화해를 출발점으로 하지만, 이 화해는 잠재적으로 실현되고 있는 것에 불과하다. 이것이 구체적인 현실이 되는 데는 게르만 국가의 힘이 필요하다. 게르만 국가는 종교 개혁과 프랑스 혁명을 경험함으로써 전적으로 세속의 원리에 근거한 이성적인 것(인권과 법)을 실현하게 된다.

『역사 철학 강의』는 『미학사 강의』, 『철학사 강의』, 『종교 철학 강의』와 마찬가지로 헤겔 자신의 손으로 출판하지 못했다. 헤겔은 베를린 대학에서 1822년부터 31년 사이에 전부 다섯 차례에 걸쳐 “세계사의 철학”이란 제목으로 강의를 했다. 헤겔 사후에 그 강의 초고와 수강생의 노트를 제자 에드하르트 간즈가 편집하여 1837년에 『역사 철학 강의』로 이름붙여 출판한 것이 이 책이다, 더욱이 1840년에는 개정 증보된 제2판이 아들 칼 헤겔에 의해 출판되었다.

그리스트교의 본질

루드비히 포이에르바하
Das Wesen des Christentums, 1841

『그리스트교의 본질』은 그리스트교 및 그 신학의 "인간학적 비밀"을 해명했던 책이다. 말하자면, "신학의 비밀은 인간학이고, 신의 본질의 비밀은 인간의 본질이다." 인간의 무한한 자유와 인간성을 원리로서 전개해 온 근대 철학도 역사적으로는 그리스트교 신학의 보완물, 즉 신학적 전도(顚倒)의 소산으로밖에 간주하지 않는다. 이성이나 관념을 진리로 삼은 종래의 이른바 사변적인 관념 철학에 대해서 사랑과 감성과 신체를 원리로 제기한 이 책은 종교나 신앙에 그 본질로서 포함하고 있는 허위성·기만성을 대담하게 지적하여 당시 맑스, 엥겔스를 필두로 한 많은 사람들에게 엄청난 영향을 미쳤다. 현실 사회의 변혁의 요구나 과학주의적 경향이 강해짐에 따라 이 책은 종교 및 사상을 이해하는 데 불가결한 관점을 제기하는 것으로서 그 중요성이 점점 더 커지고 있다.

루드비히 포이에르바하(Ludwig Feuerbach : 1804~72)는 형법학자 안세름 포이에르바하의 아들로 동남 독일 바이에른 지방의 시골 랑츠푸트에서 태어났다. 1823년에 하이델베르크에서 신학을 공부했지만, 24년 이후에는 베를린에서 연구를 계속하고 헤겔의 강의를 듣고서 커다란 영향을 받는다. 28년에는 에어랑겐 대학의 시간 강사가 된다. 30년에 익명으로 출판한 『죽음과 죽지 않음에 관한 사상』의 자연주의적 사고 방식 때문에 32년에 대학에서 쫓겨났다. 이후에는 대학에서 자리를 잡지 못해 은거하여 집필에 전념한다. 48년에는 학생들이 초대하여 하이델베르크 대학에서 "종교의 본질"에 관한 강의를 한다. 60년에는 부인의 사업이 파산하여 말년은 빈곤하게 지내게 된다.

포이에르바하는 신학 연구에서 출발하여 곧 헤겔의 사변적인 관념론에 경도되고, 다시 감성적 · 신체적 인간으로 걸음을 옮아갔다. "신이 나의 최초의 사상이며, 이성이 두번째, 인간이 세번째이자 최후의 사상이다." 주요한 저서로는 1830년대의 근대 철학에 관한 역사적 연구서들을 필두로 하여 『헤겔 철학 비판』(1839), 『그리스트교의 본질』(1841), 『미래의 철학의 근본 명제』(1843), 『종교의 본질』(1845), 『고전적, 헤브라이적, 그리스트교적 고대의 기원에서 본 신통(神統)기』(1857) 등이 있다. 그 자신이 본질적으로 인간학자임을 자인하여 신학을 인간학으로 해소하는 것을 생애의 임무로 삼은 이상, 『그리스트교의 본질』은 사상 내용의 측면애서도, 후세에 미친 영향이란 측면에서도 그의 주저로 간주할 수 있을 것이다.

전체는 2장으로 이루어진 서론과 「제1부 : 인간의 본질과 일치하는 종교—종교의 진실한 인간학적인 본질」 및 「제2부 : 인간의 본질과 모순되는 종교—종교의 진실하지 않은 신학적 본질」로 이루어져 있다. 전자는 "종교를 그 본질, 그 진리로 해소하는 것"을 지향하고, 후자는 그 반대로 "종교를 모순으로 해소하는 것"을 목적으로 하고 있다. "신의 의식은 인간의 자기 의식이고, 신의 인식은 인간의 자기 인식이다", "종교는 인간이 자기 자신에 대해서 취하는 관계 행위이다", "신은 인간의 본질이며, 절대적인 진리로서 직관된 인간의 진리이다"라고 하는 세 개의 문장에 단적으로 그 요점이 드러나고 있다. 종교와 그 신앙의 대상인 신은 유한한 현실의 인간 존재 그 자체에 다름 아니라는 것이다.

종교, 그리고 신학은 인간과 신, 유한과 무한, 현실과 피안의 분리를 설교해왔다. 예를 들어 신의 절대적인 초월성을 보여주는 것으로서 어쨌든 최고의 실재성, 자존성, 하나(一)성, 무한성, 필연성이라는 개념이 제시되어왔다. 하지만 포이에르바하에 의하면, 이들 개념은 모든 인간의 지성('오성'이나 '이성')에 의해 이해 가능한 한에서만 의미를 가진다. 신의 무한성이란 확실히 인간의 지성에 있어서의 무한성인데, 그렇다면 그것은 인간 지성의 무한성일 뿐이다. 바꿔 말하자면, 인간은 스스로의 주체적·지성적 본질의 최고의 틀을 통해서 추출해낸 '신'을 대상화하여 '외화'하고 있는 것이다. 따라서 신이 인간으로부터 분리되어 최고의 여러 개념을 가지고서 피안에 격리당한다면, 그것은 인간의 '자기 소외'에 다름 아니다. 즉 인간의 최고의 본질이 인간의 손이 닿지 않는 곳에 위치지워짐으로써 인간 자신이 소외되는 것이다. "신 그 자체는 인간의 〔소〕외화된 자기"이기 때문이다.

포이에르바하는 종교를 철폐시켜야 한다고 말하지는 않는다. 지성에는 없는 심정과 의지와 사랑에 의한, 특히 매개와 유화의 원리인 사랑에 의한 "신과 인간의 진정한 통일"을 설파하고 있다. "사랑은 인간을 신이게 하고, 신을 인간이게" 하기 때문이다. "인간의 본질이 인간의 최고의 본질이라고 한다면, 실천적으로 말해도 최고이자 제1의 법칙은 인간에 대한 인간의 사랑이어야 한다. 인간은 인간에게 있어서 신이다 *Homo homini Deus est*—이것은 지고의 실천적 원칙이고 세계 역사의 전환점이다." 즉 인간은 다른 인간과의 관계에서만 인간이다("타자는 나의 너이다"). 근대 철학의 전개가 신학의 인간학화의 프로세스라고 한다면, 그것을 스스로의 과제로 맨 처음 제기한 포이에르바하 그 사람이 역사의 전환점에 서 있는 것도 당연할 것이다. 그의 인간학은 또 맑스나 엥겔스뿐만 아니라, 니체의 선구이기도 했다.

아이러니 개념에 관하여

쇠렌 키에르케고르
Om Begrebet Ironi, 1841

이 책은 1841년 6월 3일에 코펜하겐 대학 철학부에 제출한 키에르케고르의 학위 청구 논문이다. 부제는 "끊임없이 소크라테스를 기리며"이고, 9월 16일에 간행되었다. 9월 29일에는 당시의 관습에 따라 아홉 사람의 반론자에 대해서 학위 청구자가 답변하는 공개 답변이 있었는데, 거기에는 "오늘날까지 유례가 없을 정도로 많은 청중이 모였다"고 말해지고 있다. 답변은 7시간 반이나 계속되었는데, 그것도 이례적인 것이었다. 키에르케고르는 반 년 뒤에 "그리스트교계의 소크라테스"로서 본격적인 저작 활동을 개시하게 되지만, 이 책의 주요한 목적의 하나는 이 "소크라테스의 입장"을 명확히 하는 것이다.

키에르케고르(Søren Kierkegaard : 1813~55)의 저작 활동은 대단히 특수한 의미에서 그가 산 근대라는 시대와 떼어낼 수 없다. 그에게 있어서 근대란 탁월한 인물의 존재를 허락하려 하지 않는 "정착한 질투"의 시대, "평등의 도착된 형태에서의 완전한 철저화", 즉 "수평화"의 시대이다. 그리고 이 동향에 영합하여 그것을 밀고 나가는 것이 "모든 사람들에게서 누구도 아니다"라는 무정형한 것, 곧 "대중"에 다름 아니다. 그의 저작 활동은 이러한 시대에 사람들로 하여금 "신 앞에 선 종교적 개인"으로 만드는 것을 목적으로 하고 있다. 그러나 이렇다고 결코 직접적 · 적극적으로 이야기할 수는 없다. "종교적 개인"을 직접적으로 주장하여 "수평화를 정지시키려 하는 그 순간에, 또다시 현대는 수평화의 법칙을 발휘할 것"이기 때문이다. 결국에는 대중의 "수다스러움"의 씨앗의 제공자가 한 사람 증가할 뿐이다. 더구나 적극적으로 이러한 주장을 하는 것도 허락되지 않는다. 바로 이 적극적인 개입에 의해 사람들이 스스로 "최고의 것〔신〕에 도달하는 것을 방해"하기 때문이다. "그들은 스스로 비약하지 않으면 안 된다." 그가 취했던 방법은 사람들에게 "수동적으로〔수난에 의해〕 봉사한다, 즉 간접적으로 조력한다"라고 하는 간접적 · 부정적인 것이었다. 그가 실명으로 쓴 종교적 저작들과 『이것이냐 저것이냐』를 필두로 한 익명으로 쓴 미적인 저작들이라는 저작 활동에서의 이중성의 이유도 바로 여기에 있다. 내면(종교적 저작가)과 외면(미적 저작가)의 어긋남을 아이러니의 한 표현으로 해석한다고 한다면, 그 저작 활동은 대단히 아이러니하다고 해도 좋을 것이다.

당시 탁월한 인물을 도마 위에 올려놓고 그 비열성을 폭로함으로써 수평화의 장본인이 되고 있던 신문 『콜세르』에 대한 그의 투쟁(콜세르 사건) 혹은 대중 사회 위에 앉아 있던 교회에 대한 투쟁(교회 투쟁)도 이 간접적인 방법의 연장선상에 있다. 더욱이 레기네와의 약혼과 그 파혼이라는 그의 내면사의 최대의 사건(레기네 체험)에서조차 이 방법이 관철되었다고 할 수 있다. 어쨌든 키에르케고르는 교회 투쟁이 한창일 때 노상에서 쓰러져 스스로 바라던 수난의 생애를 마쳤다. 덴마크에서는 그후 오랫동안 키에르케고르의 이름이 잊혀졌다고 한다. 실존 철학, 변증법적 신학 및 문학에 의해 그가 세계적인 주목을 받기 시작한 것은 1차대전 이후의 일이다. 어쩌면 당연하다고도 할 수 있지만, "간접 전달"이라고도 불리는 그의 방법을 이어받은 이가 없었다.

통상 아이러니(풍자)란 지혜로운 사람이라고 자인하는 인물과—그 자인을 인정하는 척하면서 혹은 자신에게는 무지를 가장하면서— 대화하는 것을 통해서 이 인물의 무지를 폭로했던 소크라테스의 방법을 가리킨다. 그렇지만 『아이러니의 개념에 관해서』는 "소크라테스의 입장"이 아이러니함을 소크라테스의 대화의 개개의 국면, 즉 "아이러니의 개개의 표현"의 음미를 통해서 "그 궁극적인 지향에서" 명확히 하려고 한 것이다. 후자는 "입장으로서의 아이러니", "전체로서의 아이러니"라고도 불리지만, 이 책은 다기한 아이러니의 개개의 표현을 이것을 향하여 수렴시키려고 하고, 따라서 전체와 개별적인 것 사이의 관계 혹은 개별적인 것과 개별적인 것 사이의 관계는 최초부터 단일한(unique) 것으로 설정되어 있지 않다. 이 책이 읽는 사람에 따라 인상이 다르다면 이 때문일 것이다.

어쨌든 이러한 수법에 의해 이 책이 묘사한 것은 대화를 통해서 자기 자신을 포함한 "모든 것을 무지의 무 속에 떨어뜨린" 소크라테스의 "순수하게 부정적인 입장"이다. 그렇기 때문에 "전체로서의 아이러니"는 통상적으로 아이러니라 불리는 것과는 달리, "무한 절대 부정성"이라 정의된다. 즉 아이러니는 부정 이외의 것이 아니라 한정적이지 않고 무한하게 부정하는 것이고, 어떤 절대적인 것의 힘에 의해 부정하는 것이지만— 그래도 이 절대적인 것에 관해서 소크라테스는 무지했다는 것이다.

"대신에 소크라테스가 적극성을 갖고 있다고 한다면 ……소크라테스가 한 사람 증가했을" 뿐이다. 이 책의 제2부에서 전개된 로만파의 아이러니에 대한 비판은 차치하고서라도 키에르케고르가 전적으로 주목하고 있는 것은 거대한 "아이러니의 무(無)"의 체현자 소크라테스와 이 무가 가진 비약을 가능하게 하는 "산파술"적인 기능에 다름 아니다. 이 무는 『이것이냐 저것이냐』에서는 적극적이지는 않지만 부정적으로 창조적인 "기연(機緣)"으로 정식화되고, 곧이어 『불안의 개념』에서 "불안의 무"로서 주제화되게 된다.

경제학-철학 수고

칼 맑스

Ökonomisch-philosophische Manuskripte, 1932(1844)

『경제학-철학 수고』(이하 『수고』로 줄임)는 청년 맑스의 문자 그대로 미완성의 초고이다. 죽은지 거의 50년이 지나 처음 공표되어 2차대전 이후, 특히 스탈린 체제에 대한 비판적 논거로 많은 사람에게 사용되어왔다. 거기에는 경직된 관변 맑스주의의 위대한 시조로서의 지도자가 아니라 자유를 찾던 고투하는 인간 본성=자연의 실현을 지향한 인간주의자 맑스의 모습이 기록되어 있기 때문이다. 인간 소외론을 제기한 이 책은 점차 고도화되어가는 관리 사회 속에서 고뇌하는 사람들에게 "일하는 것"의 근본적인 의미를 묻는 지침을 주는 것으로서 주목을 받아왔다.

맑스(Karl Marx : 1818~83)는 독일 남서부의 시골 토리르에서 그 지역의 유력한 유태인 변호사 하인리히 맑스의 둘째 아들로 태어났다. 본 대학, 베를린 대학에서 공부했다. 41년에 박사 학위를 취득한다. 37년 이래 청년 헤겔파와 교류하여 이 파의 기관지 『독일 연보』, 『라인 신문』에 참가한다. 당초 대학에 자리잡으려 했지만 단념한다. 이후 연구 활동이 곧 실천 활동이라는 입장을 지키며 휴가도 없는 인생을 보낸다. 43년 10월에 신부를 데리고 파리로 이주하여(45년까지가 파리 시대), 『독불 연보』를 편집한다. 다음 해 2월에 발간되자마자 폐간된다. 이 잡지에 「유태인 문제에 부쳐」와 「헤겔 법 철학 비판 서설」을 발표하고, 엥겔스가 영국에서 기고

한 「국민 경제학 비판 요강」에서 중대한 영향을 받는다. 이후에 두 사람은 평생 벗이 되어 여러 일을 공동으로 한다(이하 공동 집필을 ME라고 줄임). 45년 파리에서 쫓겨나 브뤼셀로 이주한다(이하 이 책 193쪽의 『자본론』 항의 *에서 계속).

맑스는 파리 시대의 1844년 3~4월 경부터 8월에 걸쳐 경제학의 연구에 몰두하여 3편의 초고와 9권의 노트(각각 『철학 수고』, 『경제학 노트』, 총칭해서 『파리 수고』라 불린다)를 남겼다. 『철학 수고』가 빛을 본 것은 1932년에 출판된 『맑스 · 엥겔스 전집』 제1부 제3권에서이다. 편집자 아도라츠키는 제3초고 속의 명확히 「서문」이라고 생각되는 부분을 권두에 내걸고, 집필 순서대로 제1, 제2(대부분 분실), 제3초고를 배열하여 전체로서 저서로서의 체제를 갖춰 출판했다.

여기저기를 전전하면서도 맑스는 일관되게 경제학과 철학 연구에 매진했지만, 그 최초의 나이브한 흔적이 여기에 기록되어 있다. 「서문」 중에서 헤겔의 사변에 포이에르바하의 "실증적이고 인간주의적이며 자연주의적인 비판"을 대치시키고, 후자를 모범으로 한 "국민 경제학의 실증적인 비판"을 해야 한다고 제기한다. 하지만 처음부터 명확한 방법이 제시되지는 않는다. "비판적인 신학자"를 비판하면서 비판의 존재 방식 그 자체가 여기에서 문제가 되고 각각의 초고에서 맑스의 사상적 위치의 변이가 드러난다. 뒤에 맑스는 이 시기의 연구를 거쳐 "경제학 비판"을 자신의 방법으로 확신하기에 이른다고 회상하고 있다. 그 확신이 어떻게 해서 얻어지는가, 그것을 더듬는 데는 『경제학 노트』 중에서 제1초고와 제2초고 사이에 쓰여졌다고 생각되는 유명한 『J. 밀 평주』도 포함시켜 논의할 필요가 있을 것이다. 여기에서는 제1초고와 제3초고만 간단히 살펴보려 한다.

제1초고는 4개의 문단으로 이루어져 있다. 이것들의 중심 주제는 "소외된 노동"의 고찰을 통해서 노동의 본질을 추출하는 것이다. 국민 경제학은 "노동의 산물 전체가 노동자의 것이다"(노동 가치설)라고 주장한다.

하지만 현실은 노동에 의해 노동자 자신이 "몰락하여 빈곤화하"고 있고, "노동 그 자체가 유해하고 위험한 것"이 되고 있다──맑스는 이 전도의 원인을 "노동자(노동)와 생산(의 여러 대상) 사이의 직접적인 관계" 가운데 나타나는 "노동의 본질에서의 소외"로 본다. 그것은 (1) 자연의 소외, (2) 자기의 소외, (3) 유적 본질의 소외, (4) 인간의 소외라는 4개의 측면에서 분석된다. 이리하여 노동은 인간의 본성적 자연이고, 유적 생활의 기본적 활동으로 인간이 자신을 인간으로서 실현하는 일임이 밝혀진다.

제3초고는 7개의 문단으로 이루어져 있다(편집자는 그 중의 2개를 「서문」과 「결론 : 제4초고」로 배치). 이 초고에서 소외로부터의 해방과 "공동 존재"로서의 인간의 실현── 이것은 동일한 것이다──이 "공산주의" 운동으로서 제시되고 있다. 공산주의는 "인간의 자기 소외인 사유 재산을 적극적으로 지양(止揚)한 것", "인간에 의한 인간을 위한 인간의 본질의 현실적인 획득", "사회적인 인간으로서의 인간의 의식적으로 생성한 완전한 자기 귀환"이다. "사회(Gesellschaft)"야말로 "인간과 자연, 인간과 인간 사이의 모순의 진정한 해결, ……개와 유 사이의 항쟁의 진정한 해결"의 장으로, 거기에서 비로소 "자연의 인간주의(humanism)=인간의 자연주의(naturalism)"가 완성된다고 한다. 그렇지만 맑스에 의하면, 이 공산주의, "사회주의로서의 사회주의"는 "인간적 발전의 목표"라기보다는 "인간의 해방과 탈환의, 다음에 올 역사적 발전에서 필연적인 현실적 계기"에 다름 아니다.

『초고』의 이러한 냉정한 휴머니즘은 헤겔의 사변과도 포이에르바하의 감성과도 다르며, 국민 경제학 비판 및 사회 비판으로부터 획득된 것이다. 하지만 여전히 충분히 이상주의적 · 근본적(철학적)이라는 점에서는 그들과 많은 것을 공유하고 있다. 인간 소외론의 원전으로서 공감을 불러일으키는 것은 그 때문일 것이다.

죽음에 이르는 병

쇠렌 키에르케고르
Sygdommen til Døden, 1849

키에르케고르라고 하면 누구나 우선 이 책을 상기할 것이다. 이 책은 단지 유명한 것만이 아니다. 이른바 실존 철학(혹은 실존주의)에서의 "실존"이란 개념 그 자체가 이 책 앞부분에서 정신 및 자기의 정의에서 맨 처음 유래하는 것이다. 물론 유행으로서의 실존주의는 구조주의가 대두되면서 종식되었지만, 인간이 정신적인 한 이 책은 계속 읽혀질 것이고, 또 그렇게 해야 할 책이다. 확실히 이 책은 제1급의 고전이다.

『죽음에 이르는 병』은 당초 『그리스트교의 수련』 등을 포함한 "완결의 전서(全書)" 혹은 "성취의 전서" 제1부로서 구상되었다. 전자가 "죄의 의식"을, 후자가 "속죄"를 논하는 것이었지만, 후자가 처음에 『그리스트교계로 그리스트교를 도입하는 시도』라고 제목붙여진 것에서도 명확히 알 수 있듯이, 이 전서는 교회 비판을 명확히 포함한 것이었다. 『죽음에 이르는 병』이 현재와 같은 단행본으로 간행되게 된 하나의 이유는 당시의 교회 감독 뮌스터에 대한 키에르케고르의 존경과 배려 때문이다. 즉 비교적 비판한 부분이 많지 않은 이 책이 먼저 간행되었을 뿐이다. 부제는 "교화와 각성을 위한 그리스트교적 · 심리학적 논구"이고, 익명의 저자는 앙티 크리막스이다.

죽음에 이르는 병이란 정신에서의 병, 즉 절망을 의미한다. "병상에

다가간 의사"라면 완전히 건강한 육체는 존재하지 않는다고 말할 것이고, 환자가 자신은 병이 없다고 망상하고 있는 경우에는 치료의 첫걸음으로서 우선 병을 공표하여 보여주는 수단을 강구할 것이다. 이 "의사"와 같은 자세를 가지고서 인간의 정신에 다가가려고 한 "심리학자" 앙티 크리막스=키에르케고르에 의하여 쓰여진 것이 이 책이다. 이 책이 드러내 보여준 것은 "스스로를 정신으로 의식하고 있지 않은, 즉 신 앞에서 스스로를 정신으로서 인격적으로 의식하고 있지 않은 모든 인간의 실존"이 절망이라는 병에 걸린 것에 다름 아니라는 사실이다. "그리스트교적인 것의 서술 일체는 병상에 다가간 의사의 이야기와 유사한 것이어야 한다." 이 책의 부제가 의미하고 있는 것도 바로 이것이다.

이 책의 제1편 「죽음에 이르는 병이란 절망이다」에서는 절망의 여러 형태가 "절망하고 있는 것을 알지 못하고 있는 절망", "절망하여 자기 자신이기를 바라지 않는 약함의 절망", "절망하여 자기 자신일 것임을 바라는 절망, 반항"이라는 세 항목 아래서 그 정도의 높음에 따라 논하고 있다. 첫번째 형태의 절망은 당시의 그리스트교계를 염두에 둔 것이지만, 절망이라고 말하면 일반적으로는 두번째 형태를 생각하게 될 것이다. 어떤 것에 실패한 인간은 이 실패에 관하여 절망하고, 동시에 실패한 자기 자신을 감당하지 못하여 자기 자신이기를 바라지 않는다. 그러나 그렇게 바라던 바대로 절망하고 있는 자기 자신을 무로 돌리는 것이 가능하지 않다. 바로 그렇기 때문에 절망하는 사람은 더욱더 절망하게 된다. "절망은 그 절망의 근저에 있는 영원한 것, 자기를 먹어 치워버릴 수 없다." "스스로 바라는 것을 없앨 수 없는 무력한 자기 식심(食盡)", 이것이 두번째 형태의 절망이다. 세번째 형태는 절망한 자기가 자기를 이 세계에 내보낸 것("자기를 올바르게 고치는 힘") 및 이 세계 전체에 대하여 악마적으로 반응하기 위하여 혹은 부당한 취급을 받는 것의 움직일 수 없는 증인으로서 감히 자기 자신일 것이라고 바랄 때 생겨나는 절망이다.

절망은 대단히 부정적인 방식이긴 하지만, "사람에게서 영원한 것"을 자기 자신에 대해서 열어 보여(開示)주기도 한다. 첫번째 형태의 절망이 "영원히 자기를 갖고 있는 것에 관한 절망적인 무지"라고 불리는 것은 바로 이 (절망하지 않는) 절망에는 이러한 개시(開示) 작용이 갖춰지지 않기 때문이다. 이에 반해서 세번째 형태의 절망은 "자기 속에 있는 영원한 것의 절망적인 남용"이라고 불려지고 있다.

제2편 「절망은 죄이다」에서는 절망이 죄라는 관점에서 다루어지고 있다. 죄란 "신 앞에서 혹은 신의 개념을 품으면서 절망하여 자기 자신이기를 바라지 않는 것, 혹은 절망하여 자기 자신이기를 바라는 것"을 의미한다. 그리고 이 죄는 그 정도의 차이에 따라 "자신의 죄에 관해 절망하는 죄", "죄를 면해주는 것에 대해 절망하는 죄", "성령에 반하는 죄"로서 논해지고 있다.

절망은, 이 책에서는 일단은 "병으로 이해되고, 약으로 이해되지는 않는다." 그렇지만 "절망하고 있는 것의 반대는 신앙을 가진 것이다." 신앙이란 절망이 모조리 근절된 자신의 상태, 긍정적인 방식으로 스스로를 정신 내지 영속적인 자신으로서 의식하고 있는 상태를 가리키는데, 이 상태는 "절망을 통하지 않고는 결코 획득될 수 없다." 역으로 말하면, 절망은 "신앙으로 가는 통로"일 수도 있다. 따라서 이 상태가 획득되고, "병"이 치유되는 경우에는 절망은 "약"으로서의 의미를 가진 것이 되기도 한다. 이 책의 최종적인 의도가 이 "약" 쪽에 있음은 말할 것도 없다. 또 (절망으로서의) 절망이 "죽음에 이르는 병"으로 불리는 이유도 "부활한 생명"인 그리스트에 대한 신앙의 반대 · 대극에 절망이 위치하는 것일 뿐이다.

종의 기원

찰스 다윈
On the Origin of Species, 1859

『종의 기원』은 역사상 최초로 공통의 선조로부터 가지쳐 내려온 진화를 주장하고, 또 과학적인 진화 요인론의 길을 열어제껴 근대 생물학의 기초를 닦았다. 인간도 생물 진화의 산물임을 밝혀냈기 때문에 서양 사상의 근간을 흔들고, 철학이나 문학에도 심각한 영향을 미쳤다.

다윈(Charles Darwin : 1809~82)은 잉글랜드 중서부의 시골 슐츠베리의 유복한 의사의 아들로 태어났다. 영국 국교회의 목사가 되기 위해 케임브리지 대학에 입학했지만, 졸업하자마자 바로 1831년 말에 해군 조사선 비글호에 타서 세계 일주 항해를 하고서 1836년에 귀국했다. 1842년부터는 런던 동남부의 농촌에서 연구와 집필에 매진했다. 철도 회사의 주식을 운용하여 얻은 수입으로 상층 중류 계급의 호사스런 생활을 했다. 『종의 기원』에 의해 생물 진화론을 확립했을 뿐만 아니라 동물학, 식물학 및 지질학 분야에서도 중요한 업적을 남겼다.

다윈은 비글호로 항해할 때에는 『창세기』의 서술대로의 생물 창조론을 믿고 있었다. 귀국 후 1837년에 생물의 진화를 확신하게 되고, 사람들이 알지 못하는 진화론에 관한 고찰을 진행하여 1856년부터 『자연 선택』이라 이름붙일 예정의 대저작의 집필에 착수했다. 1858년 6월에 말레이 제도에서 연구중인 월러스(A. R. Wallace : 1823~1913)로부터 유사한 내용의 논문이 보내져왔기 때문에 자기 주장의 개요를 월러스의 논문과 더불어 공표했다. 다윈은 대저작의 집필을 중단하고 급히 그 초고를 집필하여 『종의 기원』이라는 제목으로 1859년 11월에 간행했다. 그 뒤 계속 판을 갈아 1872년에 최후의 제6판이 출판되었다.

『종의 기원』의 전반부에서는 자연 선택(도태)설을 중심으로 한 진화 요인론을 다루고, 후반부에서는 화석의 천이나 분류학 등으로부터 가지쳐 내려온 진화를 입증하고 있다. 『종의 기원』 이전에 등장한 라마르크 등의 진화론은 별도의 선조로부터의 직선적 진화를 설파하고 있던 것으로, 공통의 선조로부터 가지쳐 내려온 진화는 다윈이 맨 처음 주장한 것이다. 가지쳐 내려온(分枝) 진화라는 사실은 『종의 기원』 출판 후 10년 이내에 급속히 퍼져 생물학의 기본 원리가 되었다. 이 하나의 사건만으로도 이 책의 가치는 불후의 것이다.

『종의 기원』 전반부의 진화 이론을 요약하면 다음과 같다. 사람의 손에 의한 품종 개량은 유전 변이의 선발, 즉 인위 선택에 의한다. 자연계에서도 경미한 변이가 늘 일어나고, 한편에서 생물은 고율로 증식하기 위한 식물이나 생식지가 부족하여 이것을 빼앗으려는 경쟁이 일어나 유리한 변이를 가진 개체만이 생존하여 자손을 남긴다. 이것이 자연 선택이다. 그 결과 생물은 늘 조금씩 보다 우월한 방향으로 변화해간다. 근접한 장소에서 생식하고 있는 생물은 생활 양식이 서로 다른 만큼 생존에 유리한 것으로, 지리적 격리가 없이도 종 분화가 진행된다. 이것이 가지쳐 내려오기의 원리이다. 다윈은 자연 선택설과 분지의 원리를 진화 이론의 두개의 지주로 삼았다. 다만 초판 이래 용 · 불용(不用) 등 자연 선택 이외의 진화 요인도 인정하고 있는데, 개정판을 낼 때마다 이러한 자연 선택 이외의 요인의 역할이 커지고 있다.

오늘날 생물학에서는 이렇듯 『종의 기원』의 진화 이론의 모든 것이 올바르다고 하지는 않는다. 예를 들어 생물은 그 생활 전략에 걸맞은 수의 자식을 생산하고 있는 것으로, 과잉 번식이란 있을 수 없다. 자원의 부족하지 않더라도 자연 선택(유전 형질의 차이에 의한 번식률의 차이)이 일어날 수 있다. 그래도 자연 선택은 통상 평균적인 개체에게 유리하며, 종을 안정적으로 보유하는 역할을 하고 있는 것으로 보여진다. 그러나 유전 변이를 방향지우는 신비한 힘을 상정하지 않는 한 진화의 소재가 우발적이고 방향 없는 유전 변이이며, 환경과의 관계 속에서 진화의 방향성이 생겨난다고 하는 자연 선택설의 골자는 인정되어야만 한다. 『종의 기원』은 과학적인 진화 요인론의 기초를 쌓은 것이라고 말할 수 있을 것이다.

『종의 기원』의 앞부분에는 자연 신학(신이 창조한 자연을 통한 신의 이해)의 입장을 서술한 철학자들의 말이 있다. 19세기 전반까지의 영국의 과학은 신의 이해를 목적으로 한 자연 신학이었다. 『종의 기원』에서는 자연 선택을 신이 설정한 법칙으로 간주하고 있다. 『종의 기원』을 이전 그대로의 자연 신학서로 이해한 지지자도 있었지만, 일반적으로는 그리스트교로부터 독립한 학설 혹은 그리스트교에 적대하는 학설로 간주되어 찬반 양론의 격렬한 논의가 일어났다.

『종의 기원』에서는 인간에 관한 논의를 의도적으로 피하고 있지만, 출판 직후부터 이 점에 논의가 집중되었다. 다윈은 1872년에 출판한 『인간의 유래』에서 인간도 생물 진화의 산물임을 논증했다. 이것은 인간을 각별한 존재로 보는 서양 사상의 뿌리를 흔들어 심리학이나 인간학의 발전을 촉진했을 뿐만 아니라 철학이나 문학에도 심각한 영향을 미쳤다.

『종의 기원』에서는 제5판까지 "진화"라는 용어를 한번도 사용하지 않고, "변화를 수반한 유래"라는 말이 쓰이고, 제6판에서 가필된 부분에서 맨 처음 "진화"를 썼다 "진화"는 허버트 스펜서의 철학의 키 워드로 최종 목표로 향해가는 만물의 진보를 의미하는데, 스펜서 철학이 유행하면서 널리 보급되었다. 『종의 기원』은 생물에 관해 논한 것으로, 인간 사회에 관해서는 어떤 결론도 끄집어내지 않았다. 그러나 생물 진화론의 확립은

결과적으로 스펜서의 진화론적 세계관이나 투쟁에 의한 진보라는 개념을 조장하게 되었다

자본론

칼 맑스
Das Kapital, 1867~94

『자본론』은 『경제학-철학 수고』 이래의 일관된 주제인 경제학 **비판**을 통해서 인간의 자연적 본성의 해방 · 실현을 지향한 맑스 사상의 도달점이다. 노동과 자본의 관계의 관점에서부터 자본제적 생산양식의 여러 법칙 · 모순을 해명하여 자본주의 사회가 곧 해체될 수밖에 없는 역사적 필연성을 설파한다. 부제 "(정치)경제학 **비판**"이 보여주듯이, 이 책은 단순한 경제학 서적이 아니다. 시민 사회 · 국가에서의 인간의 실현을, 경제학 및 경제 시스템의 비판적 검토에 기초하여 부각시키고, 그것과 동시에 건설되어야 할 경제학, 실현되어야 할 인간과 사회의 자세를 제시한다. 이럼으로써 경제학은 비로소 사회 과학으로서 확립되었다고 말해진다. 이 책의 이론적 분석이 사회적 변혁의 실천적 방향을 지시한다는 점에서 맑스주의를 내건 다양한 운동의 최고의 전거가 되어왔다. 구 소련 및 동구 사회주의 나라들의 이론적 기초로서, 더욱이 자본주의 사회의 모순들에 이의를 제기한 사상적 근거로서 20세기에 가장 중요한 역할을 담당한 책 중의 하나이다.

*(이 책 184쪽 『경제학-철학 수고』에서부터 계속) 1845년 『신성 가족』(ME)을 출판, 『독일 이데올로기』를 집필(ME · 사후 출판). 47년 『철학의 빈곤』, 48년 『공산당 선언』(ME). 같은 해 벨기에에서 추방당해 쾰른으로 이주하지만, 다음 해 49년 퇴거 명령을 받아 파리를 거쳐 영국으로 간다. 이

후 영국에서 살면서 물심 양면으로 엥겔스의 엄청난 지원을 받는다. 51년부터 62년까지 『뉴욕 데일리 트리뷴』지에 기고. 57~58년 『경제학 비판 요강』 집필(사후 초고가 공간), 58년 『경제학 비판』, 62~63년 『잉여 가치 학설사』 집필, 67년 9월 『자본론』 제1권 독일어판 간행, 75년 『고타 강령 비판』. 83년 64세에 죽어 런던 하이 게이트 묘지에 묻힌다.

『자본론』은 원래 전 4권으로 구상되었지만. 맑스의 생전에 간행된 것은 제1부 "자본의 생산 과정"뿐이다. 뒤에 3권 중 2권이 남겨진 초고 등에 기초하여 엥겔스가 정리 · 가필하여 제2부 "자본의 유통 과정"은 1885년에, 제3부 "자본주의적 생산의 총과정"은 1894년에 겨우 간행된다(엥겔스는 다음 해인 95년에 죽는다). 노트로서 남겨진 『잉여 가치 학설사』가 제4권에 해당한다. 『자본론』은 전체 구성 및 내용 면에서 보면 완성된 저작은 아니다. 그렇기 때문에 그의 다른 저술, 특히 『경제학 비판 요강』, 『경제학 비판』과의 연관 속에서 살펴보아야 한다.

『자본론』에서의 맑스의 기본적인 입장은 "유물론적 역사관"이다. 이 책은 이 사관에 입각하고, 또 동시에 그것을 기초지운 것이다. 그것에 의하면 사회는 "물질적 생활의 생산 양식"의 존재 방식에 의해 규정되는 것으로, 관념적인 요인들, 예를 들어 정신, 사상, 이론 등에 의해 움직이는 것이 아니다. 인간은 사회적 노동을 통해서 자연과 "물질 대사"(노동에 의한 생산-재생산)를 함으로써 비로소 인간으로서 확정된다. 노동과 생산의 과정에 기초한 경제적 하부구조가 "사회적, 정치적, 정신적 생활 과정들 일반〔상부구조〕을 규정한다"는 것으로, 예를 들어 아시아적, 고대적, 봉건적, 자본제적 등 각각의 생산 양식(사회적 생산력)에 상응하여 절대제, 노예제, 농노제, 시민 · 부르주아 자본주의 사회라는 고유한 사회 형태가 성립한다는 것이다. 맑스가 이들 "에포크(epoche)"를 법칙적으로 연속 · 계기하는 것으로 간주하느냐 아니냐에 관해서는 논의가 분분하다. 하지만 그는 확실히 생산 양식의 변화와 사회 형태의 변이 사이의 결정적인 영향 관계의 추이 · 전개를 "계급 투쟁의 역사"라는 관점에서 포착하여 공산제에 기초한 사회주의 사회를 학수고대하고 있다.

맑스는 역사상 가장 사회적 생산이 발전한, 그렇기 때문에 인류 해방 직전의 "최후" 단계의 사회—"상품과 화폐"의 이론이 관철되는 자본제 대공업 사회—의 노동 과정, 생산 과정, 유통 과정을 과학적으로 분석하고 있다. 상품-화폐론, 결국에는 가치론을 기초로 한 냉정한 고찰을 통해서 자본의 자기 증식 이론에 우롱당한 노동자, 노동 과정의 불가피한 모순들이 밝혀지고 있다. 원래 노동자의 주체적 활동인 노동 과정이 자본가에 의해 통제되고, 노동자의 생산물이 자본가의 것이 되고, 일하는 자의 주체성은 박탈되고, 더욱이 노동 과정 그 자체가 비인간화된다. 이러한 모순을 해결할 수단을 자본주의 사회는 가지고 있지 못하다. (부자의) 사적 소유의 원리가 (가난한 자의) 그 원리 그 자체를 부정하는 것이 이 사회이다. 맑스는 이 모순의 통찰로부터 **사회적 소유**가 가능하게 되는 미래—"각각의 사람의 자유로운 발전이 모든 사람의 자유로운 발전의 조건이 되는 하나의 연합"—에 대한 지표를 제시한다. 『자본론』은 투철한 의식의 깊음이 실천에 대한 가열찬 의지를 낳는 유래 없는 사상서이다.

1990년 이래의 사회주의 나라들의 계속되는 체제 붕괴 이후에 맑스는 급속히 권위를 실추당하고, 그의 이론의 유효성에도 급기야 회의가 제기되게 되었다. 그것은 "해석이 아니라 변혁을!"이 일찍이 무비판적으로 수용되고 있던 것에 대한 복수라고밖에 말하지 않을 수 없다. 하지만 이를 어떤 시점의 유행으로 보는 것은 조금 지나치다. 사상은 자기 자신을 묻지 않고 수용되거나 배척되거나 할 수 있는 것이 아니기 때문이다. 다양한 곤란 속에서 "비판"을 단서로 고뇌를 계속한 맑스가 정확히 그것을 가르치고 있다.

비극의 탄생

프리드리히 니체
Die Geburt der Tragödie, 1872

겨우 24세에 바젤 대학의 원외 교수가 된 조숙한 천재가 27세에 출판한 처녀 작. 테마는 고전 문헌학, 방법과 의도에는 그 틀을 깨려는 저의가 숨겨져 있었다. 사실 이 책의 출판은 니체에게서 고전 문헌학으로부터의 추방과 철학자의 탄생을 가져왔다. 젊은 시절에 쓴 혼탁한 이 책은 그의 특징과, 뒤의 사상 전체의 방향성을 명확히 보여주고 있다.

니체(Friedrich Nietzsche)는 1844년 라이프치히 근처의 레켄에서 태어났다. 양친 모두 대대로 루터파 목사 집안 출신으로, 젊어서 죽은 부친도 목사였다. 학생 시절에 쇼펜하우어의 『의지와 표상으로서의 세계』로부터 압도적인 영향을 받고, 또 와다나와 개인적으로 친교를 맺었다. 1869년에 바젤 대학에 초청되었는데, 이미 이 시기에 문헌학에 대한 비밀스러운 의심이 생겨나기 시작했다. 연상의 동료 브루크하르트, 밥하오펜과 친교를 다졌다. 1879년 병의 악화가 직접적인 원인이 되어 바젤 대학을 그만둔다. 이후 고독한 저술가로서 『인간적인, 지나치게 인간적인』, 『즐거운 학문』, 『짜라트라투스는 이렇게 말했다』, 『선악의 피안』 등을 썼다. 1889년 1월, 이상이 있던 정신이 최종적으로 붕괴. 1890년에 죽음. 유고가 여동생의 손으로 『힘에 대한 의지』로 편집된다. 이것이 개작 문제를 둘러싼 스캔

달을 불러일으킨 80년대의 유고이다.

『비극의 탄생』의 초판은 1872년, 2판은 1874년, 부제는 "음악의 정신으로부터"이고, 「리하르트 와다나에게 바치는 서문」이 붙어 있다. 1886년의 새로운 판은 부제를 "그리스 정신과 페시미즘"으로 고치고, 새롭게 「자기 비판을 위하여」를 첨부하고 있다. 이것으로도 알 수 있는 와다나에 대한 열광적인 경도와, 그후 태도를 정반대로 바꾼 그에 대한 전면 부정은 니체의 사색 전체를 관통하고 있는 철저한 자기 비판 정신의 한 예이다. 그리스 신의 이름에 연관된 디오니소스적과 아폴로적이라는 잘 알려진 두 개념에도 이러한 변증법적 사고 양식을 간취할 수 있다. 젊은 니체는 쇼펜하우어의 페시미즘의 강한 영향을 받아 이 세계를 생에 대한 맹목적인 의지가 지배하는 고뇌로 보고 있다. 이것은 아폴로적인 개체화의 원리가 파괴된 상태로서의 혼탁과 죽음을 의미하고 있다. 이 상태를 심볼라이즈하는 디오니소스는 단적으로 아폴로적인 존재 방식에 적대한다. 아폴로적인 가상과 미의 승리는 키에르케고르적인 야성의 생명력의 압도를 의미하고, 다른 한편 키에르케고르적인 무질서는 아폴로의 죽음을 의미한다. 아폴로에게 있어서 디오게네스는 야만이고, 디오게네스에게 있어서 아폴로는 이집트적인 경직을 의미한다. 쇼펜하우어에게 있어서 고뇌의 현실은 거기서부터 도피하고, 예술과 미적 관조를 진정제로 사용함으로써 생겨난 환상의 마야(Mâyâ)의 웰(페루)에서 전복되어야 할 부정적인 것에 불과하다. 한편 니체는 "미적 현상으로서만 생존과 세계는 영원히 인정되고 있다"고 하는 미적 형이상학에 의해 페시미즘을 극복하고 현실을 적극적으로 긍정한다. 즉 아폴로가 아시아적 혼탁을 벗어나고 형태와 질서를 즐기며 광명에 가득찬 문명의 난세를 심볼라이즈하는 네 반하여, 오히려 이러한 상태를 저주로 느끼고 개체화의 원리를 파괴함으로써 분열하고 문명화한 야성을 재차 회복한다. 이러한 근원적인 것과의 통일 감정이야말로 디오게네스의 이름으로 지시되고 있다. 따라서 미도 또 빙게르만으로 대표되는 맑고 명랑(晴朗)한 그리스 상에 기초한 고전적인 형식미가 아니라, 오히려 그러한 형식성을 파괴하는 에네르기를 만들어내는 혼탁한 생명력으로 제시된다.

이 책의 또 하나의 중심은 소크라테스를 둘러싼 문제이다. 소크라테스는 비극과 디오게네스에 의해 보여진 그리스적 본질의 적대자가 된다. 세계의 본질은 이론에 의해 도달할 수 있다고, 혹은 이론화되어 비로소 이해 가능하게 된다고 주장하는 "이론적 인간의 전형" 소크라테스는 세계의 비극적 본질의 비극적 인간의 존재 방식에 대한 감수성을 결여한 낙천적 정신이고 그리스적인 인간이 아니라고 비판받는다. 니체는 여기서 비극적 본질을 참을 수 없기 때문에 거기서부터 도피한 데카당스를 보고 있고, 이것은 문헌학으로 대표되는 합리주의적인 과학 정신에 대한 비판을 의미하고 있다. 즉 고전적인 그리스적 청랑(晴朗)이란 이러한 디오게네스적 근거를 결여한 아폴로의 일원화와 이론적인 낙천주의를 종합한 소크라테스주의를 의미하는 것이다. 과학성을 과장하는 정통적인 문헌학에 의한 이 책에 대한 비판의 격렬함이 역으로 니체의 비판의 정통성을 입증하고 있다.

고전적으로 청랑한 그리스 상에 대해서 또 과학적, 문헌학적인 그리스 상에 대해서 비극적 혹은 디오게네스인 그리스 상을 제시함으로써 이 책은 그리스에 대한 새로운 관심을 불러일으켰지만, 더욱이 단순히 철학 이전의 자연 철학에 불과하다고 해석되어온 종래의 초기 그리스 철학 속에서야말로 오히려 철학과 그리스 정신의 본원적 생명력을 볼 수 있다는 것을 지적한 것이 더욱 중요하다. 이렇게 보는 방식은 존재 망각의 역사로서 서양 철학 전체를 포착하고, 그렇게 함으로써 그 전도(顚倒)를 시도한 하이데거 등에서부터 시작한 철학사의 새로운 흐름에 커다란 영향을 주었기 때문이다.

짜라투라트스는 이렇게 말했다

니체
Also sprach Zarathustra, 1883~85

근래에 들어와 점점 더 그 중요성이 인식되고 있는 철학자의 대표적인 작품. 영원 회귀, 초인 등의 기본 개념이 거의 모두 나오고 있는 곳, 독일 산문사상 굴지의 문장가로서의 면모가 발휘되고 있는 작품이라는 것 등 이 작품의 의의와 매력은 이루 말할 수 없다.

『이 사람을 보라』에서 "사람과 시간의 그쪽 방향 6천 피트" 지점에서 생겨난 신비한 영원 회귀의 체험이 『짜라투라트스』를 만들어냈다고 말해지고, 그 성립의 이상함이 새삼스러이 강조되고 있는 이 작품은 전체 4부로 구성되어 있지만, 제3부까지가 각각 10차례나 완성되었다고 과장되게 말해지고 있는 것에 반해서(1883~84년 간행), 제4부는 난산으로, 더구나 자기가 직접 40부만 인쇄했을 뿐이다(1885). 니체 자신은 "짜라투라트스가 나를 습격했다"라고 써서 이 작품이 자신의 창조의 정점에 위치지우고 있지만, 다른 한편 이 철학 시는 단순한 입구 현관에 불과하고 본래의 집은 별도로 있는 것으로서 본격적인 체계적 저작을 구상하여 준비하기도 했다. 뒤에 『힘에 대한 의지』로서 모아진 유고군(群)이 그것이다.

「짜라투라트스의 서설」에서부터 곧 장중 · 심원하기도 하며, 풍자와 해학으로 가득차고 서정적이며 명상적이기도 한 독특한 짜라투라트스의 세계가 전개된다. 루터가 번역한 고풍스러운 복음서를 본뜬 문체이면서도 내용은 그리스트교 비판으로 일관하고 있고, 신이 죽은 이후 니힐리스틱한 모습을 드러내고 있는 세계와 인간의 의미가 근원적으로 탐구되고 있다. 전체는 새로운 진리를 발견한 교조적 인물 짜라투라트스에 의해 말해지는 각각 독립된 설교와 짜라투라트스가 읊는 시의 형태를 띠고 있다. 시는 고독 속에 있는 짜라투라트스의 심정을 서술하는 한편, 설교는 그 성질상 말을 거는 상대방에 의해 내용이나 어구를 미묘하게 변화시킨다. 이러한 사정으로 인해 이 작품을 이해하기 위해서는 다른 작품 및 특히 1880년대의 유고군과의 비교 · 참조가 불가결하다.

전체의 서론에 해당하는 「서설」과 「정신의 세 가지 변화」는 이 작품을 이야기하기 위한 자격 내지 조건을 선언한 것이다. 제1부는 대지(大地)의 의의로 규정된 초인의 경지에 서서 그 반대편에 위치한 피안성의 캐리커처로서의 말인(末人)이 비판된다. 그러나 이럼으로써 짜라투라트스가 얻은 것은 대중의 조소와 제자들의 오해였다. 제2부에서는 그리스트교적인 미덕이 가진 기만성과 그것에 의존하는 순수한 진리라는 미망이 폭로되고, 의지가 해방되어야만 하는 이유가 설명된다. 「구제에 관하여」라는 장에서 "과거를 구제하고 일체의 '있었던 것'을 '나는 그러기를 바랬다!'로 바꾸는 것이야말로 내가 말하는 구제이다!"로서 과거야말로 해방된 의지에게 있어서도 최후로서 최대의 좌절한 돌(石)임이 확인된다. "가장 조용한 때"가 짜라투라트스에게 명령한 것은 과거를 구제하는 논리로서의 영원 회귀를 말하는 것이다. 그러나 말할 수 있기 위한 실존적 조건을 아직 그의 몸에 갖추고 있지 않은 것을 자각하여 다시 제자들에게 이별을 고하고 고독 속으로 되돌아간다. 이 사상을 어떻게 말할까에 테마는 수렴되어가고, 따라서 이것을 다룬 제3부의 「환영과 수수께끼에 관하여」라는 장은 전체의 클라이막스가 된다. 이 사상 자체는 피타고라스 등을 통해서 니체가 이미 알고 있는 것이었다. 이 사상은 모든 것이 그대로 반복되어 회귀하는 것을 승인한다는 의미에서 최고의 긍정 방식이지만, 다른 한편

비천하고 열악한 것도 역시 마찬가지로 영원에 회귀하는 것을 승인하지 않을 수 없다는 니힐리즘을 의미하기도 한다. 따라서 이 사상을 어떻게 받아들이는가가 이 사상의 핵심이며, 이것을 말하는 것에 대해 주저하는 원인도 여기에 있다. 그렇기 때문에 니체가 굳이 전통적인 형이상학적 표현을 버리고, 말하고 있는 스타일에 구애받는 것은 본질적인 의미가 있다. 시간의 의미를 둘러싸고 "환영과 수수께끼"로서 교환된 중력의 정(精)과의 대화는 다음번에 미래와 과거의 일체가 마주치는 순간에 관한 모노로그로 이행하여 순간에 대해서 어떠한 태도를 취하는가가 물음의 초점인 것이 명확해지고, 영원 회귀가 초래한 일체의 공허함을 심볼라이즈하는 검고 큰 뱀에게 목구멍 맨 안쪽 깊게 잡아먹힌 젊은 수도승의 비유할 수 없는 고뇌와 공포는 생존의 모든 것을 걸고 "깨물어라! 깨물어라!"라고 하는 짜라투라트스의 절규에 고무받아 스스로 뱀의 머리를 깨물어버림으로써만 극복할 수 있다. 제4부에서는 영원 회귀 사상이 노래되고 또 인간 속에서도 비교적 주술을 부리는 인간들의 회화를 통해서 그들에 대한 동정도 극복하지 않으면 안된다는 것이 강조되고 있다.

아직 광기에 빠지기 이전에 시작했던 플란다스와의 교류를 통해서 니체의 이름은 점차 유럽 전체에 퍼지게 되었다. 1890년대부터 퍼지게 된 그 영향력은 테스, 지드, 쇼 등 다방면에 걸쳐 있다. 하지만 본격적인 검토는 텍스트 비판도 시야에 넣고, 서양 철학사 전체의 문맥 중에서 그 의미를 묻게 된 1930년대 이래의 뢰비트, 하이데거, 야스퍼스 등을 기다려야만 했다.

산술의 기초

고트롭 프레게
Die Grundlagen der Arithmetik, 1884

생전에는 학문의 지나친 혁신성 때문에 학계로부터 거의 인정받지 못했던 프레게였지만, 오늘날에는 논리학자 · 철학자로서의 그의 위대함을 부정하는 사람은 없을 것이다. 『산술의 기초』는 수학의 철학 저작으로 제1급의 작품일 뿐만 아니라, 의식에서부터 언어로의 이행이라는 "언어학적 전회"를 촉진하였다. 현대 철학의 고전이라고 불릴 만한 훌륭한 저작이다.

프레게(Gottrob Frege : 1848~1925)는 발트해 쪽의 독일의 항구 도시 비스마르에서 태어났다. 1869년에 예나 대학에 입학하여 거기에서 철학, 물리학, 수학을 배운 뒤에 1873년 궤팅겐 대학에서 기하학에 관한 논문으로 박사 학위를 취득하였다. 다음 해 교수 자격을 취득하여 예나 대학의 수학과에서 무급 시간 강사가 되어 이후 44년 동안을 거기에서 보내는데, 1894년에 무급 촉탁 교수로 승진(?)하지만 1918년에 퇴직할 때까지 정교수가 되지 못했다. 그 사이에 『프레게』는 『개념 기법』(1879), 『산술의 기초』(1884), 『산술의 근본 법칙』(제1권은 1893, 제2권은 1903) 등의 저작을 출판했는데, 당시 학계는 이들 저작을 이해하지 못하여 혹평과 묵살로 반응하였다. 20세기에 들어와 프레게보다 훨씬 젊은 세대에 속하는 럿셀이나 그보다도 더 아래 세대인 비트겐슈타인이 그의 작업의 중요성을 인식하여 그로부터 받은 압도적인 영향력 아래서 자신들의 연구를 개시한 뒤에야 비로소 프레게에 대한 학계의 인식은 180도 바뀌게 된다. 그는 1925년 7월 26일, 학계에 그의 죽음을 알리지도 않은 채 이 세상을 떠났다. 그때가 77세였다.

그런데 『산술의 기초』는 프레게의 두번째 저작이다. 이 『산술의 기초』에서 프레게는 그의 이른바 "논리주의"를 구체적으로, 그럼에도 불구하고 비공식적인 방식으로 전개했다. 프레게가 표방하는 논리주의란, 한마디로 말하면 산술(자연수론)의 명제를 전부 논리학의 명제로부터 연역할 수 있음을 밝히는 것으로서, 산술을 논리학으로 환원시키려는 입장이다. 이러한 논리주의는 산술을, 귀납법이라는 자연 법칙에 기초하여 정당화하려 하는 밀의 경험주의적 입장이나 수를 무엇인가의 주관적인 심리작용의 소산으로 간주하는 심리주의와 대립할 뿐 아니라, 산술 명제를 순수 직관을 통해서 가져오는, 아프리오리한 종합 판단이라고 하는 칸트의 규정과도 충돌한다. 산술 명제가 논리학의 기본적인 정리로부터 도출 가능하다고 하는 논리주의로부터는 산술 명제는 아프리오리한 분석 판단으로 귀결되기 때문이다. 따라서 프레게는 『산술의 기초』에서 자신의 논리주의를 전개하기에 앞서서 우선 수의 본성을 둘러싼 철학자와 수학자의 견해를 철저하게 비판해두어야만 했다. 프레게가 무엇보다도 필요하다고 생각한 것은 (자연)수 개념의 엄밀한 정의였는데, 그가 보기에 이제까지 제출되어온 수 개념의 규정이 매우 조잡했기 때문이다. 그런 의미에서 『산술의 기초』는 논리주의 프로그램을 수행하기 위한 저작인 동시에, 논쟁을 위한 책이기도 했다.

그렇다면 수의 본성을 오인하지 않고 논리적 개념만 써서 수를 엄밀하게 정의하려면 어떻게 해야 하는가? 이 책의 서문에서 프레게는 자신의 탐구를 관통하는 세 가지 원칙 중의 하나로서 "말의 의미를 그 자체로 고립시켜놓고 물으면 안되며, 말이 쓰인 문장이라는 맥락에서 물어야만 한다"라는 원칙을 제시하고 있다. 프레게의 진단에 따르면, 그가 비판한 입장은 어느 것이나 이러한 원칙을 무시했기 때문에 수의 의미를 어떤 심적인 이미지로 포착하고, 그렇기 때문에 개개의 사람의 심적 작용에 의한 주관적인 구성물로 간주하는, 넓은 의미에서의 "심리주의"에 빠져버리게 된다. 그런데 프레게는 "우리들이 수의 표상도 직관도 가질 수 없다"고 해도, 문장이라는 맥락에서만 말은 의미를 가지기 때문에 "수사(數詞)가 쓰인 문장의 의의를 설명하는" 것이 자신에게 부과된 문제라고 말하고 있다. 뒤에 '문맥 원리'라 불려지게 되는 이 원칙은 "논리주의" 프로그램의 수행(프레게에게 있어서는 불행한 것으로, 이 프로그램은 최종적으로는 파산하게 되지만) 때문에 준수해야 할 원칙이라는 프레게의 의도를 크게 벗어나 "의식"을 그 중심에 두는 근대 철학의 방법론으로부터의 이탈을 야기하게 된다. 이른바 "언어론적 전회(linguistic turn)"라는 20세기의 철학상의 일대 전환의 계기가 여기에 준비되고 있다.

그가 달성한 학문적 업적으로 보면 불우한 생애를 보낼 수밖에 없었던 프레게이지만, 사후 20여 년이 지난 2차대전 이후에 그의 진가가 서서히 드러나 학계에서 인정받기 시작한다. 특히 다메트가 대저 『프레게, 언어 철학』을 1973년에 공간하기에 이르자 그의 저작이 이제야 현대 철학에 막대한 자극과 시사를 준 것이 명확해졌다. 주지하다시피 70년대에 크립키가 『지명과 필연성』에서 프레게의 의미론을 비판적으로 다루어 철학계에 커다란 논쟁을 불러일으켰다. 이 책은 프레게의 저작 중에서도 자신의 입장을 (『산술의 기초』라는 제목이 주는 인상과는 반대로) 수식이나 논리 기호를 거의 사용하지 않은 채 평이하면서도 정확한 문장으로 발표한 희한한 책이다.

감각 분석

에른스트 마하
Die Analyse der Empfindungen und das Verhältnis des Physischen zum Psychischen, 1886

마하는 니체와 더불어 세기말 빈에서 '철학 모데르네'를 대표하는 사상가로 간주되고 있다. 사실 호프만스탈, 슈니츨러, 헤르만 발 등 '청년 비엔나파'의 문학 운동, 아인슈타인의 상대성 이론, 훗설의 현상학, 게슈탈트 심리학, 비엔나 학파의 논리 실증주의, 비트겐슈타인의 문법적 고찰, 마하주의적 맑스주의, 한스 켈젠의 실증 법학 등 세기 전환기에 일어난 사상적 사건에서 어떠한 의미에서 마하의『감각 분석』을 기점으로 하지 않는 것은 없다.

에른스트 마하(Ernst Mach : 1838~1916)는 모라비아에서 태어나 빈 대학에서 물리학을 전공한 오스트리아의 물리학자이자 철학자이며, 1864년 이래 그라츠 대학, 67년 이래 프라하 대학, 1895년 이래 빈 대학에서 수학 · 물리학 · 과학사를 가르쳤다. 초음파를 연구하여 그 속도 단위에 그의 이름(마하)을 남기고 있는데, 그 작업은 물리학에만 머물지 않고 과학사 · 생리학 · 심리학 · 음악학 · 철학에까지 미쳐 각각의 영역에서 제1급의 성과를 올리고 있다. 과학사 연구『역학의 발달』(1883)에서 전개한 뉴튼 역학 비판이 아인슈타인의 상대성 이론에 길을 터주었고, 물리학자로서의 마하 자신도 당시 지배적이었던 역학 중심주의적인 고전 물리학을 비판하여 에너르기가 변전(變轉)하는 현상계의 순수한 서술만을 지향하는 '현상학적 물리학' 을 제창했다.

『감각 분석』은 『인식과 오류』(1905)와 더불어 마하의 철학상의 대표작인데, 여기에서 전개되는 사상은 '감성적 요소 일원론' 내지 아베나리우스의 사상과 함께 '경험 비판론' 이라 불리어진다. 마하는 물적인 것이든, 자아와 같은 심적인 것이든 현상의 배후로 상정된 실체 개념이나 인과 관계 개념은 낡은 신화적 사고나 형이상학의 잔재라고 해서 배척하고, 세계를 구성하는 궁극적 요소는 우리가 직접 경험하고 있는 물적인 것도 심적인 것도 아닌 중성의 감성적 요소들(색 · 소리 · 열 · 압력 · 공간 · 시간 등)이라고 주장하고 있다. '물체' 나 '자아' 는 비교적 긴밀하게 연결되어 반복해서 나타나는 요소 복합체에 주어지는 사유 경제(思惟經濟)상의 기호에 지나지 않는다는 것이다. 마하의 이러한 생각은 흄의 철저한 경험론의 연장선상에 있는 것이며, 또 서로가 직접 만난 일은 없었음에도 불구하고 당시 취리히 대학에 있던 리히아르트 아베나리우스의 사상과 깊이 통하는 것이어서 그들도 서로 그것을 인정하고 있었다. 마하에 따르면, 과학의 작업은 이러한 감성적 요소들 사이에서 인정되는 함수적인 상호 의존 관계를 사유 경제의 원리에 따라서 될 수 있는대로 간결하게, 또 완전하게 서술하는 데에 있다. '현상학적 물리학' 도 물리학의 영역에서의 그 실현에 지나지 않는다.

마하의 이러한 사고 방식은 당시 지배적이었던 요소 환원주의적 사고 방식의 하나로 간주하기 쉬우나, 그는 요소가 결코 고립해서 존재하는 것이 아니라 항상 요소 연관의 "항"으로서만 파악할 수 있다고 주장하고 있다. 따라서 그의 눈은 항상 "전체"로 향하고 있었는데, 그는 이 "전체"의 구조 분석도 게을리하지 않았다. 즉 그는 감성적 요소들의 전체적인 통합이 공간적으로도, 시간적으로도 하나의 "게슈탈트(형태)"를 이루고 있는 것이나 멜로디처럼 그 게슈탈트가 이조(移調) 가능한 것이라는 점에도 주목하고 있다. 마하의 이러한 착상은 브렌타노의 제자인 에렌펠스나 그라츠 학파 사람들에 의해서 계승·발전되고, 더욱이 그것을 계승해서 1910년대에는 벨트하이머, 코프카, 케라 등 이른바 베를린 학파에 의해서 '게슈탈트 심리학'이 형성되기에 이른다. 또 훗설도 『감각 분석』의 발상을 계승하고(『산술의 철학』, 1891), 게다가 마하로부터 '현상학' 개념마저 승계해서 하나의 철학적 입장을 확립했다.

한편 엥겔스 류의 조잡한 유물론 대신에 마하가 여기에서 전개한 인식론에 기초해서 맑스주의의 개조를 기획하여 혁명 주체의 이니시어티브를 중시하는 새로운 혁명 이론, 이른바 '마하주의'를 제창한 것이 오스트리아의 프리드리히 아도라이며, 또 당시 스위스에 망명중인 러시아의 보그다노프와 루나찰스키였다. 레닌도 한때는 이 마하주의에 설득당했지만, 이렇게 세련된 이론으로는 노동자나 농민의 조직화가 이루어질 수 없다고 생각하여 『유물론과 경험 비판론』(1909)에서 마하주의를 통렬하게 비판했다.

마하의 철저한 실증주의적 사고 방식은 1928년에 빈 대학의 슐릭을 중심으로 결성된 '비엔나 학파'에 의해서 그들의 논리 실증주의의 원천으로 주목받게 되었다. 또 1920년대 말에 철학계에 막 복귀한 비트켄슈타인이 자신의 수고 『철학적 고찰』(1929~30)에서 제창한 '문법적 고찰'도 마하의 '현상학'과 깊이 연관되어 있다.

이토록 광범한 영향력을 지니고 있으면서도 『감각 분석』은 레닌의 비판과, 훗설도 또 그의 사유 경제설을 비판했기 때문에 오랫동안 무시당해 왔지만, 1970년대 이후에 여러 가지 형태로 그 복권이 기획되고 있다.

물질과 기억

앙리 베르그송
Matierè et mémoire, 1896

『물질과 기억』은 부제 "신체와 정신의 관계에 대한 시론"에서 드러나듯이 심신의 문제를 고찰한 것인데, 동시에 또 저자의 존재론이기도 하고 그 뒤 저자의 저작 활동을 방향지운 철학서이다. 저자는 이 책에서 뇌(신체)와 기억(정신)의 관계를 시간이라는 관점에서, 또 과학적 견해의 집요한 철학적 음미를 통해서 실증적으로 추구하려고 하였다. 그 중에서도 실어증이나 기억의 분석은 대뇌 생리학자들 사이에서 반향을 불러일으켰을 뿐만 아니라, 예를 들어 프루스트처럼 의식의 흐름 이론에 근거하여 창작을 하고 있던 문학가에게도 영향을 미쳤다. 그 근본적 착상의 난해함 때문에 당초에는 거의 이해되지 못했었으나, 정신이냐 물질이냐 하는 양자택일을 초월하려는 이 책의 시도는 오히려 오늘날에 더 자극적이다.

베르그송(Henri Bergson : 1859~1941)은 프랑스의 철학자이다. 1889년에 첫번째 대표작 『의식의 직접 여건에 관한 시론』으로 학위를 받았고, 이 책을 간행한 뒤 1900년부터 21년 동안 꼴레쥬 드 프랑스 교수로 일하였다. 세번째 대표작 『창조적 진화』(1907)를 발표한 뒤로는 강의나 강연을 중심으로 활동하여 저자의 철학적 생명은 고갈된듯이 보이나, 1932년 『도덕과 종교의 두 원천』을 발표하여 세상 사람들을 놀라게 만들었다. 언어를 철학의 적으로 간주하고는 있지만, 희대의 명문장가이기도 했다.

19세기 후반의 철학적 의식은 반(反) 형이상학적 경험주의(반헤겔주의)라는 점에서는 실증주의적 사상에 동의하고 있지만, 또 다음 두 가지 경향에 대해서는 실증주의에 반대하고 있었다. ① 실증주의를 단지 경험과학의 영역에만 한정하지 않고, 이데아적 대상(수학적 · 논리학적 대상)에게까지 확대 · 적용하려는 심리주의적 · 초실증주의적 경향 ② 인생 문제를 회피하여 인식의 엄밀성만 중시하고, 따라서 인간이나 사회를 논하는 경우에도 이것을 자연이나 물건처럼 취급하는 주의주의적 · 자연 과학주의적 경향. 개략적으로 말하자면 ① 에 대한 비판에서 신칸트주의 철학과 현상학이 생겨났고, ② 에 대한 비판에서 생(生)의 철학이 생겨났다. 저자의 철학 활동은 후자 그룹에 속한다.

첫번째 대표작에서 저자는 삶(生)의 실질을 지속하는 자아 속에서 찾았고, 정신의 규정성으로서 시간, 질적 다양성, 이질성, 내면성, 상호 침투, 지속, 자유 등을 드는 한편, 물질의 규정성으로서 공간, 양적 다양성, 동질성, 외면성, 불가 투입성, 동시성, 병치성, 필연 등을 대비시키는 지극히 명확한 이원론적 입장을 내세웠다. 그 분석은 대단히 재기 넘치기는 하나, 이원론은 심신 관계를 어떻게 이해할 것인가 하는 데카르트 이래의 난제를 피할 수 없다. 저자는 이 책에서 어디까지나 이원론의 입장에 서서(라고 저자는 천명하고는 있지만 정신과 물질의 구별을 강조하는 한편, 이 구별을 지속적인 긴장의 시간적 여러 단계의 구별이라 해석하고 거기에서 지속적인 이행 관계를 인정하는 점에서 이 책은 말하자면 이원론의 저편에 몸을 두려했다고 말할 수도 있다) 이원론의 이론적 곤란함을 "완화시키려" 하였다. 전체는 4장으로 이루어져 있고 각각 부제를 달아놓았는데, 이것을 괄호 안에 표기해보면 다음과 같다. 제1장 표상 작용을 위한 이마쥬의 선택에 대하여(신체의 역할)/제2장 이마쥬의 재인식에 대하여(기억과 뇌)/제3장 이마쥬의 잔존에 대하여(기억과 정신)/제4장 이마쥬의 한정과 고정에 대하여(지각과 물질, 혼과 신체).

그는 철학적 논의에 아직 물들지 않은 상식이 직접적 · 구체적으로 포착하고 있는 물질의 총체를 이마쥬라 부른다. 이마쥬는 영어의 이미지에 해당하며, 프랑스어에서는 통상적으로 심상(心象)을 뜻하는데, 그에 따르면 그것은 "관념론자가 표상이라 부르는 것보다는 많고, 실재론자가 물(物)이라 부르는 것보다는 적은 중간적 존재"이다. 『물질과 기억』의 철학적 모험의 성공 여부는 이 이마쥬라는 언어의 파격적인 용법이 철학적 시민권을 얻을 수 있느냐 여부에 달려 있다고 할 수 있다. 그는 주관(표상)과 객관(물)을 엄격히 분리하려 한 서구 근대 철학의 이원론적 전통과는 다른 지점에서 출발해서 신체와 정신의 구별과 결합을 해명하려 하였다.

일체는 이마쥬이다. 나는 막연한 이마쥬를 앞에 두고 있다. 이 이마쥬는 내가 감관을 열면 지각되고, 닫으면 지각되지 않는다. 이들 이마쥬는 물질로서, 그 모든 요소적 부분에서 자연의 인과 법칙에 따라서 서로 작용 · 반작용하고 있다. 그러나 이들 이마쥬 중에서 내가 그것을 단순히 밖에서 지각을 통해서뿐만 아니라, 동시에 안에서 감정을 통해서도 안다는 점에서 다른 것과 확실히 구별되는 특별한 이마쥬가 있다. 그것이 나의 신체이다. 나의 신체도 이마쥬인 이상, 작용 · 반작용의 물질적 법칙에 따르겠지만, 그러나 나의 신체는 다른 것으로부터 받은 것을 되돌려주는 방식을 어느 정도 선택할 수 있다. 나의 신체는 "행동의 중심"이다. 나의 신체를 둘러싼 여러 현상은 그들에 대한 나의 신체의 가능한 행동을 초잡고 있다. 그러므로 뇌라고 하는 나의 신체는 받아들인 작용을 신체 내부에 둘러쳐진 반작용의 회선에 연결하거나 연결하지 않는 자유를 지닌, 말하자면 중앙 전화국과 같은 것이다. 기억을 최저 단계로 한 의식적 지각(표상)은 이 자유가 진화하는 과정에서 나타나게 되는 것이다.

윤리학 원리

죠지 에드워드 무어
Principia Ethica, 1903

오늘날 영국이나 미국의 윤리학에서는 윤리적인 언어나 개념을 언어 분석적으로 해명하려는 사고가 성행하고 있는데, 1903년에 발간된 이 책 『윤리학 원리』는 그러한 방법론에 기초한 최초의 본격적인 윤리학 서적이라고 말할 수 있을 것이다. 그 뒤에 영어권의 윤리학은 럿셀이나 에이어 등의 이른바 정서주의와 라일이나 헤어 등의 일상 언어학파로 나누어지는데, 그 어느 쪽이나 무어의 방법의 심화 · 발전이라고 볼 수 있다.

무어(George Edward Moore : 1873~1958)는 런던 근교에서 태어나 케임브리지의 트리니티 칼리지에서 고전 문헌학, 윤리학, 철학을 공부했다. 버틀란드 럿셀은 그 무렵부터의 친구이다. 1903년에 「관념론의 논박」이라는 논문을 『마인드』라는 잡지에 발표하는 동시에 이 책 『윤리학 원리』도 저술하고 있는데, 그것들은 종래의 철학에 대한 비판적인 시도이다. 전자는 당시 영국을 지배하고 있던 헤겔 류의 관념론을 비판하는 인식론을 전개하고 있으며, 후자는 언어 분석에 의한 윤리학 비판서이기 때문이다.

이 책에서 무어는 먼저 윤리학의 대상이 "선한 것"이 아니라 오히려 개개의 선한 것이 지니는 선함, 다시 말해서 선 그 자체라고 말한다. 그렇다면 선이란 무엇인가? 이 물음에는 그저 "선이란 선이다"라고 대답할 수밖에 없다. 어째서인가? 선이란 단순 관념이지 정의가 아니기 때문이다.

정의란 어떤 관념을 부분 관념으로 분석해서 그 구성 부분을 논술하는 것이므로, 정의를 내릴 수 있는 것은 부분을 지닌 복합 관념뿐이다. 단순 관념은 이를 구성 부분으로 분해하고 분석해서 정의를 내릴 수가 없다. 예를 들어 "황색"과 같은 감각 대상은 단순 관념이기 때문에 정의를 내릴 수 없다. 마찬가지로 "선"도 단순 관념이어서 이를 정의할 수 없기 때문에 "선은 선이다"라고 동어반복에 의해서 표현할 수밖에 없다.

정의를 내릴 수 없는 "선"을 다른 사물이나 성질로 정의하려 하면, 거기에서 "자연주의적 오류"가 생겨나게 된다. 무어에 따르면, 종래의 대부분의 윤리학적 주장은 이러한 자연주의적인 오류가 엿보인다. 예를 들어, 선을 쾌락으로 정의하는 공리주의자(J. S. 밀)나 생물학적 진화로 정의하는 진화론자(스펜서)는 이러한 자연주의적 오류를 범하고 있다고 무어는 비판한다. 그들만이 아니다. 신이나 이성 등 초감각적인 실재에 의해서 선을 정의하는 형이상학자도 같은 씨름판 위에 서 있다. 즉 형이상학자들도 선을 정의할 수 있다고 생각하는 점에서 넓은 의미의 자연주의적 오류를 범하고 있다는 것이다.

여기에서 "선 그 자체"라고 불려지고 있는 것은 가치라고 바꾸어 말할 수도 있다. 따라서 가치는 (감각으로 포착할 수 있는 사실이건, 초감각적인 존재이건 간에) 어떠한 사실이나 존재를 가지고서도 정의를 내릴 수 없다는 것이 무어가 주장하는 바의 핵심이라고 할 수 있다. 윤리적인 언설에서 존재 · 사실과 선 · 가치를 혼동해서는 안된다고 하는 이 주장은 예전의 흄에게까지 거슬러 올라갈 수 있는 것이어서, 그러한 점에서 무어는 영국 경험주의의 전통에 근거하고 있다. 다만 이 책에서 언어 분석 방법이 구사되고 있는 것이 새롭다. 예를 들어, 무어는 선이라는 명사의 의미와 쾌락이라는 명사의 의미를 분석하면서 쾌락이 선은 아니다(두 가지 말의 의미가 같으면 "쾌락은 쾌락이다"라는 동어반복이 되어버리기 때문에)라는 것을 보여주고 있다.

그러나 선이 감각으로도, 이성으로도 알 수 없는 것이라고 한다면, 도대체 선은 어떻게 해야 알 수 있단 말인가. 선을 아는 수단은 무엇인가? 무어에 따르면, 그것은 직관이다. 다시 말해서 선은 다른 감각이나 이성적 논증에서 간접적으로 도출되는 것이 아니라, 직접적으로 알아낼 수밖에 없다. 예를 들어, 어떤 사람은 생명 진화를 선이라고 한다. 다른 사람은 쾌락을 선이라고 한다. 이 두 사람은 서로 다른 것을 선이라 부르고 있지만, 이 경우에 양자는 동일한 "선"이라는 말을 쓰고 있는 것으로, 그 동일한 "선"은 같은 의미를 지니게 될 것이고, 그 같은 의미를 두 사람 모두 직관에 의해서 포착한 것이다. 이와 같이 직관으로 포착할 수 있는 선은, 무어에 따르면 (기하학의 공리가 그러하듯이) 객관성을 지니게 된다.

무어가 이 책에서 언어 분석의 대상으로 삼은 것은 오로지 "선"이라는 말이었는데, 이상과 같은 논의는 "참"이나 "해야 하는" 등과 같은 윤리적인 명사에 대해서도 적용할 수 있다. 이와 같이 윤리의 기본 관념을 일종의 독특한 직관에 의해서 직접 알려지는 보편 타당한 성질이라고 보는 사고 방식은 일반적으로 "직관주의"라고 불리어진다.

이 책에서 전개된 언어 분석과 직관주의는 이후 영미의 윤리학자들에게 계승되었다. 예를 들어, 에이어는 논리 실증주의와 무어의 직관주의를 결합시켜서 윤리적인 명사를 (사실 내용과는 무관한) 단순한 정서의 표현이라 간주해서 직관의 객관성을 부정한다. 이에 반해 윤리적인 언어를 포함한 일상적인 언어에는 용법에 따라서 각각 다른 객관성이 있으며, 그러한 객관성은 과학적인 언어로는 환원할 수 없다는 일상 언어학파도 등장해서 근래에 한창 논쟁이 벌어지고 있다. 이러한 일련의 논의의 출발점이 된 것이 바로 이 책이다.

프로테스탄트의 윤리와 자본주의 정신

막스 베버
Die protestantische Ethik und der "Geist" des Kapitalismus, 1905

금세기 초 사회 과학 · 사상계의 거인으로서 이전 세기의 맑스와 어깨를 나란히 하고, 또 야스퍼스에 의해서 실존 철학의 살아 있는 구현자라는 칭송도 받은 막스베버의 가장 유명한 대표작이다. 단지 종교사나 경제사뿐만 아니라 깊은 정신사적 전망과 정교하고 치밀한 과학론적인 성찰로 뒷받침된 세계사적인 비교 사회학의 금자탑이며, 현대 문명에 대한 비판으로도 오늘날까지 커다란 의미를 지니고 있다.

막스 베버(Max Weber : 1864~1920)는 중부 독일의 에흐푸르트에서 태어났다. 아버지는 뒤에 국민 자유당의 대의원이 된 정치가이며, 어머니는 경건한 프로테스탄트 신자 가문 출신이었다. 1871년에 독일은 프랑스와의 전쟁에서 승리하고 비스마르크의 지도 아래 염원하던 통일을 달성해서 정치적으로나 경제적으로 눈부신 번영기에 있었다. 그러한 국민 국가로서의 독일의 발전 · 강화와, 합리화라는 형태로 파악된 서구적 이성의 행방에 대한 정신적인 배려가 베버의 2대 관심사였다. 그것은 아버지 쪽과 어머니 쪽의 서로 다른 두 개의 핏줄로 이어진 그의 성격에서 비롯된 것으로 생각된다. 1894년에 프라이부르크 대학의 교수가 되었고, 96년에는 하이델베르크 대학으로 자리를 옮기는데, 곧 중증의 신경증에 시달려 장기간의 요양 생활 끝에 1903년에는 공직을 떠나게 된다.

논문 「프로테스탄트의 윤리와 자본주의 정신」은 1904년부터 5년에 걸쳐 베버도 편집자의 일원인 『사회 과학 및 사회 정책 잡지』에 발표하였다. 같은 해에는 유명한 「사회 과학 및 정책적 인식의 객관성」이라는 논문도 이 잡지에 발표하였고, 또 초대를 받고 미국을 방문하는 등 이제 겨우 지병이 치유된 베버의 이른바 "새로운 국면"이 시작되게 된다. 그 뒤 베버는 말년에 이르기까지 대학의 교단에 서는 일이 없었고 생전에 정리된 저작을 간행하지도 않았지만 이들 논문이나 학회의 활동을 통해서 각광을 받았으며, 그 영향은 그때까지의 전문적인 법제 · 경제사의 틀을 넘어 광범한 영역으로 확대되었다.

「프로테스탄트의 윤리와 자본주의 정신」은 일시적으로 경제사의 틀 안에서 자본주의의 성립사라는 문맥으로 받아들여졌다. 그러나 베버가 여기에서 다루고 있는 것은 자본주의적 생산 양식의 발전 과정에 관한 객관적인 서술이 아니라, 자본주의적 경제 활동을 밀고 나온 인간들(노동자를 포함해서)의 사회적 행위를 내면에서 충동하고 있던 주체적 동기가 무엇이고, 그것이 어떠한 형태로 자본주의적 경제 행위의 집단적 형성에 관련되는가 하는 대단히 한정된 문제이다. 그러한 동기로서 베버가 주목하는 것은 프로테스탄티즘, 특히 칼뱅파와 그 흐름을 반영한 퓨리턴, 메소시스트 등의 교파에서 보이는 직업 윤리이다. 사람의 인생과 구원은 "숨겨진 신"에 의해 "2중으로 예정"되어 있다고 하는 칼뱅주의의 교리 아래서는 성직자에 의한 중개 없이 신을 직접적으로 접하는 신도들이 "구원의 확실성"에 대한 불안을 피하기 위해 세속 생활 내부에서의 "금욕", 구체적으로는 절약과 근면을 취지로 하는 직업 활동에 대한 헌신에서 활로를 찾는다. 소비를 부정하면서 재물의 획득, 생산에 힘쓰는 실천은 결과로서 자본 축적을 낳고, 일정한 목적에 적합하다고 생각되는 규범에 의한 생활 규제는 합리적인 자본주의적 경제 행위의 생활 태도와 통하게 된다.

이러한 형태로 베버는 영리욕→상업 활동→자본주의라는 통설에 반해서, 이중 예정설→세속 내 금욕→직업에 대한 헌신→자본주의 정신→자본주의라는 형태로 자본주의 성립의 내적인 발생을 추적하고 있다. 여기에는 물론 역사의 동인으로서 "에토스"(사회층의 생활 태도를 규제하고 있는 내적 규범의 패턴)가 중시되고 있지만, 프로테스탄트의 윤리와 자본주의를 연결하는 것은 직접적인 인과 관계가 아니라 금욕이 이윤을 낳는다라는 역설적인 관계이며, 양자에게 다리를 놓아주는 합리적인 생활 태도만 하더라도 그 합리성 안에는 실질적 가치 합리성에서 형식 합리성으로의 전환이 이루어지고 있는 것을 망각해서는 안될 것이다.

이 논문은 1919년부터 20년까지 베버 자신에 의해 수정되어 그가 죽은 뒤에 『종교 사회학 논집』 제1권 앞부분에 수록되었다. 오늘날에는 이 논문이 단지 서구 사회 내에서의 자본주의 성립사로서만이 아니라, 이 논집의 「세계 종교의 경제 윤리」나 「젝테」론과 관련지어, 말하자면 "어째서 서구에서만 보편적 의미의 합리화가 진전될 수 있었나" 하는 보편사적 · 비교 문명론적 시점에서 고쳐 읽는 것이 요구되고 있다. 합리화를 위해서 필요 불가결한 조건이 "현세의 생활에 대한 적극적인 태도"와 "초월적인 것에 대한 긴장" 두 가지라고 한다면, 인도나 중국 등의 여러 종교에는 그 어느 쪽인가가 결함이 있고 그 양자를 갖추고 있던 것은 바로 프로테스탄트의 윤리뿐이었다는 것이다. 이에 대해서는 베버의 서구 중심주의에 관한 비난도 일고 있지만, 그는 일부 근대화론자가 생각하는 것처럼 자본주의적 근대화를 미화한 것이 아니다. 오히려 그 반대로 종교적인 뿌리를 상실한 그 현상(現狀)에 모든 인간을 화석화시키려 하는 철창의 우리를 보고 있었던 것이다. 이 논문의 속편이 저술되었더라면, 그의 현대 진단은 대단히 엄격한 것이 되었을 것이다.

창조적 진화

앙리 베르그송
L'évolution créatrice, 1907

『창조적 진화』는 이제까지 지속이나 기억이라는 용어로 전개되어온 시간 이론을 우주적 생명의 창조적 진화로서 철학적으로 심화·발전시켰을 뿐만 아니라, 진화라는 생물학적 개념에 대응하는 철학적 개념으로 생성 개념을 문제삼아 이 개념의 철학사 비판을 감행한다는 점에서 베르그송 철학의 집대성으로 볼 수 있다. 다시 말해서 저자는 이 책에서 자신의 독자적인 사상을 방대한 규모로 전망했을 뿐만 아니라, 그 사상의 철학사적 위치 정립을 시도하고 있다. 특히 무(無) 관념의 비판적 분석은 언뜻 보면 이 책의 구성에 끼어든 논의처럼 보이지만, 저자의 근원적인 철학적 직관의 원형을 제시하는 것이며 또 후세의 하이데거나 사르트르의 무 개념의 부정적 전제가 되고 있다는 의미에서도 중요하다.

저자는 서문의 주에서 이 책의 주요 목적을 첫번째 주저 『의식의 직접 여건에 관한 시론』과 연관지우고 있다. 물론 베르그송 철학의 근저에 깔려 있는 것은 지속 관념이지만, 그러나 『창조적 진화』의 구상의 발단은 『시론』의 명백한 이원론이 아니라 직접적으로는 오히려 『물질과 기억』의 애매한 이원론이다. 『물질과 기억』은 물질과 정신의 구별을 시간적 지속의 긴장과 이완의 정도로 귀결지움으로써 물질에서 정신으로의 연속적인 이행의 가능성을 인정하고 있었다. 분명히 물질이 순수한 현재 그 자체이며 과거를 상기하지 않는데 반해서, 정신은 과거를 유지하고 미래를 앞지르는 행동에 의해서 현재에 볼륨을 부여해서 그 삶을 창조적으로 풍요롭게 한다는 점에서 양자의 구별은 근원적이다. 그럼에도 불구하고 순수 지각, 즉 기억력을 지니지 않은 가장 저차원의 정신은 물질 그 자체에 지나지 않아 여기에서는 정신과 물질이 밀접하게 결합되어 있다고 생각되고 있었던 것이다. 이러한 착상에서 정신과 물질을 우주적 생명의 진화 과정으로 간주하는 이 책의 구상이 생겨났다고 말할 수 있다. 『시론』의 지속 관념은 『물질과 기억』에 의한 철학적 심화를 거쳐 진화 관념으로 불러들여지는 가운데 정신의 충실함을 생명 안에서 포착하는 철학으로 전개되어간다.

저자는 서론에서 "생명과 같은 넓이의 의식"을 얻을 수는 없는가 하는 참으로 대담한 구상을 개진하고 있다. 그러기 위해서는 인식론과 생명론이라는 두 가지 탐구가 합류해서 "순환 과정을 묘사하면서" 서로 추진력이 되어야만 한다. 저자에 따르면, 이 책의 구도는 그러한 주제 그 자체에 의해서 저절로 결정되었다. 전체는 4개의 장으로 되어 있다. 제1장 생명의 진화에 관하여(기계론과 목적론)/제2장 생명 진화의 분산 방향(마비 · 지성 · 본능)/제3장 생명의 의의에 관하여(자연의 질서와 지성의 형식)/제4장 사고의 영화적 메카니즘과 기계론의 착각, 모든 체계의 역사적 일람 및 참된 생성과 거짓된 진화론.

순서는 거꾸로가 되지만 이 책의 근본적 직관에 대해 전망하기 위해서는 제4장의 중요한 논의부터 소개할 필요가 있다. 저자는 여기에서 엘레아파로부터 스펜서까지의 철학사를 비판적으로 회고하면서 그 근본적인 착오를 공허에서 충실로, 무질서에서 질서로, 무에서 존재로 추론하는 주지주의적 전통에서 찾고 있다. 예를 들어 "이 꽃은 빨갛지 않다"라는 부정 판단은 매우 지성적이기는 하지만, 이 경우에 우리는 "빨갛지 않은 꽃"

을 지각하고 있는 것이 아니라 희거나 보랏빛이라는 구체적인 색깔을 지닌 꽃, 다시 말해서 존재를 지각하고 있다. 그러므로 존재란 충실하고 질서있는 것이어서, 지성의 아프리오리한 카테고리에 의해서 사후적으로 구성되는 것과 같은 무질서가 아니다. 충실이란 특히 생명의 충실이다. 여기에 저자의 근원적인 철학적 직관이 있다. 저자는 이 직관을 우주 전체로 확대하였다. 우주 전체는 "살아 있는 유기체"이며, 따라서 지속하고 역사를 갖는다. 이 역사를 저자는 〈진화〉라 부른다.

진화는 기계론과 목적론이라는 정반대의 학설이 사실은 공통적으로 가정하고 있는 것처럼 앞서 존재하는 자연의 프로그램의 일직선 방향의 발전이 아니라, 유일한 우주적 생명의 분산을 통해서 현실화된 창조적인 "생명의 약동"이다. 그것은 우선 동물적인 것과 식물적인 것으로 분산되는데, 동물의 신경계와 식물의 광합성이 보여주고 있는 것은 이 분산이 생명의 에네르기의 축적과 재생산이라는 동일한 문제에 대한 두 가지 서로 다른 응답이라는 것이다. "생명이란 무엇보다도 먼저 물질에 작용하는 경향이다." 이 작용은 적이도 초보적인 선택을 내포하고 있다. 그러므로 행동의 가능성이 행동 그 자체 이전에 생물에 대해서 묘사되고 있다. 본능과 지성은 전자가 직접적으로, 후자가 간접적으로 물질에 작용한다는 차이가 있기는 하지만, 어쨌든 어느 쪽이나 모두 행동의 형식이다. 저자는 이 주장에 의해서 지성을 부당하게 멸시하고 있는 것은 아니다. 지성이라는 생물의 자기 의식은 직접적 행동에 대한 거리의 설정에 기초해서, 이 거리 덕택에 특히 인간이라는 생물 종은 미지의 새로운 과제에 효과적으로 대응할 수가 있게 되기 때문이다. 그렇기는 하지만 지성은 스스로가 우주적 생명의 소산이며, 본능과 같은 뿌리에서 나온 것임을 자각해야만 한다. 이 자각을 저자는 〈직관〉이라고 불렀다. 직관에 의해서 생명의 철학과 인식의 이론이 합류되는 것이다.

앞의 두 저작도 독창적인 착상이 풍부하지만, 저자의 철학이 찬성과 반대 양론을 포함해서 "새로운 철학"이라 불리우게 되어 전세계에 영향(제임스의 근본적 경험론, 니시타 이쿠타로〔西田幾多郎〕의 순수 경험론, 티야르의 우주론 등)을 미친 것은 이 책의 웅대한 구상 때문이다.

프래그머티즘

윌리암 제임스
Pragmatism, 1907

『프래그머티즘』은 윌리암 제임스의 대표작인 동시에, 미국 철학의 첫 걸음을 내디딘 작품이다. 제임스는 소년 시대부터 유럽에 체류한 적도 많아 결코 미국에만 머물러 있었던 것은 아니다. 그것이 결과적으로 코스모폴리탄적 사상으로 결실을 맺어 미국뿐만 아니라 널리 세계에서 통하는 철학을 낳게 된 것이리라.

윌리암 제임스(William James)는 1842년에 미국 뉴욕에서 태어났다. 학교 교육을 거의 받지 못했으나, 아버지를 따라 몇 차례 유럽으로 건너가기도 했다. 한때 화가를 꿈꾸기도 했지만, 61년에 하버드 대학 이학부에 입학한다. 화학과 생물학을 공부하다가 3년 뒤에는 의학부로 옮겨 69년에 학위를 취득한다. 그러나 자신의 내재적인 이유로 그의 관심은 심리학과 철학으로 옮아갔다. 생물학 교사를 거쳐 80년에는 철학 조교수, 85년에는 철학 교수로 임명되어 1907년에 65세의 나이로 은퇴하였다. 1890년에 『심리학 원리』를 저술했다. 의식의 추이적 본질을 밝힌 획기적인 작품이었다. 또 『종교적 경험의 여러 양태』(1901~02)는 미국만이 아니라 유럽에서도 호평을 받았다. 이렇게 말년에는 철학 연구에 몰두해서 『프래그머티즘』(1907), 『다원적 우주』(1908) 등의 작품을 발표하고, 1910년에 68세의 나이로 서거했다. 그가 죽은 뒤에 『철학의 여러 문제』(1911), 『근본적 경험론』(1911) 등이 출판되었다.

경력으로도 알 수 있듯이, 제임스의 관심은 한 곳에 머무는 일이 없었다. 생리학자이면서 심리학자였고 그리고 철학자이기도 했던 그는 화가로서의 안목도 갖추고 있었다. 그러한 벽들은 쉽게 넘어설 수 있던 것이 아니다. 자신이 말하고 있듯이, "두 번 산" 제임스는 결코 단순 소박하게 이해하기 쉬운 인물이 아니라, 복잡한 자기의 다양성 때문에 고뇌했던 사람으로 생각된다. 『프래그머티즘』도 평탄하고 명료한 서술 가운데에 자신이 지닌 복잡함, 그리고 그것을 과감하게 잘라낸 명쾌함이 교차하고 있다. 화이트헤드에 의해서 데카르트의 『방법 서설』과 대비되는 까닭도 바로 여기에 있다.

『프래그머티즘』은 강연에 근거해서 쓰여진 책으로 8개의 강의로 구성되어 있다. 제1강의에서는 경험론과 합리론을 도마 위에 올려놓고 "합리론과 마찬가지로 어디까지나 부득이하게 종교적이나, 그와 동시에 경험론처럼 사실과의 가장 풍부한 접촉을 유지할 수 있는" 프래그머티즘이라는 방법을 제안하고 있다. 그것은 "최초의 것, 원리, 가상적 필연성에서 고개를 돌려 최후의 것, 결실, 기결, 사실로 향하려고 하는" 태도이다. 제3강의에서는 이 방법을 실체나 자유 의지와 같은 형이상학적 문제에 적용해서 "사실의 세계"의 복권을 제창하고 제4강의에서는 일원론에 의문을 던져 "모든 학설을 경화시키지 않으려 하는" 프래그머티즘의 방침을 명확히 하고 있다. 제6강의와 제7강의는 "진리"를 다루고 있다. 진리는 일반적으로 "관념과 실재의 일치"로 생각되고 있으나, 이 "일치"가 문제되고 있다. 사실은 일치 그 자체보다도 "일치를 가져다주는 유도 기능"이 중요해서 "일치란 본질적으로 유도의 문제이다"라고 말해진다. 따라서 "진리란 실재하는 것이 아니라 실재에 관한 우리의 신념"이며, 항상 인간적 요소를 내포하는 것이다. 제8강의는 다원론적인 관점에 입각한 종교론이다. 그의 프래그머티즘은 종교를 부정하는 것이 아니라, "신의 가설은, 그 말씀이 가장 넓은 의미로 만족하게 작용한다면 진리이다." 왜냐하면 신의 가설은 "분명하게 작용하고 있는" 것이며, "경험이 이를 보여주고 있기" 때문이다.

프래그머티즘 사상의 선구자는 퍼스이다. 퍼스는 프래그머티즘을 새로운 논리학의 전제로 간주해서 개념을 명확히 하기 위해서 "아프리오한" 방법 대신에 "과학적 방법"을 사용할 것을 제창하였다. 그는 "무릇 하나의 사상의 의미를 명확히 하려면 그 사상이 어떠한 행위를 낳기에 적합한지를 결정하기만 하면 된다"고 생각했기 때문에, 개념만이 아니라 그 대상에 미치는 효과도 중요시했다. 제임스는 현실에 산출된 것을 중시한다는 점에서는 찬동했지만, 퍼스의 이론화 · 보편화에 대한 의도를 개별화의 방향으로 바꾸어버린다. 제임스에 따르면, 개념은 2차적인 구성물이어서 지각의 흐름을, 흐름 속에 나타나는 사상의 참된 모습을 왜곡할지도 모를 물건이다. 개념보다도 지각을 우위에 두는 제임스의 프래그머티즘은 이제 퍼스의 그것과는 근본적으로 달라지게 되었다.

이 지각의 흐름, 제임스의 말로는 "순수 경험"의 철학은 동시대 사람이면서 서로 교류가 있던 베르그송의 "순수 지속"의 철학과 일맥 상통한 것이다. 또 훗설도 "서술"과 관련해서 제임스의 영향을 받았다고 말하고 있다. 현상학이라는 사상 운동과 제임스가 말하는 프래그머티즘 사이에는 공유하는 것이 많다고 생각된다. 일본에서는 니시타 이쿠타로의 『선(善) 연구』에 깊은 영향을 미쳤다. 미국 안에서는 이것을 듀이가 계승하기는 했지만, 다시 논리적 · 과학적인 면을 강조하는 사상으로 되돌아간다.

프린키피아 마테마티카

알프레드 노스 화이트헤드/버틀란드 럿셀
Principia Mathematica, 1910~13

이 두 저자는 폭넓은 분야에서 활약한 영국의 철학자이다. 수란 무엇인가라는 이전부터의 난해한 문제에 관해서 태동하고 있던 현대 논리학을 활용하여 수 이야기(수학)를 논리 이야기로 흡수해버리려는 야심적인 기획을 가졌다.

화이트헤드(Alfred North Whitehead)는 1861년에 목사의 아들로 태어나 1880년부터 케임브리지의 트리니티 칼리지에서 수학을 공부하고, 곧 수학의 상급 강사가 되어 수학과 수리 논리학을 연구하였다. 1910년에 런던 대학으로 옮겨 물리학의 개념상, 경험상의 기초 등 주로 과학 철학에 관계되는 연구를 하였다. 1924년에 미국으로 건너가 하버드 대학의 철학 교수로 1937년까지 교단에 섰다. 『과정과 실재』(1929)가 보여주듯이, 형이상학적인 문제가 중심이 되었다. 1947년에 미국에서 서거했다. 그의 철학은 실재와 그 경험의 구별을 없애는 것을 주안점으로 하여 경험이 갖추고 있는 연속성을 중시하였다.

럿셀(Bertrand Russell)은 영국의 명문 가정에서 1872년에 태어나 1890년에 트리니티 칼리지에 입학했다. 1895년에 기하학 기초론에 관한 논문으로 인정받아 1910년에 논리학 및 수학의 철학 특별 강사로 임명되었다.

1차대전 중인 1916년에 평화주의적 언동(벌금이 부과됨)을 이유로 해임되었다. 1918년에는 선동 죄로 6개월 동안 투옥되었으며, 이 사이에 『수리철학 입문』을 저술했다. 2차대전 뒤에는 핵무기 폐지 운동을 계속했다. 수많은 저서가 있고, 명석한 문장가로도 정평이 나 있다. 1950년에 그는 노벨 문학상을 받았다. 1970년에 서거. 형이상학적으로는 물질이나 정신을 구성된 것으로 보는 일원론으로, 독립된 요소적 사실의 직지(直知)에 원자문(原子文)을 대응시켜 이들을 진리 함수를 통해 복합해서 다른 문장을 얻어내는 논리적 원자론을 추구하였으나 말년에는 이것에 회의적이었다. 윤리에서는 가치의 주관성을 기본으로 하고, 종교에 관해서는 교의에 함축되어 있는 사실의 받아들이기 어려움, 또 신앙에 의해서 받아들여진 것이 지니는 위험성을 지적했다.

두 사람은 1900년에 파리의 국제 철학회의에 참석했다. 거기에서 페아노의 논의에 강한 영향을 받은 럿셀은 몇 개월만에 순수 수학은 소수의 논리학적 개념과 원리로 이루어진다고 하는 논리주의 테제의 확립을 지향하는 『수학의 원리』 제1권을 저술했다. 수학의 논리학으로의 환원은 프레게가 『산술의 근본 법칙』(1893~1903)에서 이미 행했는데, 럿셀은 그것을 모르고 있었다. 화이트헤드의 『보편 대수론』(1898)의 속편과 럿셀의 『수학의 원리』 제2권이 공통된 주제를 지니고 있음을 알고 이 두 사람은 공동 연구를 시작했는데, 그 결과가 3권으로 된 『프린키피아 마테마티카』이다.

이 책은 프레게의 책에 비하면 엄밀성이 떨어지지만, 유형(type) 이론이 전개되고 있는 점에서는 우사와 나르다. 기본은 집합간의 농수성을 집합의 요소간의 1대1 대응으로 정의하여 기수를 동수적 집합 전체로 이루어진 집합으로 정의하는 점에 있다. 예를 들어 2를 두 개의 요소로 이루어진 집합 전체로 이루어진 집합으로 삼는다. 특히 두 개 있다는 점에 관해서, 예를 들어 "내혹성은 두 개가 있다"라는 명제는 x, y, z를 변항(變項)으로 해서 "(x는 내혹성이고 y는 내혹성이며 x와 y는 동일하지 않고 또한 어떠한 z도 만약 내혹성이라면, 〈x와 동일하던가 또는 y와 동일한〉) 것과 같은 그러한 x와 y가 존재하는" 것처럼 전칭(全稱) 명제("어떠한……")와 존재 명제("……이 존재한다")의 복합으로서 분석된다. 따라서 수학이 거기로 환원되는 논리에는 명제 논리, 술어 논리(그것들의 기호 논리의 체계화의 시도로서, 이 책은 역사적 의의를 지닌다) 이외에 집합론의 기초 개념과 동일성의 관계가 포함되어 있다. 그러나 기수를 유한한 것으로 제한하지 않기 위해서는 우주에 무한한(셀 수 있는) 것이 있다는 비논리적 요청(무한 공리)이 실제로는 필요했다. 한편 모든 것을 요소로 하는 집합의 기수는 최대가 되지만, 칸토르가 제시한 것처럼 기수에는 상한이 없다. 이 문제를 배경으로 '럿셀의 역설'(그것 자체를 요소로 하지 않는 집합 전체로 이루어진 집합을 W라 한다면, W는 W의 요소인가?)이 발견되었다(프레게는 이 역설을 모르고 있었는데, 이를 알게된 뒤 논리주의 신념을 버렸다). 이것을 풀기 위해서 이 책에서는 개체, 개체의 집합, 개체의 집합의 집합……을 논리적 유형(0, 1, 2, ……)으로 구별하고 유형 n의 집합의 요소는 유형 (n-1)에 한한다고 했다. 게다가 다른 종류의 역설을 피하기 위해 "모두(어떠한)"를 사용하고 있는 성질이나 관계를 정의할 경우에, 그 성질이나 관계는 그 "모두"의 요소가 아니(악순환 원리)라고 하고, 오더를 도입해서 그 정의에 "모두"를 사용할 때마다 성질이나 관계의 오더 수를 들어 구별하였다(분기 유형 이론). 그러나 그 결과, 자명성을 결여한 환원 공리가 필요하게 되었다.

뒤에 램지는 의미론적 역설('거짓말쟁이의 역설' 등)을 제거해버리면 오더는 불필요하다고 했고, 탈스키는 의미론적 역설은 언어에 메타 언어 등의 계층을 도입하면 해결할 수 있다고 하였다. 또 집합론도 오늘날에는 유형을 도입하지 않는 공리적 집합론(쳴메로-프렌켈 등)이 일반적으로 사용되고 있다. 논리주의의 꿈은 괴델의 불완전성의 정리에 의해 깨졌다. 또 비트겐슈타인은 수학의 기초에 관해 고찰하면서 이 책을 주요한 공격 목표의 하나로 삼았다. 이렇듯 이 책은 다양한 측면에서 현대 논리학의 발전에 공헌한 20세기의 고전이다.

이데엔

에드문트 훗설
Ideen zu einer reinen Phänomenologie und phänomenologischen Philosophie, 1913

『순수 현상학과 현상학적 철학을 위한 구상』(이데엔)은 전3권으로 된 훗설의 가장 중요한 저작이다. 그 제1권은 그가 주재하는 「철학 및 현상학적 연구 연보」 제1권의 권두 논문으로 1913년, 그가 54살 때에 발표되었다. 그것이 그의 초월론적 현상학과 그 뒤의 현상학 운동에서 결정적으로 중요한, 그의 생전에 거의 유일한 기념비적 발간 저작일 뿐 아니라 20세기가 낳은 가장 중요한 철학서의 하나임은 모두가 인정하는 바이다.

훗설(Edmund Husserl : 1859~1938)은 예전의 오스트리아 제국령(현재의 체코) 프로스닛츠에서 양품점을 경영하는 유태인의 차남으로 태어났다. 1876년에 그는 라이프치히 대학에 입학하고, 78년에는 베를린 대학의 바이야슈트라스, 크로넥커 등에게서 수학을 배웠다. 81년에는 빈 대학으로 옮겨 박사 논문에 착수하여 83년에 박사 학위를 취득했다. 84년에 빈에서 당시 유명했던 프란츠 브렌타노가 강의를 하였는데, 마침 호기심으로 청강한 그 강의의 영향으로 철학의 길을 걷게 된다. 뒤에 그는 "브렌타노가 지향성이라는 스콜라적 개념을 심리학의 서술적인 기본 개념으로 개조한 점이 일대 발견임을 인정해야 하며, 실제로 이 발견에 의해서만 현상학은 가능하게 되었다"고 회고하고 있다.

심적 현상(서술적 심리학)을 물적 현상(물리적 자연 과학)으로부터 구별짓기 위한 근거로 지향성에 착안한 브렌타노와는 달리, 훗설은 지향성을 의식의 일반적 근본 특성으로 파악한다. 그로부터 그는 "대상을 지향하고 인식하는 의식 주관의 기능은 어떠한 것인가", "지향된 대상은 의식 주관에 어떻게 부여되는가" 등등의 문제를 제기해서 지향성 개념을 근저에 두고 "구성적인 여러 문제 및 여러 이론으로 사람을 인도하는" 초월론적 현상학의 여러 구상(이데엔)을 전개했다.

1900~1901년에 본격적인 현상학 철학서 『논리학 연구』를 발간하고 나서부터 훗설은 약 10년 동안 대학에서의 강의안 작성과 현상학적 철학의 기본 구상을 재검토하는 작업을 계속했다. 1907년 경부터 훗설의 제자나 동조자들로부터 현상학적 운동을 위한 기관지의 계획이 제기되었다. 『연보』의 감수자가 된 훗설은 1912년 가을 이래의 정기 발간 때문에 부득이하게 자신의 연구를 공간할 수 없게 되었다. 당시 저작상으로 두 가지 주요한 계획이 있던 훗설은 결국 "새로운 현상학의 전반적인, 그러면서도 내용이 풍부한 개관을 부여하고, 결국은 현상학의 방법, 그 체계적인 문제군, 엄밀하게 학(學)적인 철학을 가능케 하는 그 기능 및 경험적 심리학의 합리적 이론화 등에 관한 개관을 부여할" 결심을 하였다. 이리하여 발간된 것이 『이데엔』 제1권이다.

제1권은 「순수 현상학에 대한 전반적 서론」이라는 제목 아래 4편으로 이루어져 있다. 제1편 "본질과 본질 인식"에서는 실증주의적 경험론을 배제하고 이념, 본질, 본질 인식으로의 길을 개척해야 하며, 그러기 위해서는 판단 중지가 필요하다고 역설한다. 제2편 "현상학적 기초 고찰"에서는 먼저 우리들이 일상적으로 소박하게 "거기에 있는" 것을 확신하고 항상 사용하고 있는 세계의 존재 확신을 "자연적 태도의 일반 정립"이라 부르며, 그것을 "괄호 안에 넣는", 세계의 존재 확신을 "차단하는" 현상학적 환원을 제창한다. 괄호 안에 넣어진 세계는 존재하지 않게 되는 것도, 의심을 받게 되는 것도 아니라 괄호침으로써 의식에 부여된 채로 의식과의 상관 관계에서 본질로서 규명된다. 환원함으로써 획득되는 것은 순수 의식의 영역이며, 거기에서의 탐구를 통해서 "초월적인 사물의 세계"는 "초월론적 주관성"에 의해서 "구성", 즉 "의미 부여"되고 존재 의미를 획득하는 것이 밝혀진다. 제3편 "순수 현상학의 방법 태도와 문제 탐구를 위하여"에서는 순수 의식의 일반적 구조를 연구하는 가운데 세계 구성의 틀이 지향적 의식의 작용으로서의 노에시스와, 그것에 의해서 대상(세계)이 의미로서 구성되는 존재 방식을 나타내는 노에마의 상관 관계에서 해명된다. 제4편 "이성과 현실"에서는 "무엇인가의 대상적인 것에 〈진실로 · 현실적으로〉 〈관계해서〉 〈적중된〉 의식이라고 하는 의식의 〈요구〉는 무엇을 뜻하는가"라는 "이성의 문제"를 제기해서 세계가 진리와 현실성을 갖추어 구성되어가는 틀의 해명으로 향한다.

1912년에서 28년까지의 모든 원고를 기초로 하여 편집된 제2권에는 "구성에 관한 현상학적 연구"라는 부제가 있다. 그 제1편은 "물질적 자연의 구성", 제2편은 "동물적 자연의 구성", 제3편은 "정신 세계의 구성"이라고 이름붙여져 있고, 영역적 존재론이 전개되고 있다. 다시 말해서 초월론적 의식에서의 사물 영역의 대상성의 보편적 구성 문제가 서론으로서의 제1권의 구상을 인수하는 형식으로 전개되고 있다.

제3권도 제2권과 성립 사정은 같다. 부제는 "현상학과 학문들의 기초"로 되어 있고 "실재의 영역들", "심리학과 현상학의 관계", "현상학과 존재론의 관계", "해명의 방법"이 논의되고 있다. 당초 훗설은 이것들을 "현상학이 물리적 자연 과학이나 심리학이나 정신 과학 등에 대해서 지니는 바의, 하지만 또 다른 한편으로는 아프리오리한 여러 학문 전체에 대해서 지니는 바의 어려운 여러 관계"를 진정으로 명료하게 하는 작업으로서 제2권에서 다룰 예정이었다. 당초 기획되고 있던 제3권은 "전적으로 철학의 이념에 집중하는 것"이었으나, 그것은 『이데엔』의 틀을 뛰어넘는 것으로, 오늘날 훗설 전집 제7권, 제8권으로 간행되고 있는 『제1철학』으로 결실을 맺게 되었다고 한다.

정신 분석 입문

지그문트 프로이트
Vorlesungen zur Einführung in die Psychoanalyse, 1917

신경증 치료에서 출발한 정신 분석은 무의식을 발견함으로써 인간 정신의 어두운 부분을 도려내어 서구 합리주의에 결정적인 쐐기를 박았다. 『정신 분석 입문』은 프로이트의 전기 이론의 집대성이자 정신 분석의 최대 기념비이다.

프로이트(Sigmund Freud : 1856~1939)는 예전에 오스트리아령이었던 프라이베르크에서 유태인 양친 밑에서 태어났다. 아버지의 사업 부진 등으로 3살 때에 빈으로 이주해서 빈 대학 의학부에 입학한다. 연구자를 지망하지만, 경제적 및 인종적인 이유로 단념하고 개업 의사가 된다. 이 사이에 파리 유학에서 얻은 식견이나 임상 연구를 바탕으로 1895년에 『히스테리 연구』로 정신 분석의 기초를 발표했지만, 학계의 반응은 냉담했다. 당시 중증의 신경증에 걸린 프로이트는 가혹한 자기 분석을 시도하여 그 과정에서 모친을 성적 욕구의 대상으로 삼고 부친을 라이벌로 삼아 증오하는 오이디푸스 콤플렉스를 발견한다. 이 성과가 『꿈의 해석』(1900), 『일상 생활의 정신 병리』(1901), 『성욕론 3편』(1905)으로 발표되어 정신 분석의 기초 이론이 완성되었다. 이 무렵부터 프로이트의 지지자가 늘기 시작했고 1909년의 미국에서의 연속 강의로 정신 분석은 이른바 국제적으로 알려지게 되었다. 1936년에 나치에 쫓겨 영국으로 망명하는데, 이미 발병하고 있던 암 때문에 망명지에서 사망했다.

『정신 분석 입문』은 빈 대학에서 1915년부터 이루어진 공개 강좌의 강의록이다. 일반인을 대상으로 한 강의록인 만큼 그 논술은 평이하나, 전기의 정신 분석 이론의 대부분을 망라하고 있다(1932년에 출판된 『속 정신 분석 입문』에는 후기 이론이 개괄되어 있다). 28개로 되어 있는 강의는 제1부 "실착 행위", 제2부 "꿈", 제3부 "신경증 총론"으로 나누어진다. 서론에 해당하는 제1강의에서 프로이트는 정신 분석이 세간의 반감을 사는 이유를 두 가지 들고 있다. 먼저 "심적 과정은 그것 자체로는 무의식적이며, 의식적 과정은 심적 활동의 하나의 작용면이자 부분에 지나지 않는다"라는 무의식 이론은 근대 합리주의의 지적 프라이드를 거슬리게 한다. 다음으로 "성적인 것이라 부를 수밖에 없는 욕동(欲動)의 흥분이 신경 및 정신병의 원인으로 커다란 역할을 하고 있다"고 하는 성적 병인론(性的 病因論)은 도덕적 선입견에 거슬린다. 그리고 제1부와 제2부는 전자의 반감을, 제3부는 후자의 반감을 해소한다는 구성으로 되어 있다.

제1부는 "질병과는 아무런 관련도 없는" 것처럼 보이는 실착(失錯) 행위(말이 틀리는 것, 건망증 등)을 단서로 해서 무의식의 존재를 밝히고 있다. 프로이트는 피로 등의 생리학적 과정으로는 환원할 수 없는 실착 행위에는 순수한 심적 과정이 있다고 생각한다. 그것은 "두 개의 다른 의향의 간섭에서 생긴다." 의장이 회의 개회에 즈음해서 "폐회합니다"라고 말했을 경우에, 표현면상의 의도(개회)와 그것을 방해하는 의도(본인이 의식하지 못하는 회의를 꺼려하는 마음)가 충돌하고 있다. 본인의 의사에 반해서 행해지는 실착 행위에는 무의식의 욕구와 그것의 억압이 있다. 건망증도 "불쾌한 기억을 잊어버리기 위한 방위"이다.

제2부는 이렇게 해서 분명해진 무의식의 존재와 그것의 억압 메커니

즘을 '꿈'의 분석에 의해서 해명한다. 왜냐하면 "꿈은 신체적인 현상이 아니라 심적인 것"이기 때문이다. 더구나 이 메커니즘의 연구는 신경증의 해명과 직결된다. "꿈의 연구는 신경증 연구에서 최선의 준비일 뿐만 아니라 꿈 그 자체가 또 하나의 신경증적 증상이며, 더욱이 건강한 사람에게서 볼 수 있는 헤아릴 수 없는 이점을 지닌 증상이다." 이 연구에 당면해서 프로이트는 꿈의 현재적(顯在的) 내용(눈에 보이는 꿈)과 잠재적 사고(무의식)를 구별하여 전자는 후자의 왜곡된 표현이라 생각한다. 이 왜곡이 꿈의 작업(압축, 이동 등), 즉 무의식의 검열이다. 이 검열을 빠져나와 무의식의 세계를 재구성하는 것이 자유 연상에 의한 꿈의 해석이다. 자유 연상에서 배제되는 것은 꿈의 해석에 대한 저항을 보여주고 있다. 검열을 받는 것은 도덕적 금기에 저촉되기 때문이다.

제3부는 꿈에서의 억압 메커니즘을 신경증에 적용해서 성적 병인론을 전개한다. 성적 쾌감이 어느 부분에 집중되느냐에 따라서 리비도(성적 에네르기)에는 발달의 여러 단계가 있다. 이 리비도의 소망이 거부되면, 대개는 대리의 대상으로 소망을 채우려 하지만, 신경증일 경우에는 이전의 발달 단계로 '퇴행'하여 그 단계에 '고착'되게 된다. 이 "리비도적 고착과 거부"가 신경증의 원인이다. 요컨대 억압된 성적 에네르기가 신체 증상으로 전환되는 셈이어서 이 과정은 모두 무의식적이다. 그리고 정신분석은 이 "무의식적 과정을 환자에게 의식시켜줌으로써 증상을 소멸시키는" 치료법이다.

프로이트는 인간 정신의 산물 전반에 정신 분석의 이론을 적용할 수 있다고 생각했다. 여기에서 그의 두드러진 사회론, 문화론, 예술론의 저작이 태어났다. 그리고 프로이트 이후 정신 분석의 단순히 임상 이론에 머물지 않고, 거의 모든 문화 영역에 막대한 영향을 미치게 되었다.

일반 언어학 강의

페르디낭 드 소쉬르
Cours de linguistique générale, 1916

『일반 언어학 강의』는 소쉬르 자신에 의해서 쓰여진 책이 아니라, 그가 죽은 뒤에 주로 학생의 강의 노트에 근거해서 편찬된 일종의 개설서이다. 그러나 이것 이외에 소쉬르가 일반 이론에 대해 쓴 책이 간행된 것이 없기 때문에 그의 주저라고 말할 수 있는 것은 이 책밖에 없다. 더구나 『일반 언어학 강의』는 간행되자마자 20세기 언어학의 전개에서 지도적인 역할을 하기 시작해서, 구조 언어학이라 불리는 조류의 원류를 형성했다. 또 철학, 인류학, 심리학 등에 대해서도 허다한 이론적 장치를 제공하였고, 이것들은 오늘날에도 여러 형태로 사용되고 있다.

소쉬르(Ferdinand de Saussure : 1857~1913)는 스위스의 제네바에서 태어났다. 그의 선조는 종교 개혁 당시 프랑스에서 망명했으며, 제네바에서의 가계(家系)는 대대로 유능한 자연 과학자를 배출하였다. 그도 또한 양친의 뜻대로 1875년부터 1년 동안 제네바 대학에서 화학과 물리학을 전공하였지만, 다음 해에 대학을 중퇴하고 라이프치히 대학에 유학하였다. 라이프치히는 당시 극도로 융성하던 역사 언어학의 본고장인데, 소쉬르는 그곳에서 학업에 전념하면서 처음이자 마지막인 생전의 저서 『인도-유럽어 모음의 원초 체계에 관한 각서』(1878)를 출판하였다. 80년 가을부터 파리의 고등 연구원의 학생으로 들어가 다음 해에는 강사로 발탁된다. 이후

10년 동안 파리에서 왕성한 연구 활동을 하였고, 91년 가을에 제네바 대학에서 교편을 잡기 위해 스위스로 돌아온다. 그러나 그 뒤 몇 년 사이에 점차 논문을 발표하지 않게 되었고, 이윽고 편지조차 쓰기를 두려워하게 되었다. 56살로 생을 마감할 때까지 계속된 소쉬르의 이 고뇌에 가득찬 침묵은 오늘날까지도 사상사상의 중요한 수수께끼이며, 연구자들의 여러 가지 해석을 유발하고 있다.

『일반 언어학 강의』는 소쉬르가 1907년부터 11년까지 제네바 대학에서 3학기에 걸쳐 행한 강의에 기초해서 편찬되었다. 편찬자는 그의 제자이자 이미 유명한 언어학자가 된 샤를르 바이이와 알베르 세슈에이다. 그 자료는 대부분이 몇몇 학생의 강의 노트이며, 그것 이외에 소쉬르 자신의 약간의 수고, 메모 등이다. 이 책은 소쉬르가 죽은 뒤 약 3년이 지난 1916년에 간행되었는데, 이들 자료는 그 뒤 여러 형태로 보관되었지만 많은 양이 없어져버렸다. 따라서 이 책의 본문이 구체적으로 어떠한 수순에 의해서 작성되었나를 아는 것은 사실상 불가능했는데, 50년대 무렵부터 제네바 대학의 로베르 고딜, 루돌프 엔그라 등이 행한 문헌학적인 조사에 의해 차츰 편찬자들의 작업 내용이 밝혀지게 되었다. 그것을 통해 우선 자료는 행마다 새김질을 했다고 해도 좋을 만큼 재구성되고 있다는 것, 또 그들은 대부분의 경우에 대폭적인 개필이 가해지고 있고, 때로는 자료에는 없는 편찬자 자신의 문장이 첨가된 곳도 있다는 것이 밝혀졌다.

이 책이 20세기 언어학에 가져다준 착상은, 그것을 가장 집약적인 형태로 말하자면, "언어 가운데에는 적극적인 사항(事項)이 없는 차이만이 있다"라는 것일 것이다. 실제로 언어를 성립시키고 있는 것은 언어나 형태도, 또 의미나 소리도 아니라 그러한 것들을 출현시키고 언어적으로 기능하게 하는 "차이"임이 틀림 없다. 언어가 개개의 발화자에 의한 그것의 사용에 앞서 잠재적인 그 무엇인가의 시스템을 형성하고 있다면, 그 시스템을 만들고 있는 것은 그들 전체가 단숨에 부여되고 있는 것 같은 여러 가지 차이이다. 이러한 차이는 한편으로는 〈음성〉에 대해서 청각상의 엄밀한 분절선을 긋고, 다른 한편으로는 〈사고〉에 대해서 개념상의 형식적 분절선을 그린다. 전자의 차이에 의해서 생기는 언어음을 "시니피앙(signifiant)"이라 부르며, 후자의 차이에 의해서 생기는 개념 혹은 의미를 "시니피에(signifié)"라 부른다. 각각의 언어(랑그, langue)는 이러한 이중의 차이화를 통해서 세계에 관한 경험을 비자연적으로 구분지어 의미를 가진 여러 관계로 전위시키는 셈이다.

이와 같은 착상은 언어학만이 아니라, 20세기의 여러 인간 과학의 근저에 있는 인식론과 관계되고 있다. 야콥슨의 음운론(音韻論)은 이 책이 정의한 시니피앙의 철저한 정밀화 위에 있는데, 이 정밀화가 실어증의 획기적인 분석 방법과 결부된 것은 전혀 이상한 일이 아니다. 또 야콥슨의 음운론이 레비-스트로스의 구조주의적인 인류학에 끊임없이 시사점을 준 것, 혹은 반대로 훗설의 현상학이 제시한 형상적 환원(形相的 還元) 방법이 야콥슨의 음운학을 복돋아준 것도 이상할 것이 없다. 메를로-퐁티가 구상한 '언어의 현상학'은 『일반 언어학 강의』를 독자적으로 해석한 것인데, 그의 해석은 구조 언어학의 방향과는 또 다른 하나의 가능성을 이 책에 주고 있다. 데리다가 "그라마톨로지"라고 칭하면서 주장한 에크리의 철학은 이 책에서 밝혀진 시니피앙/시니피에 관계에 관한 정밀하고 상세한 비판에서 출발한다. 라캉은 이 관계를 정신 분석의 이론적 장치 속에 이식시켜 전적으로 그 자신의 고유한 개념으로 만들고 있다. 그밖에 의식적으로나 무의식적으로나 이 책의 착상, 용어법을 빌려 전개하고 있는 이론은 헤아릴 수 없이 많으며, 이 책의 '영향'이 실제로 어디에서 시작해서 어디에서 끝나는지를 말한다는 것은 거의 불가능한 일이다.

생의 철학

게오르그 짐멜

Lebensanschauung, vien metaphysische Kapitel, 1918

짐멜 최후의 철학적 주저이다. 원래 제목은 "생의 직관"이라는 의미인데, 생의 본질을 "자기 초월"로 보는 이 책은 쇼펜하우어의 "생에 대한 의지", 니체의 "힘에 대한 의지", 베르그송의 "생의 비약" 등에 의해서 전개된 "생의 철학"의 흐름을 떠오르게 한다.

멜(Georg Simmel)은 1858년 베를린에서 태어나, 베를린 대학에서 철학, 역사학, 민속 심리학 등을 전공했다. 85년에 베를린 대학 철학부의 시간 강사가 되지만, 유태인이기 때문에 이후 30년 동안 끝내 정교수가 되지는 못했다. 1914년에 56살로 슈트라스부르크 대학의 철학 정교수의 지위를 얻었지만, 1918년에 그곳에서 서거했다.

짐멜의 지적 경력은 3기로 나누어볼 수 있다. 제1기는 프랑스 실증주의나 다윈이즘 등의 영향을 받아서 실증주의적이고 심리주의적인 경향이 강하다. 『사회 분화론』(1890), 『역사 철학의 문제』(1892), 『화폐의 철학』(1900) 등이 이 시기의 저작이다.

『칸트』(1904)의 간행으로 시작되는 제2기는 신칸트 학파의 영향을 받은 시기이다. 이 시기의 저작으로는 『유행의 철학』(1905), 『사회학』(1908), 『철학의 근본 문제』(1910) 등이 있다.

제3기는 1911년부터 죽을 때까지이다. 이 시기에 짐멜은 특히 세계대전을 경험함으로써 심각한 방법론적 반성을 강요당하게 되었다. 자연주의를 모델로 한 실증주의가 생(生)을 포착하지 못하는 것은 물론이지만, 신칸트 학파의 초월론적 사고도 이제는 생의 현실에 맞지 않는다. 이리하여 그는 프랑스의 철학자 베르그송이나 독일의 신비주의자 에크하르트에게서 배워서 생의 현실을 생 그 자체에서 이해하는 방법을 모색하기 시작한다. 이 책 『생의 철학』은 제3기의 특징을 가장 잘 보여주는 것이다. 이 밖에 『철학적 문화』(1911), 『현대 문화의 갈등』(1918) 등의 저서가 있다.

『생의 철학』은 "형이상학적인 4개의 장"이라는 부제가 시사하듯이, 네 개의 장으로 구성되어 있다. 왜 "형이상학적"이냐 하면, 이들 장이 형이상학의 전통적인 구분법에 따르고 있기 때문이다. 전통적 형이상학은 존재 일반을 다루는 원리론이라고 해야 할 "일반 형이상학"과 그 각론인 "특수 형이상학"으로 나누어지며, 특히 후자에서는 "세계", "혼", "신"이라는 세 가지 가장 중요한 형이상학적 존재가 논의된다. 그와 마찬가지로 이 책에서도 먼저 제1장에서 생의 형이상학의 원리론이 전개되어 생이란 무엇인가가 문제가 된다. 그리고 그 성과에 의거해서 제2장에서는 세계가, 제3장에서는 혼의 불멸이 문제가 된다. 제4장은 비록 신이 다루어지고 있지 않지만 가능한 술어의 전체라는 형이상학적인 신 개념에 대응해서 개성적인 전체적 인간이 다루어지고 있다.

제1장 「생의 초월」에 따르면, 생의 본질은 "자기 초월"이다. 하지만 이 자기 초월에는 생은 "보다 많은 생"인 동시에, "생보다 그 이상의 것"이기도 하다는 모순이 잠재되어 있다. 생은 끊임 없이 자신을 승대시키고 고양시키려는 충동을 지니지만, 그러기 위해서는 자신을 초월한 곳에 형식 내지 이념을 설정해야만 한다. 하지만 이 형식이 곧 생의 움직임(流動)을 저해하기 때문에 생은 다시 이 형식을 넘어서고 파괴한다. 짐멜은 이 생의

갈등을 "생의 비극"이라 부르고, 이것에 문화의 근원이 있다고 말한다.

제2장 「이념으로의 전환」에서는 세계의 문제를 둘러싸고 생에 의한 이러한 문화의 창출이 이야기된다. 자기 초월하는 생이 사는 세계는 단순한 현실적인 사실이나 사건의 총계일 수 없다. 오히려 세계는 기지(旣知)의 것과 미지(未知)의 것을 포함한 통일체이며, 이 양자를 통일하는 것은 정신이다. 그러고보면 그때 정신이 움직이는 방향에 따라서 여러 가지 세계 유형이 있게 된다. 이리하여 예술, 과학, 종교와 같은 각자 독립된 문화적 세계가 생겨나게 된다.

제3장 「죽음과 불멸」에서는 생의 입장에서 혼의 불멸에 대한 신앙이 설명된다. 짐멜에 의하면, 죽음은 생의 단순한 끝이 아니다. 살아 있는 것만이 죽을 수 있기 때문에 죽음은 생의 하나의 계기이다. 그래서 정신은 여기에서도 생과 죽음의 대립을 초월해서 양자의 통일을 도출해내지 않으면 안된다. 이렇게 해서 생겨나는 것이 "혼의 불멸"이라는 이념이다.

제4장 「개성적 법칙」에서는 생의 입장에서 윤리학이 거론된다. 생은 연속적인 유동인데, 이 유동은 단순한 체험의 흐름이 아닐 뿐더러 표상의 계기도 아니다. 거기에는 희망이나 미적인 요구나 종교적인 이념도 포함되어 있다. 생은 "이래야만 한다"는 윤리적인 평가의 기준을 자신 속에 갖고 있다. 그렇다면 칸트의 윤리학처럼 개성적 생의 연관에서부터 분리되어 나온 일반 법칙을 윤리 법칙으로 내세울 수는 없다. 어떠한 순간의 어떠한 생도 외부에서 심판할 수 없는 완결된 전체적인 생이다.

이 책 네 개의 장 가운데 제1장을 제외하고는, 1910년부터 17년까지 『로고스』지에 발표된 원고를 대폭 증보, 개정한 것이다. 짐멜이 이 책의 마지막 교정에 들어간 것은 죽기 2주 전이었다는 점으로 미루어보건대, 이 책은 짐멜이 다달은 문자 그대로 마지막 견해였다.

서양의 몰락

오스왈트 슈펭글러

Der Untergang des Abendlandes — Umrisse einer Morphologie der Weltgeschichte, 1918/1922

『서양의 몰락』 제1권은 1918년에 출판되었지만, 원고는 1차대전이 발발한 1914년에 이미 완성되어 있었다. 예고된 서구 문명의 운명은 당시의 암울한 정세와 겹쳐서 출판하자마자 센세이션을 불러일으켰다. 일개 무명 저자가 쓴 매혹적인 이 책은 맨 처음에는 일반 독자의 갈채를 받았지만, 전문적인 역사가나 철학자로부터는 냉대를 받아 정치 평론이 성공하지 못함에 따라 독일의 여론은 급속히 그에게서 등을 돌린다. 1922년에 출판된 제2권은 별다른 주목을 받지 못했고, 슈펭글러는 역사의 본무내에서 잊혀져간다. 그러나 그 뒤 세계사의 발걸음이 그의 예측의 놀라울 만큼 정확함을 증명하고 있는 이상, 망각의 의미를 고쳐물어 이 책이 제시한 심오한 직감을 새삼스럽게 재검토할 필요가 있게 되었다.

슈펭글러(Oswald Spengler : 1880~1936)는 하르츠 지방의 브란켄부르크에서 태어나, 대학에서는 수학과 자연 과학을 전공했다. 1904년 할레 대학에 제출한 헤라클레이토스에 관한 논문으로 학위를 취득했다. 김나지움에서 교육 활동을 하다가 이후에 이를 사퇴하고 역사 연구와 저작 활동에 전념한다. 처음에는 정치 논문을 쓰려 했으나 여러 문화의 차이에 관한 철학적 성찰을 전개한 것이 바로 이 책 『서양의 몰락』이다. 이 책에는 크게 두 개의 테마가 교차되고 있다. 하나는 문화 차이의 연구를 가능하게 해주는 역사적 형태학의 방법의 확립이며, 또 하나는 좀 더 특수한 주제, 즉 유럽 몰락의 운명을 둘러싼 반성이다. 이 두 개의 주제가 엮어짐으로써 이 책은 단순히 역사 철학적 성찰에 머무르지 않고, 또 정치적 평론에도 머무르지 않는 독특한 힘이 있는 인상을 독자에게 주게 되었다.

제1권은 "형태와 현실"이라는 제목으로 세계의 문화를 8가지로 구별하고 그 형태를 비교 · 고찰하고 있다. 그 문화란 이집트, 바빌론, 인도, 중국, 멕시코, 아랍, 그리스 · 로마 고대 그리고 서구이다. 그의 지적에서 주목해야 할 것은 역사의 비연속성의 통찰이다. 고대, 중세, 근세라는 시대 구분에는 아무런 의미도 없다. 역사는 인간이 직선적으로 발전시켜온 것을 보증하지 않으며, 기원에서부터 인간이라는 실체가 시간을 거치며 계속해서 생을 이어 나온 것도 아니다. 인간이란 추상의 소산이다. 혹은 여러 문화라는 개체일 뿐이다. 이 개체는 살아서 자립하는 유기체처럼 각각 혼과 고유한 모습을 지닌다. 그리고 각각의 문화에는 생명체와 마찬가지로 탄생과 유아기(봄), 청년기(여름), 성숙기(가을), 그리고 노년과 몰락(겨울)이라는 4시기가 있다. 이 문화의 최후의 단계가 바로 문명이다.

문화는 언어, 종교, 예술, 국가 등의 영역에 가능성의 모든 것을 추출하여 실현했을 때 사멸한다. 그 변모는 다른 것으로부터의 영향 관계에 의한 것이 아니라, 모나드처럼 폐쇄된 문화의 내재적 필연, 운명에 따른다. 예를 들어 그리스의 기하학, 아랍의 산술, 서양의 해석 등—이들 사이에 공통된 기반은 없다. 그것들은 다만 그것을 낳은 문화적 개체에 대한 참조에 의해서만 이해된다. 여기에서는 역사적 상대주의의 극단적인 귀결이 보인다.

문제는 서양의 몰락이다. 유한성을 갈망하는 충동이 특징인 고대의 아폴론적 문화에 반해서, 슈펭글러는 서구의 문화를 파우스트적 문화라고 부른다. 그 근원 상징은 한계가 없는 순수 공간이며, 그 혼의 고향은 어두운 무한의 고독이다. 푸가라는 음악 형식이나 원근법, 명암법, 무한 계산, 대탐험, 원거리 무기, 전신 전화, 제국주의—이들은 모두 서양의 인간에게 무한을 동경하도록 만든 치유될 수 없는 불만의 표현이다. 슈펭글러는 이 혼의 정점을 렘브란트와 바그너에서 포착했다.

이미 문명이라는 겨울 단계에 접어든 서구. 그것은 고향이 없는, 뿌리 없는 잡초 같은 도시 생활자, 도시화와 문명화의 시기로서, 종교는 생명을 잃고 돈이 지배하고 대중이 엘리트를 대체하고 모성 대신에 섹스가 활기를 띤다. 슈펭글러는 이런 맥락에서 대중 지배의 문제, 프로파갠더, 대중 예술, 정치적 지배의 형태, 특히 민주주의가 독재 정치로 격변하는 어떤 종류의 경향 등을 예언했다. 특히 그 예언은 "세계사적 전망"이라는 제목을 붙인 제2권에서 서술되고 있다.

슈펭글러의 통찰은 근대의 도시화된 산업 문명에는 근본적으로 무엇인가 잘못된 것이 존재하고, 훨씬 오래되고 섬세한 시대의 풍요로운 가치는 상실되어버렸다고 하는 상실감에 의해 지탱되고 있다. 아도르노는 그의 저서 『프리즘』 속에서 슈펭글러를 망각의 심연에 빠뜨린 당시 지식인의 몽매함을 지적하면서, 동시에 그의 진리와 비진리를 새삼 문제삼았다. 예술이나 시대의 귀추에 대한 섬세하고도 정확한 통찰의 배후에 마키아벨리즘에서와 같은 인간에 대한 모멸이 잠재하고 있다. 마찬가지로 인간을 통찰한 헤겔이나 프로이트와는 달리 슈펭글러에게 결여된 것, 그것은 인간에게 값진 생존을 구제하려고 하는 점이라고 고로 만도 지적한다.

『서양의 몰락』은 비참한 시대의 소산이라고 할 수 있을 것이다. 많은 역사가나 철학자에 의해서 등한시되기는 했으나, 거기에는 아직 무시할 수 없는 놀라운 혜안이 아로새겨져 있음은 의심의 여지가 없다. 역사는 과학 쪽이 아니라 개체에 정성스런 눈길을 기울이는 시(詩) 쪽에 있다.

논리 철학 논고

루드비히 비트겐슈타인
Tractatus Logico-Philosophicus, 1921(1918)

『논리 철학 논고』는 비트겐슈타인이 생전에 간행한 유일한 저작이다. 프레게, 럿셀과 같은 논리학자의 영향 아래서 종래의 형이상학을 일소하겠다는 의도를 지닌 이 책은 비엔나 학파를 비롯한 많은 과학 철학자들의 열렬한 지지를 받았다. 그러나 "말할 수 없는 것에 대해서는 침묵해야만 한다"라는 너무나도 유명한 명제로 끝나는 이 책의 진정한 의의는 '침묵' 부분에 있다고 한다. 이 책은 '논리' 책 이상의 '윤리' 책이다.

비트겐슈타인(Ludwig Wittgenstein : 1889~1951)은 오스트리아의 빈에서 태어나 처음에는 자연 과학을 지망했으나, 그 뒤 관심이 수학 기초론으로 바뀌어 케임브리지 대학에서 럿셀의 제자가 된다. 놀라운 속도로 당시 논리학의 지식을 흡수하여 1918년에 『논리 철학 논고』를 완성시켰다. 이 책에 의해서 철학의 문제는 모두 해결되었다고 생각한 비트겐슈타인은 초등학교 교사나 정원사 등을 전전하였다. 1929년에 다시 케임브리지로 돌아와 철학을 재개한다. 서서히 『논리 철학 논고』의 사상에서 벗어나 최종적으로는 『철학적 탐구』에서 보이는 것처럼, 『논리 철학 논고』의 사상과는 완전히 동떨어진 후기 사상에 도달한다. 1951년에 62세로 생애의 막을 내릴 때까지 계속 『확실성의 문제』를 집필했다.

프레게의 일련의 저작이나 1910~13년의 럿셀과 화이트헤드에 의한 『프린키피아 마테마티카』의 간행 등에 의해 기호 논리학이 크게 발전하여 많은 논리학자나 철학자에게 영향을 주었다. 럿셀의 제자인 비트겐슈타인의 『논리 철학 논고』도 바로 이러한 시대의 산물이다. 그러나 비트겐슈타인이 세기말 빈에서 태어나 칼 크라우스 나 프리츠 마우트나 등의 영향을 받았다는 것, 혹은 이 책이 1차대전 종군중에 완성되었다는 것 등에서 드러나듯이, 이 책은 단순한 논리학 책과는 그 취지가 매우 다르다. 1918년에 완성했으나 출판사와 타협을 짓지 못하여 우여곡절 끝에 럿셀의 서문을 붙여서 1921년에 『자연 철학 연보』의 최종호(14권 3 · 4호)에 게제되었다.

『논리 철학 논고』는 1에서 7이라는 번호가 붙은 7가지 명제로 구성되어 있고, 각각의 명제에 몇 개의 보충 명제가 이어지고 있다. 그 7가지 명제란 다음과 같다.

1. 세계는 성립하고 있는 것의 총체이다.
2. 성립하고 있다는 것, 즉 사실이란 여러 가지 사태의 존립이다.
3. 사실의 논리적 상이 사상이다.
4. 사상은 의미있는 명제이다.
5. 명제는 요소 명제의 진리 함수이다.
6. 진리 함수의 일반 형식은〔$p, \bar{\xi}, N(\bar{\xi})$〕이다.
7. 말할 수 없는 것에 대해서는 침묵해야만 한다.

『논리 철학 논고』에 따르면, 세계는 "사태"라는 구성 요소에 의해 이루어지고 있다. 그리고 이 "사태"에 "요소 명제"가 대응하고 있다. 어떤 "사태"가 "존립"하고 있다면 대응하는 "요소 명제"는 참(眞)이고, "존립"하고 있지 않으면 거짓(僞)이다. 가능성까지도 포함한 모든 "요소 명제"에 의하여 논리 공간이 구성되어 있다. 그리고 이러한 "요소 명제"의 "진리

함수"가 여러 가지 명제이다. 그렇기 때문에 명제의 진위는 "사태"의 존립 · 비존립, 곧 "요소 명제"의 진위에 따라서 한꺼번에 결정된다. 이 명제의 진위를 확인하는 작업이야말로 자연 과학의 역할이라고 비크겐슈타인은 말하고 있다. 더욱이 이러한 명제와는 별도로, "사태"와의 대응과는 전혀 관계없이 항상 참이 되는 명제, 즉 토톨로지(Tautology, 동어 반복)가 있고, 이들 명제는 논리학의 영역에 속한다. 비트겐슈타인에 따르면, 유의미한 명제란 이와 같은 자연 과학적 명제와 논리학적 명제 두 종류밖에 없다.

이러한 사실에 의해서 종래의 형이상학적 언설(discourse, 담론이라고도 함)이나 윤리, 종교, 신비에 관한 언설은 모두 무의미한 것으로서 배제되게 된다. 이것이 "말할 수 없는 것에 대해서는 침묵해야만 한다"는 명제의 의미이다. 그러나 이 말을 형이상학자들의 조종(弔鐘)으로 들은 논리실증주의자들과 비트겐슈타인 자신의 의도는 상당히 달랐다. 비트겐슈타인은 "말할 수 없는 것"의 영역을, 이 영역에 관해서 수다를 떠는 형이상학자들의 손이 미치지 못하게 했을 뿐만 아니라, 동시에 신비적인 것이나 종교적인 것의 영역에 맨발로 들어오려는 자연 과학자들로부터도 지키려 했다. 즉 비트겐슈타인은 "말할 수 있는" 영역을 엄밀하게 획정함으로써 "말할 수 없는" 영역을 누구의 손도 미칠 수 없게 했다고 말할 수 있다. 뒤에 『윤리학 강의』(1929) 가운데에서 이 "말할 수 없는" 영역에 대해 말하는 것은 전혀 의미가 없지만, 그러한 경향에 대해서는 깊은 존경의 마음을 갖는다고 말하고 있다.

『논리 철학 논고』에는 논리학만이 아닌 많은 문제가 극도로 응축되어 간결한 문체로 표현되고 있다. 명문(名文)으로도 유명한 이 견고한 작품은 오늘날에도 역시 깊은 매력을 지니고 있다.

세계관의 심리학

칼 야스퍼스
Psychologie der Weltanschauungen, 1919

『세계관의 심리학』은 정신 의학자로 출발한 야스퍼스가 철학으로 전환하는 이행기의 작품이다. 동시에 1차대전 뒤의 혼란기에 20세기 실존 철학의 탄생을 알리는 저작이다. 키에르케고르나 니체를 수용하면서 실존을 묻고, 또 한계 상황, 교체 등의 기본 개념도 이미 나와 있다. 이 책은 야스퍼스 자신의 철학의 그후의 전개에 대해서뿐만 아니라, 특히 하이데게에 대한 자극을 통해서 현대 철학에 대해서도 직접적, 간접적으로 커다란 영향을 미치고 있다.

야스퍼스(Karl Jaspers : 1883~1969)는 북부 독일의 올덴부르크에서 태어나 처음에는 법학을 공부하다가 의학부로 옮겼다. 1913년에 『정신 병리학 총론』을 발표하였다. 16년에 하이델베르크대학의 심리학 객원 교수가 되었고, 19년에는 『세계관의 심리학』을 발간하였다. 21년에 이 대학의 철학 교수로 취임하였다. 31년에 『현대의 정신적 상황』과 『철학』을 출판하였다. 37년, 부인이 유태인이었기 때문에 나치에 의해 교수직을 박탈당했다. 전후에 다시 복직한다. 47년에 『진리에 대하여』를 출간하고, 48년부터 61년까지 스위스의 바젤 대학에서 교수로 일했다.

야스퍼스는 젊을 때부터 철학을 공부하기는 했지만, 그가 철학부에서 심리학을 강의하게 된 것은 하이델베르크 대학의 의학부에는 교수 정원에 여유가 없었다고 하는 외면적인 사정 때문이다. 하물며 철학을 선택할 의사는 전혀 없었다. 실제로 그의 강의록의 하나인 『세계관의 심리학』은 철학과 심리학을 엄격히 구별한 뒤, 스스로의 과제를 심리학에 한정시키고 있다.

이 책에 따르면, 철학은 본래 단순한 보편적인 고찰에 머무르는 것이 아니라, 가치의 표를 제시해서 인간의 생에 의미와 목표를 부여하는 것, 다시 말해서 세계관을 부여하는 것이며, 이를 그는 〈예언하는 철학〉이라고 부른다. 이에 대해서 특정한 세계관을 정립하지 않고 인간이란 무엇인가를 보편적으로 고찰하는 것이 심리학이다. 심리학은 생의 의미를 가르치지 않고, 가능한 한 그것을 알기 위한 수단을 제공하는 것에 지나지 않는다. 심리학의 일부를 이루는 세계관의 심리학은 여러 세계관의 유형들을 질서지우는 방식으로 그것을 행하는 것, 여러 세계관의 모든 가능성을 체계적으로 이해함으로써 "실존적 결단이 내려지는 넓은 공간의 조명"을 지향한다. 본질적인 사항은 어떻게 살아야 하느냐는 문제이자 실존적 결단인데, 세계관의 심리학은 그러기 위한 해명과 가능성을 제시하는 데에 그친다.

이 책은 〈주관 - 객관 - 분열〉을 근원적 현상으로 포착한 다음에 여러 세계관을 우선 주관 쪽에서 고찰하고(제1장 「여러 가지 태도」), 다음에 객관 쪽에서 고찰한다(제2장 「여러 가지 세계상」). 그러나 태도나 세계상은 심적인 생의 정적인 요소, 추상태이기 때문에 마지막으로 양자를 포괄하는 역동적인 「정신의 생」(제3장)의 여러 유형을 고찰한다. 태도는 대상적인 여러 태도, 자기 반성적인 여러 태도, 이들의 〈주관 - 객관 - 분열〉을 지양하여 전체적인 것으로 향하는 열정적인 여러 태도로, 세계상은 감성적 - 공간적 세계상, 심적 - 문화적 세계상, 형이상학적 세계상(절대자와 결부된 것으로서 대상을 포착함)으로, 정신의 유형은 견고한 기둥, 절대적인 것이 없다고 하는 한계 상황——요컨대 니힐리즘—— 가운데에서 기둥으로 삼는 것이 단편적인 것일 경우, 오래되고 유한한 것일 경우, 무한한 것일 경우로 각각 삼분된다.

막스 베버를 모방해서 가치 판단을 가능한 한 배제하려고 하는 이 이해 심리학은, 하지만 스스로의 의도와는 달리 철학으로 접근하고 있었다. 뒤에 야스퍼스 자신이 말한 것처럼, 예언하는 철학과 심리학의 대비는 "너무나도 단순"했다. 특정한 세계관을 직접적으로 전달하는 것이 아니라 각자가 자유롭게 스스로 철학을 통해서 자기 자신을 발견하도록 호소한다는 이 책의 입장은 이제 단순한 고찰이 아니라, 이미 철학이며 이후의 야스파스 철학의 근본 태도이기 때문이다. 어쨌든 예언하는 철학은 철학이 아니라 종교의 대용품에 지나지 않는다. 객관적, 학문적인 가치 철학을 지향하는 동료 리커트는 주관적인 가치관이 혼입된 일종의 생의 철학을 이 책에서 발견하고서 신날하게 비판했는데, 확실히 생의 철학 경향이 농후하다.

더구나 『세계관의 심리학』은 단순한 생의 철학이라기보다는 오히려 실존 철학의 저서이다. 키에르케고르가 인간의 자기 존재라는 특별한 의미로 사용한 〈실존〉(Existenz)이라는 술어를 의식적으로 사용하고 있는 것 이외에, 니체의 자극 아래에서 니힐리즘 극복을 극복하려 하는 등 생의 의미를 탐구하려 하는 이 책에 준 두 사람의 영향은 명백하다. 또 교체, 한계 상황(우연, 죽음, 부채, 고뇌, 투쟁), 주관 – 객관 – 분열, 자유, 성실, 사랑, 시간 등등, 그의 주저 『철학』 이후에 세계화되는 문제계(問題系)가 이미 등장하여 음미되고 있다.

그런데 하이데거는 이 책에 대해서 긴 서평을 썼다. 당시 그는 아직 보편적 존재론이라는 문제를 설정하지 않았으며, 옛스승인 리커트에 의한 생의 철학 비판에 반기를 들어 "생의 현상학"을 기획하고 있었다. 서평에서는 야스퍼스의 방법론적인 성찰의 불충분함을 지적하는 한편, 이 책에서 생의 철학이 실존이라는 현상으로 향하고 있는 것에 공감을 표명한다. 생이 아니라 존재 일반을 묻는 『실존과 시간』에 대해서도 이 점에서의 영향은 크다. 이 책은 현대의 실존 철학 전체에 직접적, 간접적으로 커다란 영향을 미쳤다. 심리학의 이름을 쓰고 있지만, 20세기 실존 철학의 최초의 저서라 할 수 있을 것이다.

로마서

칼 바르트
Der Römerbrief, 1919/1922

바르트의 『로마서 (강해)』(1919)는 그리스트교 종교 의식(意識)의 근대로부터 현대로의 전환을 1차대전을 배경으로 해서 명확하게 제시하였다. 신약 성서에 있는 바울의 「로마 신도에 대한 편지(로마서)」는 기원후 56~57년에 쓰여졌는데, 그 뒤 이 글의 해석(강해)이 각 시대를 구분짓는 역할을 했다. 고대로부터 중세는 아우구스티누스, 그리고 근대로부터 현대는 바르트 등이다. 바르트의 이 책은 철학상의 실존주의의 발흥과 융성에 병행해서 신학상의 '변증법 신학'의 출발점이 되었다.

칼 바르트(Karl Barth : 1886~1968)는 뒤에 베른 대학 교수가 된 프릿츠 바르트의 장남으로 스위스의 바젤에서 태어났다. 베른에서 기초 과목을 이수한 뒤 독일의 베를린, 튜빙겐, 마흐부르크에서 신학의 근대주의적 형태인 자유주의 신학의 대표자 하르낙 등에게서 배웠다. 칼은 아버지의 보수적인 적극적주의(積極的主義) 신학에 반항해서 자유주의 신학의 젊은 기수가 되었다.

제네바에서의 부목사를 거쳐 아르가우 주의 자펜빌이라는 시골의 목사가 되었다. 247채의 집이 있는 이 마을에는 두 개의 공장이 있어 마을 사람 2/3가 그곳에서 일하고 있었다. 마을에는 전기가 들어와 근대화가 진행되었으나, 사람들의 생활 수준은 떨어졌다. 여기에서의 목사 일은 설교만이 아니라 마을 사람들의 건강과 생활을 지키는 싸움이 되었다. 그의 활동은 노동조합 운동에서 사회주의 운동으로, 다시 사회 민주당 입당으로 나아갔다. 그는 이제 자유주의 신학으로는 설교할 수 없게 되었다. 그때 1차대전이 개시되었다. 전쟁이 터지던 날에 발표한 93명의 독일 지식인의 선언은 그에게 커다란 충격을 안겨주었다. 그의 스승이었던 대표적인 신학자들이 이 전쟁 정책을 지지했기 때문이다. 바야흐로 자본주의의 착취에 신음하는 마을 사람들에게 복음을 선교하기 위해서는 저 스승들과는 전혀 다른 장소에서 출발해야만 했다. 바르트는 로마서와 씨름하며 읽고 또 읽고 쓰고 또 썼다. 그 메모가 두툼한 노트 3권 분량이 된 1916년 7월에 논문 형식으로 써 내려가기 시작하여 과로 때문에 반 년 중단했다가 1916년 6월에 439쪽의 책을 써냈다. 그 교정본을 읽고 있을 때 대전이 끝났고, 이 해 크리스마스에 1919년 간행으로 출간되었다.

그런데 저자를 숨쉴 틈 없이 몰아붙인 것은 '성서의 새로운 발견' 이었다. 낡은 신학의 파라다임에서 해방되어 바울에게 자유롭게 말하게 하는 것이 목표가 되었다. 이제까지 "모든 것은 신 없이 매듭이 지어졌다." 그러나 "언젠가는 인간 문제가 붕괴됨으로써 신의 문제가 독점적으로 신 자신의 문제임이 백일하에 드러나야만 한다." "신의 입장을 한쪽의 당파적 입장으로 가로챌 수는 없다." "신의 나라에서 문제가 되는 것은 새로운 시대의 시작이다." 괴테, 슈피테라, 실러 등의 시를 많이 인용한 것은 자유주의 신학의 잔영인지도 모른다. 스위스 종교 사회주의 운동에 대해서는 명확한 비판이 표명되고 있다.

이 책은 출판하려는 데가 없어 친구의 지원금으로 베른의 출판사에서 1천 부 발행되었으나 300부밖에 팔리지 않았다. 1919년 독일 탄바하에서 개최된 종교 사회주의 운동의 수련회에서 바르트는 오히려 운동에 비판적인 강연을 했는데, 그것이 독일의 젊은 신학자들의 주목을 끌어 이 책의 판권을 뮌헨의 카이저 출판사가 인수하자 나머지 책은 눈깜짝할 사이에 매진되고 말았다. 그 뒤 1963년에 원서의 사진판이 간행되었고, 1985년에는 Gesamtausgabe(전집판)에 수록되었다. 당시 즉각 제2쇄 간행이 논의되기 시작했다. 그를 찾아온 젊은 신학자 중에서 특히 1920년 10월 말에 방문한 고가르텐은 그에게 결정적인 영향을 주어, "같은 것을 좀 더 다른 형태로, 좀 더 확실하게 말하지 않으면 안되겠다"는 결심을 하게 된다. 그래서 "돌맹이 하나도 남기지 않았다"고 할 정도의 일대 개정이 시작되어 새로운 책이라 할 수 있는 523쪽짜리 대작이 11개월만에 쓰여졌다. 1921년 9월이었다. 그 해 크리스마스에 1922년 간행으로 출판되었다. 그대로의 형태로 판을 거듭해서 6판까지는 새로운 서문을 달고, 10판까지 3만6천 부가 간행되었다.

여기에서 그의 신학적 기본 자세는 변하지 않았다. 19세기 신학 전체의 전제인 종교주의, 인간 중심주의, 휴머니즘이 규탄되고 있다. 그러나 표현 방법이나 개념 장치는 완전히 달라져버렸다. 신의 불기시성, 식별 불가능성, 피안성, 이질성, 거리, 이방성 등의 부정 개념과 나란히 많은 변증법적 표현이 사용되었다. "신이시여! 우리들은 그것을 모른다는 것을 알고 있습니다." "새로운 세계는 옛세계에 접선이 원에 접하듯이 접합하지 않음으로써 접한다." 인간의 신앙은 "하나의 공동(空洞), 탄공(彈孔)에 불과하다." 신은 인간을 "균형이 아니라 불안과 위기로 인도한다." "나는 불안함으로써 안심하게 된다" 등이다. 제1판에는 키에르케고르의 이름이 한 번밖에 나오지 않지만, 제2판의 첫 페이지에서 『사도와 천재의 차이에 대하여』가 인용되는 등 여기저기서 키에르케고르의 이름과 인용과 용어가 쓰이고 니체, 토스트예프스키가 인용된다.

이 책 제1판으로 인해 바르트는 1922년에 독일 궤팅겐 대학의 개혁파

교의학(敎義學) 교수로 초빙되었고 뮌스터와 본의 교수를 역임한다. 1932년부터 반히틀러 교회 투쟁의 지도자로 활약했기 때문에 1935년에 독일에서 추방당하여 스위스의 바젤 대학의 교수로 국경의 이쪽 편에서 투쟁을 지원했다. 전후에도 스위스에서의 맥커시즘과의 투쟁, 원자 폭탄 반대 운동에도 참가했으나, 『로마서』로 시작한 새로운 신학의 구축을 『교회 교의학』에서 완성하려 하였다.

역사와 계급 의식

조르지 루카치
Geschichte und Klassenbewusstsein, 1923

『역사와 계급 의식』은 맑스주의적 변증법을 새롭게 확립하려 한 20세기 사회 철학의 고전적 원형이다. 물상화론(맑스)의 철학적 의미를 밝히고, 주체 · 객체의 동일성(통일성)으로서의 프롤레타리아트에 의한 새로운 총체성(헤겔)을 창출하려고 하였다. "서구 맑스주의"의 발단으로 자리매김되는 것으로서, 뒤의 '프랑크푸르트 학파', '프랑스 실존주의' 등을 비롯해서 광범한 영향을 미쳤다.

루카치(György Lukács)는 1885년에 헝가리에서 태어났으나 독일로 유학하여 짐멜, 헤겔 등의 영향 아래에서 저술한 『혼과 여러 형식』, 『소설 이론』 등의 독일어 저작을 통해서 신예 철학적 미학자로 주목받아 베버 서클의 주요 멤버가 된다. 신비주의적, 종말론적 색채가 농후한 헝가리의 젊은 지식인 그룹의 지도자로서 활약하다가 1919년의 헝가리 혁명에 적극적으로 참가하여 혁명 정부의 교육부 장관이 되기에 이른다. 공화국이 붕괴된 이후, 그 체험을 바탕으로 망명처인 빈에서 집필 · 집성된 논문집이 『역사와 계급 의식』이다. 이 책은 맑스주의, 특히 그 변증법의 철학적 의의를 명확하게 밝히고 메를르-퐁티가 말하는 의미에서의 "서구 맑스주의"의 발단이 되었으나, 다른 한편으로 당시 당 중앙으로부터는 "자연 변증법"과 "반영론"의 교의에 반하는 수정주의라는 집중적인 비난을 받았다. 그러나 "반파시즘 투쟁에 대한 입장권을 입수하기 위해"라는 이유로 "강제된 화해"와 뒤에 아도르노에 의해서 비판된 자기 비판을 했기 때문에 모스크바로 망명하였다가 2차대전이 끝나자 헝가리로 돌아왔다. 1956년의 이른바 헝가리 사건으로 체포 · 구류당한 뒤에는 이제까지의 "사상적 발전의 본질적 성과를 집약"하려고 미학, 존재론, 윤리학의 저술에 전념한다. 1971년에 사망. 인터뷰 형식의 자서전 『살 수 있었던 사고』가 최후의 작품이다.

『역사와 계급 의식』의 주요 논문 「물상화와 프롤레타리아트의 의식」에서 루카치는 맑스의 "상품의 물신적 성격과 그 비밀"의 분석에 입각해서 근대 부르주아 사회 전체에 걸친 물상화의 여러 현상을 서술하고 있다. "인간 자신의 활동, 인간 자신의 노동이 무엇인가 객체적인 것, 인간으로부터 독립되어 있는 것, 인간에게는 소원한 고유의 법칙성에 의해서 인간을 지배함으로써 인간에게 대립한다." 자본주의적 생산의 노동 과정에서의 이러한 물상화의 전개는 동시에, 베버에 따르면 법률, 국가, 행정 조직 등을 관통하는 근대 관료제에서 볼 수 있는 합리화의 진전으로도 파악된다. 그리고 더욱이 이러한 물상화 · 합리화는 의식, 문화의 차원에 이르러 개별 과학들에서의 형식적 세분화, 철학에서의 형식과 내용의 분리, 주체와 객체의 대립, 그리고 전체상의 상실로도 현상한다고 하는 바가 루카치 자신의 독자적인 주장이다. 그리고 그러한 근대 사회 · 문화에서의 이율 배반을 근본적으로 지양하는 것, 이것이 주체 · 객체의 동일성(통일성)으로서의 프롤레타리아트의 역사적 사명이다. 프롤레타리아트는 노동력 상품으로서 객체화되고 물상화된 세계의 수동적 산출물일 뿐 아니라, 스스로 그러한 세계 총체의 산출자이기 때문에 능동적인 실천과 변혁, 그리고 인식에 대한 총체적 주체가 될 객관적 가능성을 지니기 때문이다.

『역사와 계급 의식』의 영향은 매우 광범위하다. 심지어 하이데거의 『존재와 시간』에도 그 충격이 미치고 있다고 한다. 일찍이 골드만은 "『존재와 시간』의 대부분이, ……특히 루카치의 『역사와 계급 의식』을 상대로 한 논의로서의 의미를 지니는 것임을 이해하지 못한다면 이 저서을 이해할 수 없다"(『루카치와 하이데거』)라고 말하고 있다. 특히 중요한 것은 프랑크푸르트 학파와의 관계이다. 루카치의 초기 저작과 비판 이론을 연결하는 선은 매우 굵직하다. 분명히 자연 지배와 사회 통합 사이의 연동, 문화 산업과 같은 『계몽의 변증법』의 주요 문제군은 『역사와 계급 의식』에서는 아직도 찾아볼 수 없는 것이었음에도 불구하고.

그러나 더욱 고려해야 할 것은 루카치 말년의 재결산의 의미이다. 말년의 그는 젊은 시절의 『역사와 계급 의식』을 "과도기의 저작"이라고 자리매김한 뒤 『사회적 존재의 존재론을 위하여』나 그에 대한 '제자' 들의 비판을 받아들여 새로 『사회적 존재론을 위한 프롤레고메나』를 썼는데, 거기에서는 "사회적 · 역사적 이론" 차원이 빠져 있다. 그 공백은 『역사와 계급 의식』을 루카치의 자기 평가와는 다른 안목으로 재평가한다는 과제의 소재를 알리고 있는 것은 아닐까?

심볼 형식의 철학

에른스트 카시러
Die Philosophie der symbolischen Formen, 1923~27

카시러는 "이성을 가진 동물(animal rationale)"이라는 전통적인 인간 이해를, "심볼을 조작하는 동물(animal symbolicum)"이라는 새로운 인간관으로 대체한다. 『심볼 형식의 철학』은 과학만을 인식의 모범으로 삼는 것이 아니라, 신화나 예술이나 종교나 과학도 인간이 그 심볼 기능에 의해서 세계를 구성하고 이해하는 여러 가지 방식으로 간주함으로써 인간과 세계의 다양하고 풍부한 관계를 회복하려고 한다.

카시러(Ernst Cassirer)는 1874년 브레슬라우(현재 폴란드의 우로치워프)의 유태인 가정에서 태어나 92년부터 베를린, 라이프치히, 하이델베르크 대학에서 공부하였고, 99년에 마흐부르크 대학의 헤르만 코엔 밑에서 철학 박사 학위를 취득했다. 1909년에 베를린 대학의 시간 강사, 19년에 신설된 함부르크 대학의 철학 교수가 되었다. 여기에서 월부르크 문고를 접하여 엄청난 영향을 받게 된다. 33년에 나치 정권이 수립되자 옥스포드로 망명하고, 35년에 스웨덴의 예티보리 대학의 교수로 취임한다. 41년에 미국에 건너가서 예일 대학의 객원 교수로 취임한다. 44년에 뉴욕의 콜롬비아 대학으로 자리를 옮겼고, 45년 그곳에서 급서하였다.

카시러는 헤르만 코엔과 파울 나토르프가 이끄는 신칸트주의 일파(마흐부르크 학파) 출신이다. 그런만큼 그의 당초의 관심도 수학적 · 자연 과학적 인식의 구조를 연구하여 이 인식에 기초한 일반 인식 이론을 구축하는데 있었다. 그러나 그는 이 연구를 진행하는 도중에 자연 과학적 인식 모델만으로는 정신 과학의 방법론적 기초를 정립하기에 불충분하기 때문에 일반 인식 이론 구상을 원리적으로 확장할 필요를 느끼게 된다. 그의 최초의 체계적인 저작인 『실체 개념과 함수 개념』(1910)은 과학적 개념을 분석하여, 그 기능이 사물의 본질을 드러내는 것이 아니라 현실을 인식할 수 있게 해주는 구성적 도식을 제공하는 것임을 밝혔다. 개념은 대상을 모사하는 것이 아니라, 오히려 대상을 최초로 형태화하는 것이다. 하지만 이러한 형태화 작용은 특별히 과학적 세계만이 아니라 지각과 직관의 세계인 자연적 세계에도, 그뿐 아니라 신화적 세계에까지 작동하고 있음이 틀림없다. 이리하여 카시러는 언어, 신화, 예술, 종교, 과학과 같은 모든 문화적 산물을 인간만이 할 수 있는 심볼 활동의 산물로 간주해서 각각의 영역에서 작동하고 있는 그것의 고유한 형성 법칙(심볼 형식)을 밝히려 하였다.

『심볼 형식의 철학』은 3권으로 이루어져 있다. 제1권(1923)은 '언어'를, 제2권(1925)은 '신화적 사고'를 다루고 있다. 언어와 신화가 특별히 문제가 되는 것은 이들이 종래에 항상 비합리적인 것의 영역으로 밀려났기 때문이다. 그리스 이래의 철학은 언어와 신화의 혼돈된 표상에서 정합적인 '로고스'를 구출하려고 노력해왔다. 하지만 예술이건, 종교이건 간에 인간의 문화 활동은 모두 언어와 신화의 영역을 자신의 고향으로 삼고 있다. 그리고보면 인식 이론을 구축하려면 인간 정신의 이러한 기층의 형성 법칙을 미리 알 필요가 있다.

제3권 「인식의 현상학」(1927)은 앞의 두 권의 성과에 근거하여 인간의 심볼 기능에 착안한 새로운 인식론의 체계를 구축한다. 카시러는 심볼 기능의 세 가지 층을 구별한다. 표정 기능, 표출 기능, 의미 기능이 바로 그것이다.

먼저 표정 기능에서 심볼은 대상을 직접 드러내는 일에 사용된다. 이 기능의 전형은 표정 현상에서 볼 수 있다. 우리들은 기뻐서 미소짓는 얼굴을 직관적으로 하나의 전체로서 경험하고 거기에서 기쁨이라는 내면과 미소라는 외면을 구별하지 않는다. 여기에는 아직 물(物)과 속성의 관계나 인과 관계가 끼어들 여지가 없다. 표정 기능은 모든 심볼 기능의 기층을 이루고, 신화적 형상이나 종교적 제사는 이 기능의 지배를 받고 있다.

심볼이 그것과 구별된 대상을 표시하게 되면 표출 기능이 나타나게 된다. 표출 기능은 항상적인 "물"과 가변적인 "속성"을 구별해서 어떤 객관적인 사태를 확정할 수가 있다. 이 표출 기능의 대표적 담당자는 언어이다.

마지막으로 의미 기능이 되면, 심볼은 그 자신의 의미 세계를 자유롭게 창조하기 위해 사용되게 된다. 이 기능은 현대 수학과 기호 논리학과 과학적 개념에서 가장 순수한 형태로 나타난다. 「인식의 현상학」은 헤겔의 『정신 현상학』처럼 문화를 하나의 전체로 간주하고, 과학까지도 그 하나의 위상으로 위치지우려고 한다.

카시러의 심볼 개념의 유효성은 각 분야에서 입증되고 있다. 파노프스키의 이코놀노로지 연구나 랑거의 예술 현상 연구, 엘리아데의 종교학, 융의 심층 심리학, 쉘러나 메를로-퐁티의 현상학적 인간학 등은 그 예라고 할 수 있다. 하지만 『심볼 형식의 철학』 그 자체는 대단한 작품이다. 저자 자신이 이 책의 주장을 요약한 『인간』(1944)을 입문서로 권하고 있다.

나와 그대

마르틴 부버
Ich und Du, 1923

『나와 그대』는 부버 사상의 핵심인 대화적 원리를 명확하게 전개한 저작이다. 시오니즘 운동의 경험과 하시디즘 연구로부터 태어난 이 책은 데카르트의 "나는 생각한다. 고로 나는 존재한다"이래 고독한 자아의 자기 자신과의 독백에 지나지 않던 근대 유럽 철학의 막다른 골목에 직면해서 유태 정신에 근거한 새로운 사고, "나-그대" 관계에 근거한 새로운 윤리를 제창한다.

마르틴 부버(Martin Buber : 1878~1965)는 오스트리아 빈의 동화되어 버린 유태인 가정에서 태어났다. 1901년에 시오니즘 운동에 참가해서 그 잡지 『세계』의 편집자가 되지만, 곧 테오도르 헤르츨과 대립한다. 이 무렵부터 하시디즘(18세기 동구에 나타난 유태교의 경전주의적 운동) 연구에 몰두한다. 그 성과로 『하시디즘으로의 나의 길』(1918) 등이 있다. 23년에 프랑크푸르트 대학 교수가 되어 유태 종교학과 윤리학을 담당한다. 또 21~27년에 프랑크푸르트의 자유 유태 학교에서 종교학을 강의하고, 그 학교의 창설자 로젠츠바이크와 공동으로 헤브라이어 성서의 번역에도 착수한다. 나치의 박해 정책 때문에 38년에 독일을 떠나 예루살렘의 헤브라이 대학 교수가 된다. 이 시기의 저서로는 유토피아 사회주의를 적극적으로 평가한 『유토피아의 길』(1950)이 유명하다.

『나와 그대』는 1916년 무렵에 그 구상이 싹터 19년 가을에 최초의 초고가 완성되어 23년에 출판하였다. 이 구상에 결정적인 영향을 준 것은 구스타프 란다우어의 사상과 하시디즘이다. 란다우어는 사회주의를 표방하면서도 맑스와 같은 정치 혁명에 의한 권력 집중적인 사회 변혁 사상에 반대해서 주체와 주체 〈사이〉에 생동적으로 작동하는 전인격적인 사랑에 의한 생활 공동체의 건설을 지향했다. 또 하시디즘은 신앙 생활의 본질을 "인간이라는 〈나〉와 신이라는 〈그대〉가 만나 주고받는 대화"로 간주하고 있었다. 『나와 그대』에서 부버는 이렇게 해서 배운 "나-그대"의 대화적 원리를 "나-그것"이라는 대립 원리와 대비하면서 인간과 자연의 관계(제1부), 인간과 인간의 관계(제2부), 인간과 신의 관계(제3부)를 각각 구체적으로 설명해 나간다.

부버에 따르면, 〈나〉는 단독일 수 없고, 〈나-그대〉에서의 〈나〉이던가 〈나-그것〉에서의 〈나〉이던가 어느 한쪽이다. 〈그것〉에 대응하는 〈나〉는 사물도 인간도 자신의 대상으로서만 "경험"하고, 그것을 자신을 위해 "이용"하려고 한다. 이 〈나〉는 세계를 객관적으로 서술하고, 그럼으로써 세계를 합리적으로 관리하려고 하는 그리스 이래의 관조적 인간 유형이다. 이러한 태도는 인간에게 과학과 능률적이고 쾌적한 생활을 가져다주는 반면, 인간에 의한 인간의 관리를 낳아버린다. "경험과 이용"의 태도에 의해 만들어진 "그것의 세계"의 대표적인 예는 현대의 국가 기구와 경제 기구이다. 여기에서는 아무도 〈그대〉로서 만나는 일이 없이 특정된 역할을 담당한 〈그것〉으로서 서로를 이용한다.

그에 반해서 〈그대〉에 대응하는 〈나〉는 둘도 없는 전체로서 상대방을 "만나" 진정으로 내적인 관계를 맺을 수 있다. 〈그대〉는 반드시 타인이어야 할 필요가 없고 자연의 사물이라도 좋다. 예를 들어 나는 눈 앞의 나무를 과학적으로 관찰하거나 목재로 간주하기도 하지만, 대지에 튼튼하게 뿌리를 내리고 늠늠한 가지를 편 그 모습에 감동과 애착을 느낄 수도 있다. 이때 나는 〈그대〉로서의 나무와 인격적인 "교제"를 맺고 있는 것이다. 그리고 나는 이러한 "교제" 속에서 자신까지도 존경하는 것을 배워 참된 〈나〉를 자각하게 된다.

신 또한 〈영원한 그대〉로서 이해되어야 한다. 헤겔처럼 신에 대한 형이상학적 이론을 만드는 것은 신을 〈그것〉으로 깎아내리는 것이며, 신비주의처럼 신과의 신비적 합일을 구하는 것은 신을 〈내적인 나〉로 만드는 것에 불과하다. 오히려 우리들은 신의 절대적인 타자성을 인정하고, 신이 부르는 소리에 귀를 기울여 그 소리에 성실히 응답해야만 한다. 그러한 의미에서 "종교는 단지 계시 종교만 존재한다."

『나와 그대』는 결코 고립된 저작이 아니다. 전쟁에 의해서 인간의 생활 전체뿐만 아니라, 인간의 지성 그 자체에 대한 신뢰마저도 잃어버린 1차대전 이후의 유럽에서는 신의 초월성을 강조하고, 그러한 신과 인간 사이의 대화의 의지를 찾아내려는 노력이 각각의 종교적 전통에 입각해서 행해지고 있었다. 프로테스탄트에서는 칼 바르트의 『로마서』(1919)가 인간을 회개와 신성으로 인도하는 절대주의자로서의 신을 재발견하고, 카톨릭에어서는 에브너가 『말씀과 영적 현실』(1919)에서 고독한 자아를 "나와 그대가 마주 대하는 영적 현실"로 인도하는 예수 그리스트를 재발견했다. 또 같은 유태교에서도 전통주의의 입장에서 로젠츠바이크가 『구제의 별』(1923)에서 신과의 대화에서 사는 길을 모색하고 있었다. 이러한 대화적인 원리는 머지 않아 실존주의에 계승되게 되는데, 그것에 가장 공헌한 것은 부버의 『나와 그대』이다. 이 책은 베르쟈예프. 고갈뎅, 프롬 이외에도 프랑스 실존주의의 선구자 가브리엘 마르셀에게 특히 커다란 영향을 미쳤다.

존재와 시간

마르틴 하이데거
Sein und Zeit, 1927

『존재와 시간』은 미완성 작품임에도 불구하고 발간되자마자 독일 사상계의 지형을 일거에 바꾸어놓았다고 전해지고 있다. 이후 이 책은 1930년대의 독일 실존 철학, 2차대전 종전 뒤의 프랑스 실존주의, 1960년대의 구조주의, 1970년대에 개시되는 포스트 구조주의에 의해서 항시 그 사상적 원천으로 간주되어왔다. 그 중요성과 미친 영향력의 크기에서 틀림없이 20세기를 대표하는 철학서라고 해도 과언이 아니다.

하이데거 (Martin Heidegger : 1889~1976)는 서남 독일 슈바벤 지방의 메스키르히에서 태어나 프라이부르크 대학에서 현상학의 제창자 훗설의 가르침을 받는다. 1923년에 마흐부르크 대학 조교수로 취임하여 그곳에서 『존재와 시간』을 썼다. 1928년에 훗설 후임으로 프라이부르크 대학으로 돌아가는데, 1933년 나치 정권 성립 직후에 이 대학의 총장으로 취임하는 동시에 나치에 입당한다. 1년 뒤에 총장직을 사퇴하지만, 그 사이에 나치에 적극 가담한 것은 부정하기가 어렵다. 그 때문에 전후에 교직에서 추방당하게 되는데, 1951년에 복직하자마자 물러난다. 그 뒤로는 가끔 대학에서 강의하는 것 이외에는 정력적으로 강연이나 집필 활동에 종사하다가 1976년에 87살로 사망했다. 1987년에 출판된 파리아스의 『하이데거와 나치즘』을 계기로 하이데거의 나치 가담 문제가 격렬하게 재연되어 아직까지도 결말이 나지 않고 있다.

지금 80여 권에 달하는 전집이 간행중인데, 그 가운데에서도 중요한 것은 『존재와 시간』을 포함한 1920~40년대의 방대한 강의록이다. 또 그 자신이 『존재와 시간』의 "최초의 초안"이라 부른 이른바 『나톨프 보고』("아리스토텔레스"의 현상학적 해석— 해석학적 상황의 제시, 1923)도 1980년대 말에 발견되었다. 『존재와 시간』을 완전하게 이해하려면 이들 강의록이나 『보고』를 반드시 참조할 필요가 있다. 『존재와 시간』은 1차대전 직후인 1920년대, 이른바 '서구의 몰락'이 예감되던 종말론적 분위기 속에서 쓰여져 그 자체가 일종의 묵시록적인 기분을 감돌게 하고 있다. 그것에 어울리게 일상적 어법이나 문법을 무시한 어려운 문체를 가지고 있어 에른스트 블로흐의 『유토피아의 정신』(1918) 등과 함께 철학상의 표현주의를 대표하는 것으로 간주되고 있다. 하이데거는 여기에서 궁극적으로 서구 문화의 대전환을 꾀하는데, 그것이 뒤에 나치즘에 가담하는 것으로 이어졌던 것이리라.

『존재와 시간』은 오랫동안 실존 철학의 성전으로 간주되어왔다. 다시 말해서 그 주제는 인간 존재의 분석에 있다고 간주되어왔다. 그러나 하이데거 자신은 시종 이러한 견해를 거부하고, 이 책의 주제는 어디까지나 "존재 일반의 의미의 규명"—인간에 한하지 않고 모든 존재자가 "있다"고 말해질 때의 그 "있다=존재"의 의미의 규명—에 있다고 주장한다. 이러한 오해는 이 책이 불완전한 형태로 출판되었기 때문에 생겨난 것이다.

왜냐하면 당초에 『존재와 시간』은 각각 3편씩의 제1부와 제2부로 구성될 예정이었으나, 1927년에 출판된 상권에는 준비 작업으로 인간 존재를 분석한 제1부의 제1 · 2편만 포함되어 있기 때문이다. 본론에 해당하는

"존재 일반의 의미의 규명"이 행해질 예정이었던 제1부 제3편, 그리고 거기에서 밝혀진 존재의 시간적 의미에 비추어 칸트, 데카르트, 스콜라 철학, 아리스토텔레스의 존재 개념이 검토될 예정이었던 제2부는 하권으로 돌려졌고, 게다가 하권은 끝내 간행되지 못했다.

그러나 『나톨프 보고』에 비추어보면 하이데거가 처음에 구상한 것은 제2부의 이른바 서양 철학사의 근본적인 수정 작업이며, 이어서 그러기 위한 이론적 기초로 "존재 일반의 의미의 규명"(제1부 제3편)을 구상하고 그 준비 작업에 해당하는 인간 존재의 분석(제1부 제1 · 2편)은 마지막에 갑자기 생각이 난 것 같다. 더구나 그는 이 준비 작업이 실패한 것으로 간주하여 하권의 간행을 단념한 것이기 때문에 우리들이 가지고 있는 『존재와 시간』은 더할 나위 없는 결함투성이 상품인 것이다.

따라서 하권에서 전개될 예정이었던 본론을 우리는 그의 강의록 속에서 찾을 수밖에 없다. 예를 들어 1927년 여름 학기의 강의 『현상학의 근본문제』에서는 『존재와 시간』 제2부와 제1부 제3편의 일부분을 찾아볼 수 있고, 그밖에 1920년대 후반부터 30년대의 강의는 거의 모두 고대 그리스 초기의 자연관을 염두에 둔 서양 철학사의 장대한 비판적 해체 작업에 충당되고 있다. 특히 1935년의 『형이상학 입문』과 36년에 시작되는 일련의 '니체' 강의가 중요하다.

물론 출간된 제1부 제1 · 2편도 하이데거의 궁극적인 의도를 실현하는 준비 작업으로서는 분명히 실패였다 하더라도 인간 존재를 우선 "세계 내 존재"로, 이어서 그 시간 구조에 입각해서 분석하는 힘든 작업은 참으로 매력적이고 독자적인 인간관이 제시되고 있기도 하다. 어려운 문체가 뿜어내는 독특한 분위기와 어울려서 실패작임에도 불구하고 저토록이나 커다란 영향력을 발휘할 수 있었던 이유도 충분히 이해할 수 있을 것이다.

우주에서의 인간의 지위

막스 셸러
Die Stellung des Menschen im Kosmos, 1928

"인간이란 무엇인가", "우주 속에서 인간은 어떠한 지위를 차지하는가"라는 철학의 근본 문제에 대해 독자적인 관점에서 답하려 한 주옥과 같은 명저이다. 셸러는 여기에서 생명계 전체의 계층 구조를 확정하고, 그것과 연관지어 인간이 차지하는 특수한 지위를 밝히려고 하는데, 이러한 기본적인 구상이 20세기의 철학적 인간학의 형성을 촉구함과 아울러 생명 · 인간 과학의 근본적 개혁에 동기를 부여하기도 하였다.

막스 셸러(Max Scheler : 1874~1928)는 뮌헨에서 태어나 베를린 대학에서 철학과 사회학을 전공한 뒤 예나 대학에서 오이켄의 지도를 받는데, 1901년 어느 모임에서 현상학의 창시자 후설과 만나게 되자 이후 현상학에 관심을 갖는다. 곧 뮌헨 현상학 서클에 참가하여 1913년부터 20년까지 후설과 함께 『철학 및 현상학 연구 연보』의 편집위원을 맡았고, 그 제1권과 2권에 『윤리학의 형식주의와 실질적 가치 윤리학』을 발표했다. 1919년에 쾰른 대학 교수로 취임하고, 이후에도 사회학 분야에서 〈지식 사회학〉을 제창하는 등 왕성한 문필 활동을 통해서 광범한 영향을 미쳤으나, 대표작이 되었어야 할 『철학적 인간학』을 완성시키지 못한 채 1928년에 프랑크푸르트에서 급서했다.

다방면에 걸친 셸러의 업적 중에서 아마도 최대의 공적은 20세기 초반 이래 추진되어온 생명 과학들의 방법론적 혁신의 시도—예를 들어 생물학에서의 윅스퀼의 '환경 세계 이론'이나 심리학 · 생리학에서의 '게슈탈트 이론' 등—가 지닌 철학적 의미를 부각시켜 각각의 영역에서 무시 내지 경멸당하고 있던 그들의 시도를 지적 세계에 널리 소개한 일일 것이다. 이것은 본래 심리학의 방법론을 개혁하려고 한 데서 출발해서, 이윽고 더욱 넓게 생명 · 인간 과학의 여러 영역에서 동시에 진행되고 있던 개혁의 통합으로 구상된 훗설 현상학의 최초의 의도를 충실히 계승한 것이었다. 그의 〈철학적 인간학〉 구상도 이러한 노력에서 탄생한 것이다.

『우주에서의 인간의 지위』는 1927년 4월 다름슈타트의 〈지혜의 학원〉에서 강연한 "인간의 특수한 지위"를 바탕으로 완성한 것으로, 1929년에 공간될 예정이었던 대표작 『철학적 인간학』의 스케치에 지나지 않으나, 윅스퀼의 환경 세계 이론에 근거한 그것의 기본 구상도, 당시의 여러 생명 과학의 참신한 성과에 근거한 논의의 전개도 대단히 자극적이다.

여기에서 셸러는 생명계의 전체적 구조를 하위의 존재 단계에서부터 한 층씩 검토해간다. 그때 모든 생명체를 "대자적 · 내적인 존재까지도 소유하고, 그것에 의해 자기 자신을 인지하는" 심적 존재로 포착해서, 그 첫 단계의 형태를 "감정 충돌"이라 부른다. 이것은 식물이나 곤충 등에서 볼 수 있듯이, 〈충동〉과 〈감정〉이 분리되지 않은 망아(忘我)적인 운동이며 모든 심적 존재의 기초가 되고 있을 뿐만 아니라 그 본질 일반까지도 근본적으로 규정하는 것임이 틀림없다. 제2단계의 형태는 "감정 충돌과 그것의 여러 성질의 특수한 증대"에서 생겨나는 "본능"이라는 율동적 행동 양식으로, 거의 맹목적으로 종에 앞서 생득적이고 유전적이며, 게다가 시행 수와는 독립적인 것이다. 이 본능적 행동에서 다시 "연합 · 재생 · 조건 반사라고 하는 제반 사실의 총체"인 "연합적 기억"과 환경 세계 안의 제반 사실이나 가치 상태를 예견하는 "실천적 지능"이라는 제3, 제4의 존재 형태가 출현한다. 인간에게는 이 여러 계층 모두가 존재하고 있는 셈인데, 그렇다면 인간과 동물의 본질적 차이는 어디에서 찾아야 할 것인가? 셸러는 "인간의 본질 또는 인간의 〈특수한 지위〉라고 명명할 수 있는 것은 지능이나 선택 능력이라 부르는 것을 뛰어넘는 높은 곳에 위치한다"고 말한다. 인간을 인간답게 하는 것은 생명의 단계가 아니라 "모든 생명 일반, 인간에게서 생명에 대해서조차 대립하는 원리", 즉 "모든 것을 대상화하고 스스로는 결코 대상이 될 수 없는" "순수 작용성"으로서의 "정신"이며, 그 작용 중심이 "인격"이라는 질서 구조이다. 그리고보면 이성뿐만 아니라 본질 직관이나 의지적 · 정서적인 작용마저도 포괄하는 "정신"을 갖춘 인간은 모든 심리적 · 생리적 · 생명적인 속박을 벗어날 수 있는 존재자이며, 이미 윅스퀼이 제시한 것과 같은 환경 세계에 긴박되지 않고 "자유로우면서 세계에 열려 있는" 것이다. 더구나 무한하게 세계에 열려 있기 때문에 인간은 "초세계적이고 무한적인 절대적 존재의 가장 형식적인 이념까지도 포착"하지 않을 수 없어, 거기에서 세계 의식, 자기 의식, 무한자 의식이 불가분의 통일 구조를 이룰 것이 제시된다.

이 책에서 소묘된 구상이 프레스나 및 궤렌의 '철학적 인간학'의 성립을 촉진시킨 것은 잘 알려져 있는데, 그러나 그때 커다란 영향을 미쳤던 것은 인간의 특수한 지위에 대한 형이상학적 결론이 아니라 유기체의 계층 구조라는 발상이다. 셸러의 이 발상은 골드슈타인의 전체론적 신경생리학 이론이나 바이츠젯카의 게슈탈트 크라이스 이론의 형성, 보이텐디, 폴트만, 로렌츠, 베르타란피 등 다음 세대 생물학자들에 의한 생명 과학의 새로운 전개에도 결정적인 역할을 하고 있다. 셸러에 가까운 방식으로 현상학을 공부한 메를로-퐁티의 『행동의 구조』도 한 세대 늦게 셸러의 이러한 구상을 실현한 것으로 볼 수 있을 것이다.

현대의 정신적 상황

칼 야스퍼스
Die geistige Situation der Zeit, 1931

『현대의 정신적 상황』은 이른바 실존 철학의 입장에서 시대 비판을 한 대표적인 저작이다. 그의 주저 『철학』과 대비된다. 주저의 골격으로 지탱되고 있는 동시에, 그 에센스가 응축되어 있기도 하다. 인간에 대한 물음으로 관철되어 기술과 과학의 시대, 수평화의 시대에 자기 자신이 되라고 호소하였다.

넓은 의미에서 실존 철학 내지 실존주의로 묶을 수 있는 철학자들은 공통적으로 인간의 현실 존재(실존)를 강조한다. 그들은 동일하게 인간 존재의 역사적 상황에 민감하여 근대 대중 사회가 잉태한 위험에 관해 성찰하고 있다. 실존 철학의 선구자인 키에르케고르나 니체는 19세기에 이미 통렬한 시대 비판을 하고 있다. 하이데거의 『존재와 시간』(1927)도 현존재(인간의 존재, 실존)의 일상성 분석에서 키에르케고르의 이른바 『현대 비판』(1846)에서 많은 것을 배우고 있다. 나치 대두 전야인 1930년에 집필하여 다음 해에 출판한 『현대의 정신적 상황』도 마찬가지여서, 이들 세 저작은—뿐만 아니라 애초부터 그들의 철학 그 자체—인간이 자기를 상실한 수평화의 시대에 대한 비판적 관점을 관통하고 있다. 자기 회복을 지향하는 넓은 의미의 실존 철학은 시대 의식, 시대 비판과 불가분의 관계에 있다.

이 책에 따르면, 인간이 상황을 파악하려 하는 한 상황이란 단순히 불가피한 것이 아니라 오히려 여러 가지 가능성과 그 한계를 뜻한다. 상황을 지향하는 일은 자기의 가능성의 탐구에서 출발하는 것이며, 나아가서는 상황을 변혁하는 일로 이어진다. 인간이란 정신, 자기이기 때문에 그런 의미에서 상황이란 정신적 상황이며, "정신적 상황을 탐구할 때 나는 자기 자신이려고 하고 있다." 야스퍼스에게 있어서 철학을 한다는 것은 자기 자신이려고 하는 것(실존하는 것)임이 틀림 없는 이상, 시대의 상황을 성찰하는 것과 철학하는 것, 바꾸어 말하자면 『현대의 정신적 상황』과 주저 『철학』(1931)은 표리 일체이다(전자는 후자를 위한 각서에서 시대 진단 부분을 독립시켜 집필하였다).

『현대의 정신적 상황』에 따르면, 현대 사회는 기술적 발명에 기초해서 인간의 현존재를 집단으로서 보호하기 위한 질서(현존재 질서)이다. 그런 반면 기술은 개인을 사회 기구의 단순한 기능으로 만들고, 대중 내지 집단은 수평화 · 평균화된다. 현존재 질서는 인간을 목적 · 의미가 아니라 도구로 삼는다는 점에서 위기에 처해 있다. 현존재 질서는 피하기 어려운 것이기는 하지만, 인간의 현실 전부는 아니다. 그 이상의 것으로서 국가와 정신적 창조가 있다. 국가는 전체에 대한 의지에 근거하여 권력을 행사함으로써 현존재 질서 및 현존재를 도구로 삼는다. 그러나 국가는 인간이 현실에서 무엇이 되는가를 규정하지만 궁극적인 전체는 아니다. 자기존재로서의 인간은 국가를 포섭하고 있으며 내적으로는 적대하는 일조차 있다.

정신의 운명은 현존재에 대한 의존과 정신 고유의 근원이라는 양극성 속에 있다. 정신마저도 현존재에 단적으로 의존하는 한은 대중에게 봉사할 뿐이어서 교양은 수평화되고 전문적 지는 단편화되고 있다. 저널리즘도 대중의 요구에 부응할 뿐이다. 이와 같은 정신의 퇴락 현상은 정신적 창조를 위협하고 있다. 예술은 초월자의 암호가 아니라 놀이나 오락이 되고, 학문 · 과학은 근원적인 지식욕을 만족시키는 것이 아니라 기술적인 유용성에 대한 고심으로 전락한다. 철학은 강단의 학설이거나 히스테릭한 거짓 지혜가 된다. 하지만 계시에 따른 신앙을 잃고 인간이 무엇이며 어떻게 살아야 하는가라는 물음이 긴급한 많은 사람에게 있어서 오늘날 유일한 가능성은 철학에 있다.

현대에 인간 존재를 묻는 것에는 두 가지 형태가 있다. 그 하나는 인간에 관한 학문 · 과학, 즉 사회학, 심리학, 자연 인류학이다. 그러나 그것들은 인간 존재의 일부를 인식하는 것에 지나지 않는다. 하물며 각각의 대표적인 예인 맑스주의, 정신 분석, 인종 이론은 인간을 위장시키는 미신에 지나지 않는다. 또 하나의 형태는 앞의 유일한 가능성으로서의 철학, 즉 실존 철학이다. 실존 철학은 인간이 자기 자신이 되려고 하는 사고이다. 여기에서 말하는 실존 철학의 구성은 『철학』의 3권 구성과 같다. 다시 말해서 이 사고는 먼저 존재를 고정시키는 세계 인식(여러 가지 학문) 일체를 딛고 넘어섬으로써 자신을 공중에 띄우고(『철학』 제1권 「철학적 세계 정립」, 이어서 스스로부터의 자유에 대해 호소하고(제2권 「실존 증명」), 마지막으로 초월자를 불러냄으로써 스스로가 무조건으로 행위하는 공간을 여는(제3권 「형이상학」) 것이다. 현대의 정신적 상황에서 자기는 신앙을 잃고 무(無)를 앞에 두면서 단독자의 교제 중에서 철학적으로 신항함으로써 자기 자신이 된다. 그것은 현대에 등을 돌리는 것이 아니라, 시대에 저항하면서도 이 시대 속에서 살려고 하는 것이다.

시대가 앞으로 어떻게 되느냐 하는 예측에 관해서도 이 책의 태도는 마찬가지다. 그것은 단순히 관찰하는 것과 같은 비철학적 예측이어서는 안된다. 자신이 본래 무엇을 바라고 있는가, 인간은 미래에 어떻게 될 것인가, 자유로운 것이 가능한가, 바라는가를 스스로 결단하는 예측이어야만 한다. 이 책은 이것을 가능한 것에 관해 각성케 하는 예측이라 부르며, 그 과제를 "인간에게 자기 자신을 상기시키는 것"으로 본다. 따라서 『현대의 정신적 상황』은 확정적, 획일적인 답을 남에게 강요하는 것이 아니라, 시대를 성찰하면서 스스로 자기 자신에게 익숙해지려는 결단을 자타에게서 구하는 것이다.

관념의 모험

알프레드 노스 화이트헤드
Advantures of Ideas, 1933

『관념의 모험』은 『과학과 근대 세계』와 더불어 화이트헤드의 저서 중에서도 가장 널리 읽힌 작품이다. 『과정과 실재』에서 상세하게 전개한 형이상학 체계를 배경으로 하여 문명론이나 사회론을 알기 쉽게 설명하고 있다. 앞부분에 서술되고 있는 것처럼, "관념의 모험"이란 인간이 엮어내는 여러 가지 심적 활동을 말하며, "인류의 역사"라고 바꾸어 말할 수도 있다. 이 책에서는 화이트헤드의 사상 체계가 인류의 역사에 따라서 구체적으로 설명되고 있다.

화이트헤드(Alfred North Whitehead : 1861~1947)는 영국의 동남단 켄트 주 람스게이트에서 태어나 케임브리지 대학에서 수학을 연구한다. 1885년에 트리니티 칼리지의 교수가 되어 응용 수학과 역학 강의를 담당하고, 1910년에 제자인 럿셀과 함께 기호 논리학의 금자탑인 『프린키피아 마테마티카』 제1권을 세상에 내놓을 때까지 이 대학에서 수학 · 논리학 연구에 몰두한다. 1910년에 런던 대학으로 옮겨 『자연 인식의 여러 원리』(1919), 『자연이라는 개념』(1920), 『상대성 원리』(1922) 등 이른바 '과학 철학 3부작'을 저술하고, 당시의 최첨단 물리학에 정면으로 맞서 새로운 철학의 기초를 만든다. 1924년 하버드 대학의 철학 교수로 초빙받았고, 다음 해 『과학과 근대 세계』를 출판하여 베스트 셀러가 된다. 1929년에 『과정과 실재』를 저술해서 스스로 "유기체의 철학"이라 부르는 형이상학 체계를 완성시켰다. 1933년에 『관념의 모험』을 출판하고, 1947년에 하버드의 교외에서 서거할 때까지 현실 사회에 대한 관심을 잃지 않고 왕성한 집필 활동을 계속했다.

럿셀과 함께 『프린키피아 마테마티카』를 완성한 케임브리지 시절이나 상대성 이론이나 양자론을 도입해서 '자연' 연구에 몰두하던 런던 시절은 당시의 과학이나 철학 상황과 깊이 연관되어 있었으나, 하버드 대학으로 옮긴 1925년에 『과학과 근대 세계』를 저술한 화이트헤드는 갑자기 형이상학자로서의 면모를 드러냈다. 『과학과 근대 세계』는 과학의 역사를 더듬으로써 형이상학으로의 길을 제시하여 『과정과 실재』에서 전개되는 극도로 난해한 형이상학 체계에 대한 이정표라고 말해야 할 책이다. 1929년에 기포드 연속 강연을 바탕으로 『과정과 실재』가 출판되어 화이트헤드 형이상학의 장대한 전체상이 명확해진다.

화이트헤드에 따르면, 무생물에서 신까지 모든 존재는 "액츄얼 엔티티(actual entity)"라는 같은 바탕에서 생겨났다. 이 "액츄얼 엔티티"는 항상 생성의 과정에 있으며, 게다가 이 과정은 맹목적으로 진행되는 것이 아니라 목적을 가지고 진행되고 있다. 이 우주에는 최고의 창조성인 신이 내재해서 이 신에 의하여 모든 존재가 목적을 향한 생성을 계속한다는 것이다. 『관념의 모험』에서는 이 과정이 "모험"이란 용어로 표현되어 인류의 역사에 따라서 이 "모험" 과정이 서술된다.

『관념의 모험』은 사회론, 우주론, 철학, 문명 등의 4부분으로 이루어져 있다. 제1부 사회론에서는 유럽의 역사를 되돌아보면서 그리스트교와 플라톤 철학의 동질성, 그 시대에 독특한 "파라다임"적인 전제의 존재 혹은 국가나 사람들의 교류인 "상업"의 중요성 등을 지적하고, "상호적인 존경"이나 "공감", "상냥함"과 같은 여러 관념이 인류의 역사에 공헌한 역할에 대해서 고찰하고 있다. 제2부 우주론에서는 "법칙"이라는 개념을 비롯해서 과학의 여러 가지 관념이 검토되고 플라톤, 아리스토텔레스, 라이프니츠 등의 우주론의 역사를 살펴보고 있다. 과학과 철학의 상호 작용에 대해서 언급하고, 과학이나 문명은 형이상학적 개념을 기반으로 해서 비로소 존재한다고 설명한다. 제3부 철학은 『과정과 실재』의 요약으로 읽을 부분으로, 우주는 무상과 영원, 하나와 많음 등의 대립물의 충돌이나 결합에 의해서 발전하는 이원론적인 것이라고 말해진다. 제4부 문명에서는 인류의 문명에는 전진이냐 후퇴냐의 양자 택일밖에 없어 전진만이 "모험"이며, 인류의 역사는 어두운 맹목적인 충동과 진보의 추진력인 여러 가지 관념의 투쟁에 의해서 야만적인 상태에서 문명으로 상승해가는 창조의 과정이라고 말해진다. 따라서 인류는 "관념의 모험"이라는 과정을 계속함으로써 문명으로 향하는 목적론적 과정을 진행하고 있다고 설명되고 있다.

이 책은 구체적인 역사에 입각해서 쓰여진 것도 있고 럿셀이 한 줄도 모르겠다고 한 화이트헤드의 형이상학도 어느 정도 알기 쉽게 설명되고 있어 '유기체의 철학'의 입문서로서는 최고 적합하다. 화이트헤드 자신도 이 책을 가장 마음에 들어했다고 전해지고 있다.

화이트헤드 철학의 신의 개념에서부터 프로세스 신학이 생겨났고, 『과정과 실재』의 여러 개념은 물리학을 비롯해서 많은 분야에 영향을 미치고 있다. 시대에 역행하고 있는 것처럼 보이면서도 시대를 앞지른 느낌이 드는 '유기체'의 철학은 앞으로도 다양한 가능성에 대해서 열려 있는 철학이라고 말할 수 있을 것이다.

존재와 소유

가브리엘 마르셀
Être et avoir, 1935

『존재와 소유』는 마르셀이 그리스트교적 실존주의 입장을 표명한 대표작이다. 관념론적 철학에 대한 철저한 반발에 기초한 그의 사상은 뒤에 사르트르나 메를로-퐁티에게도 적지 않은 영향을 주었다. 그런 의미에서 이 책은 프랑스에서 실존주의의 탄생을 알리는 기념비적인 저작이다.

마르셀(Gabriel Marcel : 1889~1973)은 파리에서 태어났다. 1910년에 소르본느 대학에서 교수 자격을 취득하지만, 건강상의 이유로 교직에는 취임하지 않고 저작 활동에만 전념한다. 1914년에 처녀 희곡집 『보이지 않는 땅』을 발표한다. 이후 연극은 그의 사상을 조탁하는 중요한 장이 된다. 1914년부터 1923년까지의 사색의 성과인 철학상의 처녀작 『형이상학 일기』를 1927년에 발표한다. 1929년에 가톨릭에 입신한다. 1935년에 『존재와 소유』를 발표한다. 전후에는 그리스트교적 실존주의의 입장에서 저술, 강연, 희곡 등 여러 방면에서 활약했다.

1935년에 간행된 이 책은 2부로 구성되어 있다. 「존재와 소유」라고 이름붙여진 제1부는 1928년부터 33년까지의 「형이상학 일기」와 1933년의 강연 「소유의 현상학적 소묘」로 이루어져 있다. 처녀작 『형이상학 일기』와 마찬가지로 일기체 스타일이다. 이것은 사상의 체계화=경직화를 꺼리고 사색의 생생한 숨결을 소중히 여기는 마르셀의 자세의 발현이다. 다만 앞의 저서와 다른 것은 이 책에 수록된 일기가 쓰여지고 있던 시기에 마르셀이 가톨릭으로 마음이 돌아선 것이다. 제2부 「신앙과 현실」에는 현대의 신앙의 존재 방식을 둘러싼 세 가지 논고가 수록되어 있는데, 그것들을 통해서 마르셀의 신앙에 대한 기본적인 견해를 알 수 있다. 전체적으로 이 책은 그리스트교적 실존주의자 마르셀의 탄생을 알리는 귀중한 다큐멘트이다.

처녀작 『형이상학 일기』 이래 마르셀의 사색의 중심은 일관해서 실존에 있었다. 그 사색이 하이데거나 야스퍼스는 물론, 키에르케고르마저도 알지 못한 채 개시되었다는 것은, 쉘링이나 베르그송의 영향을 받았다고는 할지라도 마르셀 사상의 독창성을 말해주고 있다. 특히 그 독창성은 신체를 직접적인 경험에서의 구체적인 실존의 주체로 간주해서 그것의 탐구를 주제로 한 점에 있다. 마르셀은 현대를 일체의 것이 하나같이 객체로서 추상화되는 시대로 포착한다. 이 책에서 마르셀은 "존재"와 "소유"라는 대개념을 구사해서 그와 같은 "파괴된 세계"를 비판하고, 세계에 그 본래의 깊이와 온기를 회복하려고 한다. 그 사색의 기반을 이루고 있는 것이 신체에 대한 성찰이다.

어쨌든 내가 자신 이외의 타자에게 관련될 때 매체가 되는 것은 나의 신체이다. 이 타자에 대한 관련 방식의 전형적인 관계가 "소유"이다. 무엇을 소유하느냐는 그 대상을 자기 뜻대로 하고 싶다고 욕망하고 실제로 그렇게 할 수 있는데, 이것은 신체에 의해서 가능하게 된다. 그것은 신체야말로 내가 뜻대로 사용할 수 있는 제1 대상이기 때문이다. 특히 소유의 대상에는 물질이나 재산뿐 아니라 사회적 지위나 지식, 대인 관계 등도 포함된다. 즉 일상 생활의 대부분의 행동은 소유를 원리로 해서 영위되고 있다. 통상적으로 사람들은 자신의 소유 영역을 넓히려고 활동하고 있지만, 그러나 모두가 그렇게 행동하면 그 막다른 길은 자신과 타자의 끝없는 상호 부정일 뿐이다. 이로부터 타자를 전적으로 소유의 대상으로 취급하는 것과는 다른 타자에 대한 관련 방식으로서 "존재"가 중시되게 된다.

예를 들어 소유물을 상실했다고 해서 자신의 존재까지 없어지는 것은 아니다. 그러나 나의 신체는 그것을 잃는 일이 그대로 자신의 존재의 소멸을 뜻하는 이상, 단순한 소유의 대상일 수는 없다. 신체는 내가 무엇보다도 뜻대로 할 수 있는 절대적인 소유물이면서 소유의 차원을 빠져 나가는 "신비"를 잉태하고 있다. 마르셀은 "문제"와 "신비"를 구별하는데, 그에 따르면 문제란 내가 해결해야 할 과제로 나타나는 대상 영역이며 이것은 그럴 만한 기술을 사용함으로써 처리될 수 있다. 이에 반해서 신비란 나 자신이 거기에 말려들어가 있기 때문에 그것을 자기에게서 독립한 문제로 대상화할 수 없는 것을 가리킨다. 나에게서 나의 신체의 존재는 확실히 신비로운 것임에 틀림없다.

나는 내 자신의 신체를 뜻대로 할 수 있다고 생각하고 있지만, 실제로는 이 신체와 분리하기 어렵게 결합되어 있기 때문에 그 능력을 구사할 수 있는 것이어서 나는 자신이 그것과 하나가 되어 있는 이 신체의 존재를 전면적으로 객관화할 수 없다. 나란 나의 신체라는 육체를 받아들인 존재이며, 신체란 "존재와 소유의 완충 지대"이다. 이로부터 "소유"보다도 한층 근원적인 타자에 대한 관련 방식법으로서의 "존재"가 명확해진다. 그것은 내가 육신을 받는 방법으로 신체와 안쪽에서부터 결합되어 있는 것과 마찬가지로, 내가 몸을 가기고서 타자와 결합하여 그 존재에 함께 참여하고 그것을 전면적으로 긍정하는 것과 같은 관련이다. 이 존재에 대한 참여에서는 욕망에서의 주체-객체의 상극은 자취를 감추고 인격적인 사랑으로 결합되어 있는 나와 너라는 공존 관계가 생겨난다. 여기에는 마르셀 자신이 인정하고 있는 것처럼, 부버로부터의 엄청난 영향이 있다.

이리하여 이 책에서는 소유에서 존재로라는 방향에서 희망이나 충성, 약속과 같은 인간적 행위가 고찰된다. 그러한 고찰을 통해서 마르셀이 깨달은 것은 "인간적 경험에 그 존재론적인 무게를 되돌려주는 일"이었다. 인간의 신체성에 대한 심오한 통찰이나 구체적 경험에 뿌리를 내린 그 서술은 메를로-퐁티로 대표되는 그 뒤의 실존주의 흐름에 커다란 영향을 미친다.

유럽 학문의 위기와 초월론적 현상학

에드문트 훗설

Die Krisis der Europäishen Wissenschaften und die Transzendentale Phänomenologie, 1936

훗설의 현상학은 20세기 사상계의 일대 사건이었다. 이 사실은 쉘러나 하이데거, 사르트르, 메를로-퐁티 같은 철학자 모두가 그것의 강한 영향 아래서 사색을 진행해 나갔다는 사실로도 알 수 있을 것이다. 『유럽 학문의 위기와 초월론적 현상학』(이하『위기』라고 약칭함)은 그러한 그의 현상학이 몇 차례의 전기를 거쳐서 도달한 최종적인 경지를 보여준 것이다. 따라서 이 책은 단순히 그의 현상학의 총결산만은 아니다. 그것은 참으로 20세기의 기념비적인 작품이라고 말해야 할 저작이다.

훗설은 학문의 외길을 살아온 사람이다. 따라서 그의 실생활은 학문상의 드라마틱한 전개와 비교해보면 훨씬 기복이 적다고 할 수 있다. 그렇기는 하지만 그의 말년의 생활이 결코 평온했다고 말할 수는 없다. 1933년에 히틀러가 수상에 취임하자 나치에 의한 유태인 박해의 물결은 유태계인 훗설에게도 거세게 닥쳐왔기 때문이다. 훗설이 『위기』를 책으로 결실을 맺을 구상을 다지기 시작한 것은 마침 이 무렵이었는데, 프라하에서 개최되는 철학 회의를 위해 "현대의 철학의 사명"이라는 테마로 서한을 보내달라는 주최측의 요구가 계기가 되었다. 그후 그는 35년 5월에 빈에서, 또 그로부터 반년 뒤 11월에는 프라하에서 각각 "유럽적 인간성의 위기에서의 철학"과 "유럽 학문의 위기와 심리학"이라는 제목으로 강연하게 된다. 이들 강연은 모두 청중을 감동시켰다고 하는데, 그것이 밑받침이 되어 이윽고 『위기』가 탄생한다. 더욱이 다음 해 베오그라드에서 발간된 잡지 『필로소피아』 제1권에 훗설이 발표한 것은 오늘날 훗설 전집에 수록되어 있는 『위기』 제1부와 제2부에 지나지 않는다. 제3부도 계속해서 이 잡지에 발표할 예정이었으나 훗설은 개정을 위해 그 원고를 수중에 넣어두고 거듭 가필하였다고 한다. 하지만 그가 병으로 쓰러졌기 때문에 그것은 그의 생전에는 발표되지 못했다. 따라서 오늘날 우리들이 텍스트로 이용하고 있는 훗설 전집 제6권의 『위기』도 제3부를 포함하고는 있지만, 그가 생각하고 그린 구상에서 보자면 미완성의 책이라고 해야 할 것이다.

앞에서 말한 것처럼, 『위기』는 3부로 이루어져 있다. 그 가운데 제1부는 불과 17쪽 정도이지만, 거기에는 이 책 전체를 이끄는 훗설의 학문관이 잘 드러나 있다. 여기에서 그는 먼저 현대 학문의 위기에 대해서 말하고, 그 위기를 "학문이 생에 대한 의의를 상실한" 데 있다고 본다. 그리고 학문이 그렇게 된 것은 학문이 본래는 이성이라는 궁극적인 문제에 관한 "형이상학"을 정점으로 하면서 그 아래에 여러 가지 "사실학"을 포함한 보편 철학으로 구상되고 있었는데, 19세기부터 지배적이 된 실증주의적 학문관에 의해서 단순한 사실학으로 환원되어버렸기 때문이라고 말한다. 그러한 사실학이 인생의 물음에 답을 줄 수 없기 때문이다. 그런데 보편 철학으로 구상되고 있던 학문은 그러한 이념을 만들어낸 고대 그리스인에게서는 그들이 그에 근거해 자기를 형성하려고 한 이성의 발현 형태로서 애초부터 그들의 생에 대해 지도적 의미를 지니고 있었다. 그것은 근대 초기에 그리스인의 존재 방식을 자신의 모범으로 삼으려 한 르네상스인에게 있어서도 마찬가지이다. 그것은 고사하고, 보편 철학에 근거해서 자기를 형성하려고 하는 경향은 유럽의 근대를 관통해서 계몽주의 시대까지 이어진다. 그럼에도 불구하고 이와 같은 보편 철학의 이념에 대한 신뢰가 없어져버린 것은 르네상스 이래 보편 철학의 참된 방법이라고 믿었던 수학화의 방법이 실증 과학에서는 확실한 성과를 올리는데 반해서 형이상학에서는 불모라는 것이 확실해졌기 때문이며, 또 이것이 동기가 되어 형이상학을 재건하려는 시도가 도처에서 있었지만 그 시도가 모두 실패로 돌아가버렸기 때문이다. 그러므로 보편 철학이라는 구상에서 차츰 형이상학의 문제가 제외되어 학문이 인생의 물음에 대해서 아무것도 대답해주지 못하는 실증주의적 학문으로까지 축소되어버렸다. 그러나 근대 유럽인이 보편 철학에 의해서 근본적으로 자기를 혁신하려고 노력해왔다는 것을 생각하면, 이 이념에 대한 신뢰의 상실은 유럽적 인간성이 심각한 위기에 빠져 있음을 의미한다. 따라서 우리들이 빠져 있는 이 위기를 극복하려면 보편 철학에 대한 신뢰를 회복할 필요가 있다. 그리고 그러기 위해서는 근대 초기 이래 학문의 동향을 통제하고 있던 보편 철학의 이상이 좌절을 반복하면서도 사실은 오직 하나의 해결 방향으로 향하고 있었다는 것, 그리고 이 이상이 초월론적 현상학에서 실제로 가능하다는 것을 보여줄 필요가 있다고 훗설은 생각한 것이다. 이리하여 그는 제2부에서 갈릴레오부터 칸트에 이르기까지의 철학의 역사를 살펴보면서 보편 철학이라는 이념이 "물리학적 객관주의"에서부터 "초월론적 주관주의"로 전회할 수밖에 없었던 이유를 밝히고 있다. 그리고 제3부에서 만약 초월론적 철학이 자신의 과제와 방법을 진정으로 자각하고 있다면 그것은 그 자신에게서 찾아볼 수 있는 것처럼 "생활 세계"를 거치면서, 게다가 심리학을, 이 생활 세계를 구성하고 있는 "초월론적 생"의 기능을 개시하는 것이라고 하는 그 본래의 모습으로 되돌아가게 하면서 초월론적 현상학에 도달했음을 밝히고 있다.

언어, 진리 및 논리

알프레드 에이어
Language, Truth and Logic, 1936

『언어, 진리 및 논리』는 에이어가 25세의 생일 전에 불과 18개월만에 쓴 '젊은 시절의' 저작임에도 불구하고, 형이상학의 철저한 배격이라는 점에서 충격적이며 국제적인 베스트 셀러가 되었다. 그리고 이 책은 오랫동안 논리 실증주의의 표준 교과서로서의 지위를 지켜, 주로 영어권에서의 논리 실증주의의 확립 혹은 분석 철학의 발전에 커다란 영향을 미쳤다.

에이어(Alfred Jules Ayer : 1910~89)는 이튼 및 옥스포드에서 공부하여 1932년에 졸업하자마자 바로 빈 대학에 가서 그곳의 논리 실증주의자들과 교우 관계를 돈독히 하였다. 귀국후 모교의 강사로 일했고, 2차대전 중에는 정보부에서 근무했다. 런던 대학의 철학 교수로 근무(1946~59)한 뒤, 옥스포드 대학의 교수(1959~79)로 있었다. 그는 럿셀이나 비트겐슈타인뿐만 아니라 비엔나 학파에게서도 커다란 영향을 받았다. 그의 철학은 기본적으로는 영국 경험론의 입장에 서 있으며 흄의 영향이 두드러진다.

이 책의 핵심적인 사상은 검증 가능성을, 유의미성의 기준으로 삼은 것이다. 에이어에 따르면, 명제는 "어떠한 관찰을 하면 그 명제를 참인 것으로 받아들일 것인가(accept), 혹은 반대로 거짓된 것이라 해서 거부할 것인가(reject)"를 알고 있을 경우에—요컨대 검증 조건이 알려진 경우에—유의미한 것이 된다. 특히 에이어는 "검증 가능"의 강한 의미와 약한 의미를 구별한다. 명제는 경험에 의해서 참인 것이 결정적으로 확립될 때 강한 의미로 검증 가능하다. 이에 반해서 "경험이 그 명제를 있을 수 있는(probable) 것으로 간주할 수 있는" 경우에는 약한 의미로 검증 가능하다. 에이어가 실제로 검증 가능성의 기준을 적용할 때에는 약한 의미의 검증 가능성이 사용되고 있다. 요컨대, 명제의 진위 결정에 관계된 관찰이 존재하느냐, 아니냐가 검증 가능성의 기준의 핵심 부분이다. 다른 한편 명제에 검증 가능성이 인정되지 않을 때 그 명제는 토롤로지이거나 무의미한 의사 명제(pseudo-proposition)가 된다. 토롤로지란 언어적인 심볼의 사용 방식을 정하고 있는 규약에 의해서 아프리오리하게—우리의 경험과는 관계없이—진실이라고 생각되는 유의미한 명제이다. 에이어에 따르면, 논리학이나 수학의 명제는 이러한 것이다. 무의미한 의사 명제의 부정 명제 또한 검증 불가능하기 때문에 마찬가지로 무의미한 것이 된다.

에이어는 검증 가능성의 기준을 사용해서 전통적인 형이상학을 격렬하게 비판했다. 그에 따르면, 예를 들어 "절대는 진화나 진보 가운데로 파고든다. 그러나 그 자신이 진화나 진보를 할 수는 없다"(브랏도레이)는 형이상학적 명제는 경험적으로 검증할 수 없는 것을 가지고서 무의미하다고 선언한다. "초월적인 신이 존재한다"는 신학의 명제는 기본적으로는 거짓된 명제로서가 아니라 무의미한 명제로서 거부된다. 윤리적인 명제에 대해서 말하자면, 여기에서도 검증 가능성의 기준이 사용되어 서술적인 한에서는 진위를 물을 수 있는 사실적 언명이 있는데 반해서, 가치 판단을 하고 있는 명제이든가 규범적 명제는 사실적인 의미를 갖지 못하고 도덕적인 심정 혹은 정서를 표현하는 것에 지나지 않는다고 생각된다. 그리고 우리들은 가치에 대해서는 진실되게는 토론하지 못하며, 이른바 가치에 대해 토론하는 것은 우리가 무엇을 사실로서 믿고 있느냐를 분명하게 할 수 있을 뿐이라고 한다. 이것은 윤리의 정서설(emotive theory of ethics)로 알려져 뒤에 엄격히 비판받았다.

그렇다고 한다면 검증 가능성의 기준이 실질적으로 체현되어 있는 철학은 수학이나 물리학 및 경험 과학에 의해서 진위를 결정할 수 없는 언명을 무의미한 형이상학적 명제로 배제해 나가려고 하는 어떤 의미에서의 과학주의적인 입장이다. 그리고 이것은 비엔나 학파의 이른바 과학적 세계관과도 호응하는 것이다. 이와 같은 입장에 서면, 철학의 과제는 과학상의 여러 명제의 논리적 관계를 분명하게 하거나 사용되고 있는 여러 가지 심볼을 정의함으로써 과학의 여러 명제를 명석화하는 것이다. 특히 철학은 문법에 현혹되어 혹은 언어학적인 문제를 사실적인 문제와 혼돈하는 데에서 생겨나는 다양한 오류를 '철학적' 분석—에이어의 경우에 럿셀의 확정 서술의 이론이 모델이 된다—에 의해서 해소하는 활동이 될 것이다.

이 책에서의 에이어의 입장은 형이상학을 배격하는 점에서 급진적이며 또 검증 가능성의 기준을 적용하는 점에서는 분명 정합적이지만, 많은 래디칼리즘이 그러하듯이 내부에 많은 문제점을 포함하고 있다. 오늘날에는 에이어가 제창한 검증 가능성의 기준은— 에이어가 1946년의 개정판의 서문에서 새로 정립한 기준을 포함해서—그것이 본래부터 지향하고 있던 형이상학적 명제의 제거에 성공하지 못한 것이 논증되고 있고, 특히 또 검증 가능성의 기준 자체가 이 기준에 의해서 유의미하다고 할 수 있느냐 하는 문제를 제기하면 중대한 결함이 폭로되어버린다는 것도 지적되고 있다. 게다가 에이어의 철학의 기초였던 토톨로지 명제와 사실적 명제의 구별도 콰인의 『경험주의의 두 가지 도그마』 등에서 지적하고 있듯이 많은 의문점이 있다.

파사쥬론

발터 벤야민
Das Passagen-Werk, 1982(1940)

『파사쥬론』은 방대한 비망록과 자료 그대로 방치된 '부재(不在)의 작품'임에도 불구하고, 19세기 파리의 얼핏 보아 변변찮게 보이는 사건에 완전히 새로운 빛을 비추는 벤야민의 독자적인 시각과 그 배경에 있는 독창적인 역사 철학 때문에 20세기의 가장 주목해야 할 철학 저작이 되고 있다.

벤야민(Walter Benjamin)은 1892년에 베를린의 부유한 유태인 미술상의 가정에서 태어났다. 1912년부터 프라이부르크 대학, 베를린 대학 등에서 공부하였다. 25년에 프랑크푸르트 대학에 교수 자격 청구 논문 『독일 비극의 근원』을 제출하지만 통과되지 않는다. 33년에 나치 정권이 들어서자마자 파리로 망명하여, 동시에 파리로 옮긴 사회 연구소의 공동 연구원이 된다. 40년 독일군의 파리 침공으로 인해 스페인, 프랑스의 국경을 넘어 미국으로 망명하려고 하지만 실패하여 음독 자살로 생을 마친다.

『파사쥬론』의 성립 경위는 복잡하다. 벤야민은 처음 1929년에 친구인 프란츠 헛셀과 파리의 파사쥬에 대한 에쎄이를 계획했으나, 이 계획은 곧 좌절되고 만다. 그래서 벤야민은 1929년 말까지 혼자서 파사쥬 연구를 계속하다가 일시 중단한 뒤에 1934년 벽두부터 1940년의 파리 탈출 직전까지 이 연구에 몰두했다. 파리를 탈출할 때 초고를 분실할까 염려하여 초고를 조르쥬 바타이유에게 맡겼고, 바타이유는 이를 국립 도서관에 보관했다. 그리고 2차대전이 끝난 뒤 다시 발견한 초고를 미국의 아도르노에게 보냈고, 이 초고와 누이 동생 도라 벤야민이 이미 보내온 원고를 모아 드디어 1982년에 쥬어캄프판 『벤야민 전집』 제5권으로 간행된다. 역시 쥬어캄프판에서는 이들 초고로 이루어진 「비망록 및 자료」 앞에 "파리 — 19세기의 수도"라고 이름붙여진, 독일어와 프랑스어로 쓰여진 두 개의 「개요」가 수록되어 있다. 사회 연구소의 요구로 쓰여진 독일어 초고(1935)도, 호르크하이머의 요구로 쓰여진 프랑스어 초고(1939)도 파사쥬론의 구상을 요약한 것이다. 양자는 다소 차이가 있지만 기본적인 틀은 같다.

"파사쥬"란 산업의 진흥에 의해서 1820년대 이후 파리에 차례로 만들어졌다가 19세기 중엽 오스망에 의한 파리 개조로 급속히 쇠퇴한 아케이드가(街) 이야기이다. 『파사쥬론』은 19세기 상품 세계의 잠깐 동안의 산물 주위에 그것과 연관된 다양한 역사 현상을 아로새기고 있다. 파사쥬는 철과 유리와 같은 공업 제품에 의한 최초의 건축물이며(「F 철골 건축」), 가스등이 최초로 점등된 곳이다(「T 다양한 조명」). 여기에 최초로 상품이 전시되며, 이 발상은 만국 박람회와 백화점으로 이어져 광고가 중요한 위치를 차지한다(「G 박람회, 광고, 그랑 빌」). 조명과 전시된 상품에 끌려 사람은 도시를 산책하게 되고(「M 산책자」), 창녀들이 거리에 나서기 시작한다(「O 매춘, 도박」). 이러한 의미에서 이 책은 19세기 파리의 고고학이자 도시론이다. 그러나 벤야민이 파리를 대상으로 선정한 것은 파리가 문자 그대로 "19세기의 수도"이며 19세기를 상징하는 대표적인 도시이기 때문이다. 그의 진정한 의도는 본격적인 상품 사회가 등장한 19세기 그 자체의 역사를 쓰는 것이다. 하지만 그때 그는 종래의 역사 철학을 거부한다. 왜냐하면 종래의 역사 철학은 역사의 연속적 진보라는 이데올로기에 지배당하고 있었기 때문이다. 생산력의 발전을 소박하게 신뢰하는 점에서는 맑스의 역사 철학도 예외는 아니다. 이러한 역사관으로 과거를 서술하는 것은 "인류의 생활 태도나 창조를 하나하나 목록에 수록해서 문명의 보물전당에 소장해 나가는 것"일 뿐, 역사가 본래 함유하고 있는 지체된 것이나 성취되지 못했던 것은 망각되어버린다. 하지만 그에 따르면, 예전에 있던 것은 모두 특정한 시대가 되어야 비로소 인식 가능하게 된다. 따라서 역사가의 참된 과제는 "과거의 구제"에 있다. 역사가는 역사 흐름의 연속성에서부터 역사적 사상(事象)을 끄집어냄으로써 과거와 현재를 전격적으로 결합시켜야 한다. 그때 "예전에 있던 것은 인식 가능성으로서의 현재에서 순간적으로 반짝이는 형상으로서 포착될 수 있는" 것이 된다.

이리하여 몽타쥬가 벤야민의 방법이 된다. 그는 개개의 역사적 사상을, 그것이 생겨난 시간적 순서와는 다른 방식으로 구성해서 "그러한 미세한 개별적 계기를 분석함으로써 사건 전체의 결정을 발견하려"고 한다. 그 때문에 저자에 의한 이론과 해석은 매우 억제된다. 그는 자신의 이러한 방법을 "역사를 인용하는 것"이라고도 표현한다. 왜냐하면 "인용"도 또한 특정한 문장을 원래의 문맥으로부터 떼어내어 다른 문맥으로 옮겨놓는 일이기 때문이다. 『파사쥬론』이 방대한 인용을 긁어모은 것에 지나지 않음에도 불구하고 "하나의 작품"으로 간주될 수 있던 이유도 바로 여기에 있다. 아도르노는 벤야민이 인용만으로 이루어진 작품을 쓰려고 했다고조차 말하고 있다.

이러한 아도르노 발언이 옳고 그름은 『파사쥬론』이 그 속의 비망록 「N 인식론에 관해서, 진보의 이론」이나 최후의 저서 『역사의 개념에 대하여』에서 묘사된 방법론에 의해서 어느 만큼 구체적으로 해석될 수 있느냐에 달려 있기 때문에 이것이 연구자들의 당면한 과제가 되고 있다.

존재와 무

장-폴 사르트르
L'être et néant, 1943

『존재와 무』는 발간되자마자 많은 독자를 사로잡아 철학서로서는 전례없는 베스트 셀러가 되었다. 이 책은 2차대전 뒤의 실존주의의 성전으로 철학뿐만 아니라 문학이나 연극, 영화와 같은 광범한 문화 영역에도 결정적인 영향을 미쳤다. 1960년대에 구조주의가 발흥하자 그 영향력은 차츰 상실되어가지만, 그렇다고 해서 이 책의 가치가 일시적인 것은 아니다. 이 책이 시대의 흐름에 대항해서 살아남을 수 있는 고전적 가치를 지닌 것이었다고 하는 것은 오늘날 새삼스럽게 이 책을 평가하려는 기운이 싹트고 있는 점으로 미루어보더라도 분명하다 할 것이다.

사르트르(Jean-Paul Sartre : 1905~80)는 파리에서 태어나 고등 사범학교에서 철학을 전공한다. 교수 자격 시험에 합격한 뒤 르 아벨의 고등학교에서 교편을 잡지만, 이 무렵 독일에 유학하고 있던 친구 아롱을 통해 현상학을 접하게 되어 충격을 받는다. 곧 그 자신도 베를린에 유학해서 훗설의 현상학을 배운다. 1936년부터 40년까지 잇따라 발표한 『상상력』, 『자아의 초월』, 『정서론 소묘』, 『상상력의 문제』는 모두 이러한 현상학 연구의 성과이다. 43년에 『존재와 무』를 발표하는데, 이 책에 의해서 사르트르는 의식 존재로서의 인간이 그 존재론적 구조로부터 자유롭다는 것, 그리고 자유롭기 때문에 일체의 것에 책임이 있다는 것을 강조한다. 이 자유와 책임을 강조하는 철학은 곧 혜택받지 못한 대중 측에 설 것을 결심함으로써 정치에 깊이 관여해간다. 48년에 사르트르가 공산당으로부터 분리한 좌익 정치 단체 '혁명 민주 연합'에 참가하는 것도 이 때문이다. 그러나 '혁명 민주 연합'은 대중적 기반을 갖지 못해 금방 붕괴된다. 이 경험은 그에게 공산당에 대해 다시 생각하게끔 만들었다. 그후 사르트르가 공산당에 대해서 비판적인 거리를 유지하면서도 이를 계속 옹호한 것은 당이야말로 지도자 없이는 고립되고 무력해져버릴 수밖에 없는 대중을 조직해서 그들의 해방에 봉사하는 유일한 기관으로 비추어졌기 때문이다. 그러나 56년에 헝가리 사건이 일어나자 공산당에 대한 사르트르의 환상은 산산이 부서졌다. 당은 대중의 대표이기는커녕, 대중의 요구를 짓밟고 이를 탄압하는 기관임이 분명해졌기 때문이다. 60년에 발표한 『변증법적 이성 비판』은 이러한 역사 경험에 근거해서 역사가 어떻게 해서 만들어지는가를 해명하려고 한 사르트르의 최후의 철학 저작이다. 그것은 개별적 실존의 주체적 실천만이 역사를 만든다고 하는 실존주의의 입장을 견지하고 있기는 하지만, 이제 실존주의의 열기를 느끼게 해주지는 않았다. 이제 역사는 주체적 실천을 소외시키고 거기에 회복의 기회를 간신히 가져다주는 정도의 무거운 현실로 이해되고 있는 것이다.

『존재와 무』는 의식 존재로서의 인간의 존재론적 구조를 해명하려고 한 것이다. 따라서 인간은 어디까지나 코기토로서, 게다가 〈자의식한다〉고 해석되는 한에서의 코기토가 아니라 좀 더 순화된 코기토로서, 즉 〈~에 관한 의식이 있다〉고 해석되는 한에서의 코기토로서 문제가 된다. 이 책이 〈의식은 무엇인가의 의식이다〉라고 하는 현상학의 기본 테제의 존재론적 포착의 형태를 취하는 것은 이 때문인다. 이리하여 먼저 서론에서 의식이 정립하는 무엇인가가 현상으로 개시되지 않아도 그것 자체로 존재하는 우연적이자 자기 동일적인 "즉자 존재"인데 반해서, 의식은 자기

의식으로서 항상 스스로에 대해서 나타나지 않을 수 없는 "대자 존재"라는 것이 제시된다. 이어서 제1부에서 세계에 무를 가져다주는 인간의 독특한 존재론적 구조가 예시되고, 제2부에서 그 구조를 치밀하게 분석한다. 그때 주목해야 할 것은 대자라는 사건이 〈자신에게서 거리를 두고 자신의 우연적 존재를 기초지우려 하는 즉자의 노력〉으로서 재고되고 있다는 것이다. 의식이란 말하자면 물체가 자신을 기초지우려 함으로써 출현한 것이라고 하는 것이다. 그러나 의식에 의한 이와 같은 기초지움의 시도는 즉자의 자기 동일성, 존재가 지니는 충실성을 상실한다는 것에 다름아니다. 의식이란 "존재의 붕괴", "무"를 의미있는 것이다. 그럼에도 불구하고 의식이 자기의 존재를 기초지우려 하는 것은 어디까지나 자기 동일적인 즉자로서이다. 그러므로 의식은 끊임없이 "즉자-대자"이기를 원한다. 의식의 미래에 대한 기투(企投)가 모두 "즉자-대자"에 대한 기투로 규정되는 것은 이 때문이다. 하지만 이것은 의식이, 결정론자가 말하는 것과 같은 의미로 결정되고 있다는 것은 아니다. 의식의 기투는 모두 "즉자-대자"에 대한 기투이지만, 어떠한 "즉자-대자"(목적)를 선택하느냐 하는 것은 의식의 자유이기 때문이다. 하지만 어떠한 목적을 선택하건 간에 그것이 실현 불가능한 이상이라는 것에 변함은 없다. 대자이려고 하면 즉자인 한에서의 자기를 잃어버리고, 즉자이려고 하면 대자이기를 포기하기 때문이다. 따라서 의식이 행하는 어떠한 기획도 좌절되게끔 숙명적으로 정해져 있다. 그러므로 사르트르는 제4부에서 "인간은 무익한 수난이다"라고 말하는 것이다. 하지만 그렇게 되면 우리는 니힐리즘에 빠질 수밖에 없다는 말인가? 사르트르는 「결론」에서 새로운 윤리의 가능성을 시사한다. 그리고 가까운 장래에 써야 할 윤리 저작을 약속하면서 이 책을 끝맺고 있다.

지각의 현상학

모리스 메를로-퐁티

Phénomenologie de la perception, 1945

『지각의 현상학』은 사르트르의 『존재와 무』와 함께 독일에서 생겨난 현상학이 프랑스에서 거둔 최초의 성과이다. 메를로-퐁티는 이제 고전이 된 이 책에서 지각의 구체적인 분석을 통해서 세계내 존재의 매체로서의 "신체"의 중요성을 명확히 했다. 저자 메를로-퐁티는 이 책에 의해서 전후 프랑스를 대표하는 현대 철학자로서의 지위를 확립하였다.

메를로-퐁티(Maurice Merleau-Ponty : 1908~61)는 프랑스의 로슈포르 슈르 메르에서 태어났다. 1926년 고등 사범학교에 입학하여 사르트르와 보바르를 알게 된다. 1930년에 철학 교수 자격을 취득한다. 몇 군데의 리세에서 교단에 서는 한편, 지각 문제에 관심을 기울인다. 그 성과가 『행동의 구조』(1942)와 『지각의 현상학』으로 결실을 맺어, 이 두 권에 의해서 박사 학위를 취득한다. 2차대전 뒤에는 사르트르 등과 함께 잡지 『현대』를 창간하여 시국에 관한 활발한 정치 발언을 하는 한편, 리용 대학에서 철학을, 그 뒤 소르본느 대학에서 심리학 · 교육학을 강의한다. 1952년에 콜레쥬 드 프랑스의 철학 교수로 임명된다. 1959년부터 새로운 저작의 집필에 착수하지만, 완성하지 못하고 1961년에 심장 마비로 급서한다.

이 책은 그것만으로도 독립하여 마치 현상학 입문서로 읽을 수 있는

「서문」을 시작으로 「서론」을 거쳐 본문은 제1부 「신체」, 제2부 「지각된 세계」, 제3부 「대자적 존재와 세계내 존재」라는 구성으로 되어 있다.

메를로-퐁티가 철학을 공부하기 시작할 무렵의 프랑스 철학은 이미 베르그송이 일선에서 물러나고 브랑슈비크로 대표되는 비판주의가 주류였다. 그러나 그러한 관념론적 사고는 메를로-퐁티의 눈에는 인간의 구체적인 경험이 갖는 풍부함을 잘라낸 추상적 사유의 영위로밖에 비쳐지지 않았다. 이 경험의 구체성을 중시하는 자세에는 베르그송과 마르셀의 영향이 보인다. 그러나 이 구체적 경험의 영역을 단순히 직관적으로 포착하는 일에 만족하지 못한 메를로-퐁티는 당시 대두되기 시작한 게슈탈트 심리학이나 행동주의에 관심을 기울였다. 이들 새로운 인간 과학에는 "의식과 인간의 관계"에 대한 새로운 이해의 가능성이 숨겨져 있다고 그는 생각한 것이다. 그 연구의 성과가 처녀작 『행동의 구조』였다.

거기에서는 생리학, 생물학, 심리학 등의 식견이 게슈탈트라는 개념을 축으로 해서 계층적으로 정리되어 있다. 그러나 거기에서 철학적으로 보아 어떠한 새로운 인간 이해가 도출되느냐 하는 점에 대해서는 명확한 해답이 주어지지 않았다. 그 결함을 메워주는 것으로서 메를로-퐁티가 발견한 것이 현상학이었다. 현상학이야말로 인간 과학들의 식견을 통합하고 그 철학적 의미를 열어제끼는 방법으로 생각되었던 것이다. 이와 같이 현상학과 인간 과학을 같은 지적 문맥에서 포착하는 견해는 아롱 귀르비치와 쉘러에게서 시사받은 것이다. 그 결과 집중적으로 행해진 훗설 연구의 성과가 『지각의 현상학』이며, 특히 그 「서문」에는 그의 현상학 이해가 단적으로 드러나있다.

거기에서 메를로-퐁티는 후기 훗설의 생활 세계론에 초점을 맞추어 지향성이나 본질과 같은 현상학의 기본 개념의 의미를 논하고 있다. 예를 들어 통상적으로는 자연적 태도에서의 세계 정립에서부터 초월론적 주관으로의 귀환으로 해석되는 현상학적 환원에 대해서도 객관적 세계에서부터 생활 세계로의 역행이라는 측면에 중점이 두어져 철학적 반성이 그 원천인 비반성적인 태도로 나누기 어렵게 뿌리내리고 있는 점이 강조된다. 따라서 "환원의 가장 위대한 교훈이란 완전한 환원은 불가능하다는 것"으로, "형상(形相)적 환원이란 세계라고 하는 것을, 그것이 우리들 자신으로의 일체의 환원에 앞서 있는 그대로의 모습으로 출현시키려고 하는 결의이며, 반성이라는 것을 의식의 비반성적인 생활과 동등한 것으로 만들려는 야심"이다. 현상학적 환원의 목표는 객체화되기 이전의 세계와 우리들의 앞서 말했던것과 같은 통일의 장인 현상 야(現象野)를 일체의 합리적 인식이나 이론적 태도의 기반으로 보여주는 것이다.

현상 야란 객체화된 인식에 앞서 지각 경험에 의해서 살고 있는 세계이다. 제1부에서는 이 지각 경험의 주체로서의 신체의 작용이 분석되고, 제2부에서는 이 신체에 의해서 살고 있는 세계의 구체상이 묘사된다. 그 서술은 세계를 부분의 상호 외재적 관계의 전체로 분석하는 객관주의와, 세계의 존재 일체를 세계로부터 독립한 초월론적 주관의 구성 작업으로 귀결지우는 주지주의에 공통된 편향을 고발해서 지각 의식과 지각되는 세계의 상호 관계를 신체에 위치지어 서술하는 형식으로 진행된다. 그 비판의 행보는 제3부 앞부분 "코기토" 장에서 정점에 도달하는데, 역시 압권은 제1부에서의 구체적 분석의 치밀함이다. 또 "말은 의미를 갖는다"라는 간결한 명제로 상징되는 제1부 마지막의 언어론도 소쉬르 언어학에 충분히 가깝지 않던 시기의 것이기는 하지만, 그런 만큼 그후 구조주의의 유행과 함께 확산된 소쉬르 이해와는 상당히 그 색깔을 달리해서, 말하는 주체의 창조적 언어 행위에 역점을 둔 유니크한 것이다.

이 책이 간행된 이래 메를로-퐁티는 철학뿐만 아니라 심리학이나 언어학, 게다가 역사, 정치, 예술에 이르는 광범한 영역을 횡단하는 형식으로 활발한 사색을 전개하는데, 어쨌든 그 기본적인 발상은 이 책의 입장에 근거하고 있는 것으로 미루어보더라도 이 책의 중요성을 엿볼 수 있다. 또 그 영향력은 지금도 쇠퇴할 줄 모르고 철학은 말할 것도 없고 심리학, 사회학, 정신 의학 등 매우 다방면에 이르고 있다.

계몽의 변증법

M. 호르크하이머 / T. W. 아도르노
Dialektik der Aufkläung, 1947

호르크하이머와 아도르노의 공저 『계몽의 변증법』은 나치즘의 근원을 합리성과 자연의 관계에까지 거슬러올라가 파악한 액츄얼한 사회 철학서이다. 이른바 프랑크푸르트 학파의 대표적인 저작으로서, 전후 독일을 비롯해서 많은 사회 사상에 영향을 미쳤다. 체계적 서술을 거부한 대단히 난해한 책이지만, 거기에 제시되고 있는 문제의 현대적 중요성 때문에 현재에 이르기까지 커다란 관심을 계속해서 모으고 있다.

호르크하이머(Max Horkheimer : 1895~1973)은 슈트가르트의 유태계 실업가 가문에서 태어났다. 1925년에 코르네리우스의 지도 아래 칸트의 『판단력 비판』에 관한 논문으로 교수 자격을 취득한다. 30년에 프랑크푸르트 대학 최초의 사회 철학 교수, 또 이 대학 부설 '사회 연구소'의 제2대 소장으로 취임했다. 당시 '연구소'는 프롬과 마르쿠제를 맞아들여 아도르노, 벤야민 등과 접점을 갖기 시작했다. 호르크하이머는 '비판 이론'의 기수로서, 뒤에 프랑크푸르트 학파라 부르는 사상가 집단의 지도적 역할을 담당해 나간다.

그러나 1933년에 나치 정권이 들어서자 연구원 태반이 유태계로서 맑스주의자로 간주된 '연구소'는 폐쇄되고 호르크하이머는 제네바를 거쳐

34년 뉴욕으로, 아도르노도 38년 미국으로 망명하였다. 연구소는 콜롬비아 대학에서 한동안 활동을 계속했으나 40년에 호르크하이머가, 다음 해에는 아도르노가 남캘리포니아로 이주하였다. 2차대전이 끝난 뒤에 두 사람은 독일로 귀환하여 프랑크푸르트 대학에 '사회 연구소'를 재건한다. 73년에 78살의 생을 마감하였다(아도르노의 약력은 이 책 321쪽 참조).

『계몽의 변증법』은 1939년부터 44년 사이에 쓰여졌다. 호르크하이머의 『이성의 부패』(1947), 아도르노의 『미니마 모랄리아』(1951)가 같은 시기의 양자의 사색을 보여주고 있다. 『계몽의 변증법』은 1944년에 타이프 인쇄된 뒤 약간의 추가와 정정을 하여 47년에 암스테르담에서 초판이 발간되었다. 출판 당시에는 커다란 반응을 불러일으키지는 못했지만, 그 뒤 급격히 평가가 높아져 69년에 서독에서 재판이 출간되었다.

『계몽의 변증법』을 관통하는 모티브는 서문의 한 문장에 집약되어 있다. "인류는 왜 진정으로 인간적인 상태로 나아가지 않고, 대신에 일종의 새로운 야만 속으로 떨어지는가?" 호르크하이머 등은 아우슈비치를 낳은 나치즘, 망명지 미국의 획일적 대중 문화를 "새로운 야만"으로 포착하고, 그 근원을 "계몽" 자체 속에서 추적한다. 이 책에서 "계몽"이 의미하는 바는 18세기 전후의 진보 사상만이 아니다. 오히려 "계몽"은 인간이 채택해 온 자연에 대한 합리주의적인 태도 전반—이를 단적으로 표현하는 것이 "자연 지배"라는 개념이다—으로 확장된다. 인간은 외적인 자연만이 아니라 충동이나 감정 등 인간의 내적인 자연을 지배함으로써 자연의 위협과 신화적 야만을 극복해왔다. 그러나 호르크하이머 등은 계몽의 자연 지배적인 존재 방식 자체 속에서 인간을 지배하는 자연의 폭력이 재현되는 사태를 본다. 〈계몽의 변증법〉이란 바로 야만으로의 계몽의 역전이라는 이러한 현대적 사태를 가리키는 것이다.

이 책은 자연과 "자연 지배"의 뒤섞임 속에서 〈계몽의 변증법〉을 논한 뒤 "이미 신화가 계몽이다", "계몽은 신화로 퇴화한다"라는 두 가지 기본 테제를 보론에서 상세하게 논한다. 먼저 호메로스의 서사시 『오디세이아』를 소재로, 계몽과 대립적으로—때로는 동경의 대상으로서—파악되는 신화적 세계 그 자체를 "자연 지배"의 시원으로서 비판적으로 탐구한다. 제2의 보론은 칸트의 도덕 철학으로 상징되는 계몽적 윤리를 사드의 『악덕의 번영』, 또 니체 철학에 나타나는 "강자의 법칙"으로의 역전 속에서 파악한다. 게다가 그들이 직면한 "새로운 야만", 즉 미국의 "문화 산업"과 특히 독일의 "반유태주의"를 구체적으로 성찰하고 있다.

이 책의 기반을 이루는 조류에는 계몽의 역전 현상을 눈여겨본 헤겔의 『정신 현상학』, "제2의 자연"에 대한 인간의 예속을 지적한 루카치, "탈주술화"로서의 자본주의의 귀결을 "철의 감옥"으로 파악한 베버의 합리화론 등이 거론되고 있다. 특히 주목해야 할 것은 프로이트의 자아론으로부터의 강한 영향일 것이다. 이들을 계승하면서 20세기의 "야만" 그 자체를 구체적으로 성찰한 점이야말로 『계몽의 변증법』의 확고한 의의이다.

그러나 그 뒤 이 책에는 계몽 개념의 애매함, 〈파국〉을 회피할 수 있는 이론적 가능성의 단념의 의문 등 적지 않은 반론이 가해졌다. 프랑크푸르트 학파의 제2세대로 지목된 하버마스도 70년대 이래 그러한 비판을 전개하고 있다. 확실히 "계몽의 변증법은 객관적으로 광기로 전화한다"고 단정하는 이 책의 진단은 암담한 톤에 빠져 있다. 특히 호르크하이머에 대해서는 30년대의 전투적 유물론에서 페시미스틱한 체념으로의 후퇴로 간주하기 쉽다. 하지만 『계몽의 변증법』은 "새로운 야만"에 대한 굴복을 감수하지는 않는다. 호르크하이머 등은 미미하기는 하지만 "계몽의 자기성찰", 즉 자연과의 적대 관계를 변경시키는 계몽 자체의 잠재력 속에서 희망을 찾아내려고 한다. 이 책이 추궁하는 비판의 격렬함 뒤에, 아직도 희망을 포기하려고 하지 않는 철저한 노력이 투시되어야 할 것이다.

형이상학 입문

마르틴 하이데거
Einführung in die Metaphysik, 1953

이 책은 하이데거가 행한 방대한 강의록 중의 하나이다. 그의 강의록은 어느 것이나 대단히 명쾌하고 자극적이지만, 특히 생전에 출판된 강의록은 그가 스스로 출간한 것인 만큼 제법 완성도가 높은 것이 많다. 특히 이 책은 미완의 주저 『존재와 시간』에서 쓰여지지 않았던 '제2부'(서양 철학사의 비판적 해체 작업)의 핵심부를 콤팩트하게 포함하고 있기 때문에 하이데거 이해에 빼놓을 수 없는 한 권의 책이다.

이 책은 1935년 여름 학기에 프라이부르크 대학에서 행한 「형이상학 입문」이라는 강의의 원고에 하이데거 자신이 다소 가필을 하여 같은 타이틀로 1953년에 출판한 것이다. 『존재와 시간』 항에서 살펴보았듯이, 『존재와 시간』은 구성상 인간 존재의 분석에 해당되는 준비 작업 부분과, 이를 받아들여 존재 일반의 의미를 해명하고 그 존재의 의미에 비추어 서양 철학사를 비판적으로 해체하는 부분(본편)으로 구상되었으나, 그 「본편」은 『존재와 시간』에서는 쓰여지지 않았다. 인간 존재의 존재 이해에서부터 출발하는 이러한 준비 작업이 방법론적으로 실패했다고 생각한 하이데거는 결국 본론이 되는 속편을 쓰기를 단념한다. 하지만 존재의 본래의 의미에 비추어 서양 철학사를 해체한다는 모티브는 계속 남아 있어 이후의 강의록에서 구체적으로 전개된다. 특히 이 책은 존재라고 하는 개념을 직접 분석의 대상으로 삼고 있다는 것, 소크라테스 이전의 철학자들의 존재관을 높이 평가하여 플라톤 이후의 서양 철학을 모두 그것의 "하락"이라고 보는 그의 독특한 존재사관이 콤팩트하게 요약되어 있다는 것, 이른바 "하이데거 독일어"의 기묘한 표현이 꽤나 명확하게 그리스어와 대조될 수 있다는 것 등 다른 강의에는 없는 많은 강점을 지니고 있다. 형이상학에 대한 태도 결정의 동요, 나치즘을 둘러싼 유명한 문제 발언("나치 운동의 내적 진리와 위대함") 등 다양한 관점에서 논의되고 있는 문제 서적이다.

이 책은 타이틀로 보면 형이상학에 대한 입문서인 것 같지만, 내용으로 보면 오히려 형이상학의 극복을 지향하고 있다. 하이데거는 먼저 "왜 일체의 존재자가 있는 것인가, 그리고 오히려 무가 있는 것은 아닌가"라는 형이상학의 근본적인 문제로 우리를 인도한다. 그러나 형이상학에 대한 이러한 도입은 "형이상학"에 빠져버린 원초적 "존재에 대한 물음"으로 되돌아가 거기에서 형이상학을 거꾸로 조사해서 해체하기 위한 것이다. 형이상학은 개개의 존재자가 아니라 오히려 존재자 전체에 관한 학문이지만, 그것은 존재자가 항상 존재하고 있음을 전제하고 있다. "존재에 대한 물음"은 그 전제를 묻는다. 즉 존재자의 존재를 묻는다. 이리하여 존재자가 아니라 존재만이 물을 가치가 있는 것임을 명확히 하는 것이 책의 제1장 「형이상학의 근본적인 물음」이다. 이어서 이 책은 제2장 「〈있다〉고 하는 말의 문법과 어원학」, 제3장 「존재의 본질에 관한 물음」으로 나아가, 마지막에 이 책의 중심이라고도 할 수 있는 제4장 「존재의 한정」으로 끝맺는다.

형이상학에서는 "존재와 생성", "존재와 가상", "존재와 사고", "존재와 당위"라는 대립 도식에 의해서 존재의 의미가 한정되어왔으나 생성도, 가상도, 사고도, 당위도 무엇인가의 의미로 존재하는 것의, "따라서 종래의 존재 개념은 〈있는〉 것 모두를 호칭하기 위해서는 불충분하다"라고 하이데거는 제4장에서 서술하고 있다. 그렇다면 존재를 한정하는 참된 구별이란 무엇인가? 그것은 존재자와 존재의 구별이다. 이 구별의 망각이야말로 서구의 문화를 근저에서 규정하고 있던 것이라고 하이데거는 생각한다. 이 구별에 진실로 되돌아가기 위해서는 근원적인 시각의 개시(開示)가 필요한데, 그러기 위해서는 인간 존재에 대한 규정의 개정이 불가피하다. 이 책의 중심인 「존재의 한정」이라는 장의, 특히 "존재와 사고"의 절에 많은 지면이 할애되고 있는 것도 그 때문이다. 하이데거는 거기에서 파르메니데스의 통상적으로 "사고와 존재는 같은 것이다"로 번역되는 부분을 들어서 인간과 존재의 관계의 원초적-근원적인 이해를 스스로 반복하려고 한다. 그는 소포클레스의 「안티고네」, 파르메니데스의 다른 단편, 헤라클레이토스의 단편 등을 구사하면서 이 단편에 독특한 해석을 가하고 있다. 그에 따르면, "존재"는 퓌지스(Physis), 다시 말해서 "발현하면서 나타나는 것", "빛 속에서 나온 것"이며, 다른 한편 "사고"는 "받아들이는 것", "자기를 드러내는 것을 받아들이며 존립케 하는 것"이다. 이와 같이 해석된 존재와 사고가 서로 공존하고 합쳐지는 것을 이 단편은 알리고 있는데, 물론 여기에서의 중점은 존재 쪽에 있다. 존재(존재자가 아니다)가 생기(生起)한다고 하는 일이 있기 때문에 인간이 존재자 전체를 하나로 취급해서 그 존재를 청취한다는 것(사고)이 있다. 아니, 존재와 사고는 같은 사태이지만, 사고가 존재를 규정하고 있는 것이 아니라 존재가 사고를 통해서 자신을 드러낸다고 생각할 뿐이다. 인간의 존재 이해에 중점을 두고 있던 『존재와 시간』과는 달리, 하이데거는 여기에서는 존재의 개시로서의 인간(현존재)이라는 관점에서 '존재와 시간'이라는 과제를 다시 제기하고 있다.

철학적 탐구

루드비히 비트겐슈타인
Philosophische Untersuchungen, 1953

『철학적 탐구』는 비트겐슈타인 사후에 간행되어 영미 철학계에 커다란 영향을 미쳤다. 이전의 『논리 철학 논고』와는 스타일도 내용도 전혀 다른 이 책에 의해서 철학의 새로운 조류가 생겨나게 되었다. 이 책에 포함되어 있는 여러 가지 문제군은 일상 언어파나 그밖의 많은 철학자들을 자극해서 다양한 형태로 논의되었다. 여기에서 전개되고 있는 여러 가지 문제가 지니는 현대적 의미와 그 뒤의 영향력으로 미루어볼 때 이 책은 영미계뿐만 아니라 20세기 철학 전체를 대표하는 책이라고 말할 수 있을 것이다.

『논리 철학 논고』 이후 철학에서 떠나 있던 비트겐슈타인은 1928년에 수학자 브라우어의 강연을 들으러간다. 강의가 끝난 뒤 갑자기 철학에 대해서 말하기 시작한 비트겐슈타인은 다음 해 케임브리지로 복귀해서 학위를 취득한 뒤 1930년부터 강의를 시작하였다. 이것이 『철학적 탐구』로 결실을 맺는 비트겐슈타인 후기 사상의 개막이다.

『논리 철학 논고』에서부터 『철학적 탐구』로의 전회는 어떤 의미에서 "논리 형식"에서부터 "생활 형식"으로의 이행이라고 말할 수 있다. 『논리 철학 논고』의 세계관에서는 세계와 언어가 "논리 형식"을 공유하고 있었다. 『철학적 고찰』(1929~30), 『철학적 문법』(1932~34)을 거쳐 『파란 노트,

붉은 노트』(1932~35)에 이르면 논리에서부터 언어 그 자체로 초점이 옮겨져 "체계"라는 개념이 나타난다. 『철학적 탐구』에 이르면 "체계"도 버리고 언어 활동의 현장으로 시선이 돌려진다. 이 활동을 비트겐슈타인은 "언어 게임"이라 불렀다.

『철학적 탐구』는 제1부와 제2부로 나누어져 있는데, 제1부는 1936년부터 1945년까지 띄엄띄엄 쓰여져 제1절부터 제693절까지 크고 작은 여러 문장이 얼핏 보면 무작위적으로 놓여 있다. 제2부는 1946년부터 1949년까지 쓰여져 i 에서 xiv까지의 부분으로 나뉘어져 있다. 『철학적 탐구』는 매우 엄밀한 배열에 의해서 구성되어 있기 때문에 복잡하게 얽힌 문제가 모든 부분에 걸쳐서 고찰되고 있다. 이 특이한 스타일은 원하든 원하지 않든 간에 읽는 사람을 사고의 현장으로 끌어들인다. 『철학적 탐구』의 난해함은 형식이나 내용에서부터 비롯된 난해함이 아니라 진짜 철학적 사고의 난해함이다.

언어의 고찰에서 제1부는 시작된다. 일찍이 제7절에서 "언어 게임"이라는 말이 등장한다. 우리가 언어를 습득하는 것은 룰 북(체계)에 의해서도 아니고, 하나하나의 언어의 의미를 확인하는 것에 의해서도 아니다. 우리들은 이미 항상 "언어 게임"에 참가하고 있다. 그때 필요한 것은 지적인 이해가 아니라 "훈련"이며 "실천"이다. 이렇게 해서 언어는 우리들의 생활(생)에 밀착되고, 이런 의미에서 하나의 "언어 게임"은 곧 하나의 "생활 형식"이 된다. 『철학적 탐구』 제1부의 근저에는 이 "언어 게임=생활 형식"이라는 사고 방식이 있고, 비트겐슈타인은 이와 같은 "언어 게임=생활 형식" 일원론에 근거하여 구체적인 언어의 다양한 사용 방법("언어의 문법")을 하나하나 서술한다. 이것이 전기에서부터 계속된 언어 비판이라는 방법이며, 철학의 유일한 임무이다. "언어 게임=생활 형식"이란 관점에서 보면, 우리들에게 있어서 확실한 것은 언어 활동뿐이며, 개개인만이 알 수 있는 사적인 언어는 언어가 아니라(「사적 언어 비판」), 우리들이 알 수 있는 것은 "언어 게임"의 규칙에 따른 방법이 아니라 그 결과만이다(「규칙에 따른다」). "언어 게임"에는 여러 가지 종류가 있는데, 동일한 특징이 있는 것이 아니라 "가족적 유사성"이라는 모습을 띠고 있다고 한다. 제1부는 이와 같이 언어의 문제를 중심으로 많은 사항이 논의된다.

제2부는 지각론으로 일관하면서 "어스펙트(aspect)"라는 개념을 모든 각도에서 고찰한다. 우리가 사물을 보는 것은 대상을 직접 보는 것이 아니라 항상 "~로서 본다", 다시 말해서 특정한 "어스펙트"를 보고 있다는 것이다. 이 『철학적 탐구』 제2부는 1946~47년에 쓰여진 『심리학의 철학』 제1권이 토대가 되고 있어 양자는 많은 주제를 공유하고 있다. 이상과 같은 『철학적 탐구』의 논의는 『확실성의 문제』(1949~51)에도 연계되어 "언어 게임=생활 형식"을 뒷받침하는 토대에 대해서 더욱 상세하게 검토하고 있다.

후기 비트겐슈타인에 의해서 제기된 문제는 마르캄이나 안스콤과 같은 직계 제자뿐만 아니라 파이어이벤트, 쿤, 한슨 등에 의해서도 자극적인 형태로 발전되었다. "공약 불가능성", "파라다임", "이론 부하 언어" 등의 개념은 많건 적건 비트겐슈타인의 후기 사상의 영향을 받고 있다. 베이커와 핵커에 의한 『철학적 탐구』의 상세한 주석서가 현재도 간행중이며(최신편은 핵커만), 또 1982년에 출판된 크립키의 『비트겐슈타인의 파라독스』는 규칙의 문제와 사적 언어 비판을 결합시킨 독창적인 해석을 제창하여 비트겐슈타인 연구자들 사이에서 커다란 논란을 불러일으켰다.

희망의 원리

에른스트 블로흐
Das Prinzip der Hoffnung, 1959

미네르바의 부엉이는 저녁 나절에 난다. 이제까지의 학문은 모두 과거의 것, 기성의 것을 대상으로 삼는 것을 당연시해왔다.『희망의 원리』는 "아직 존재하지 않는 것"과 연관된 희망이라는 정신을 주제로 해서 유토피아라고 하는 아무도 답사하지 않은 땅에서의 실험을 다루고있다.

에른스트 블로흐(Ernst Bloch : 1885~1977)는 라인강변의 공업 도시 루트비히스하펜에서 태어나 뮌헨, 뷜츠부르크 대학에서 주로 철학을 공부했다. 청년 시절에 동년배인 죠르지 루카치와 친교를 맺었고, 또 벤야민, 아도르노 등에게 영향을 주었다. 나치 지배와 동시에 망명 생활에 들어가 스위스, 프랑스, 체코를 거쳐 미국으로 도피하여 이 최후의 망명지에서의 10년 가까운 세월을 그의 주저『희망의 원리』를 집필하는데 소비했다. 전후 라이프치히 대학의 철학 교수가 되지만, 헝가리 사건이 일어났을 때 동독 공산당과의 사상적 알력이 심해져 강제로 사임당하게 된다. 베를린 장벽을 구축할 때 서독으로 넘어가 튜빙겐 대학의 교수가 되고, 77년에 튜빙겐에서 서거한다.

『희망의 원리』는 먼저 동독에서 1954년에 제1권이, 다음 해에 제2권이 간행되는데, 이상과 같은 사정으로 제3권은 간행이 연기되고 있었다.

59년에 서독의 쥬어캄프 출판사와 그의 작품 전집 16권의 출판 계약을 하여 『희망의 원리』(전2권)를 이 해에 제1차분으로 공간하게 되자 동독도 같은 해에 제3권을 간행했다.

전부 1,600쪽이 넘는 이 대작은 내용으로 볼 때 크게 세 부분으로 나뉘어진다. 처음 제1부 「작은 한낮의 꿈」은 인간이 어린 아이에서부터 성장해서 어른이 되고 다시 노년에 이르게 되는 인생의 각 단계에서 품은 소망 상(象)이 어떻게 변이되어가느냐가 블로흐 특유의 간결하고 함축이 풍부한 문체로 제시된다.

제2부 「선취하는 의식」에서는 소망 상을 낳는 인간 의식의 내밀한 작용, 특히 무의식의 세계가 고찰된다. 프로이트나 융의 정신 분석에서는 예전에 체험되거나 의욕이 생겼던 의식 내용은 망각이나 억압에 의해서 의식의 영역 아래로 밀려나 무의식이 된다. 그러나 블로흐는 의식 아래의 암흑 세계에는 과거의 것만이 아니라 "전향적인 희미한 빛", 다시 말해서 아직 존재하지 않는 것에 연관된 "아직 의식되지 않은 것"도 섞여 있다고 설명한다. 그리고 이 "아직 의식되지 않은 것"은 동경, 예감, 공상, 백일몽과 같은 전향적으로 개방된 정동(情動)에 실려 의식으로 올라오는데, 이들 정동은 간신히 지평에 나타나기 시작한 현실을 선취한다고 하는 유토피아적 기능을 지니고 있다. 이들 정동의 중심에 블로흐는 희망을, "가장 넓고 밝은 지평에 연관된 것"으로서 정립한다.

블로흐는 소망이 이루어지고 어떤 일이 이상적인 형태로 성취되었을 때에도 반드시 충분히 실현되지 않고 뒤에 남는 것이 생기는 점에 주목해서 그것을 "소망 상의 유토피아적 잔여"라고 부른다. 모든 소망의 실현에 붙어다니는 이 "유토피아적 잔여"는 대부분의 성취를 환멸로, 많은 이상의 달성을 이상에 대한 배반으로 바꾸어버리는 작용을 하지만, 또 다른 한편으로는 그것에 의해서 생겨난 부족감은 역사 주체가 거짓된 성취나

겉치레의 조화에 만족해버리지 않기 위한 비판의 자극이라는 기능까지도 발휘한다. 다시 말해서 실현된 뒤에 남겨진 잠재적인 것은 이 소망 상의 잔여에 의해서 활성화되고, 우리들을 앞으로 몰아세워 역사를 형성하는 추진력을 형성하고 있는 것이다. 이러한 의미에서 "소망 상의 유토피아적 잔여"라는 개념은 『희망의 원리』의 관건이 되는 중요한 사상이다.

이어지는 제3부, 제4부, 제5부는 모두 제1부, 제2부와는 비교가 안될 만큼 많은 분량을 차지하고 있는데, 이것들은 모두 제2부에서 논의된 유토피아적 기능을 띤 소망 상 이론의 구체적인 응용편이라 할 수 있다.

제3부 「거울 속의 소망 상」에서는 자기를 실물보다 잘 보이고 싶다는 소망에 상응하는 거울로 대표되는 여러 가지 지적 소도구나 이데올로기 장치 내지 정신적 산물이 다루어지고 있다. 그때 저자는 비밀결사 KKK의 가면이나 욕망을 자극하는 상품 광고와 같이 지배자에게 봉사하는 거짓된 소망 상과 동화, 세월의 도시, 대중 소설 등에서 볼 수 있는 민중의 진정한 소망 상을 확실하게 구별한다.

제4부 「보다 나은 세계의 조감도」는 사회적 유토피아를 논하고 있다. 그 중심에는 모어의 『유토피아』와 캄파넬라의 『태양의 도시』의 대비가 있고, 이것에 상응하는 오웬의 자유 연방적 사회주의와 생 시몽의 중앙 집권적 사회주의의 대조적인 흐름의 비교가 있는데, 각각 전자 쪽이 높게 평가되고 있다. 하지만 모어적인 민주주의도 캄파넬라의 질서의 파토스를 경유할 필요가 있다고 말하고 있다.

제5부 「충만된 순간의 소망 상」에서는 주로 윤리와 종교가 다루어진다. 윤리에서는 인간 유형의 대표로 파우스트와 돈 키호테가 거론되고, 후자의 선사(先史)적 · 유토피아적 아나크로니즘에 바탕을 둔 대담한 현실 한계의 극복이 보다 높게 평가된다. 종교에서는 자연 종교인 이집트나 바빌로니아의 성신 신앙에 대치된 유태 · 그리스트교적 신앙을, 인간이 초

월적이고 전능한 신에게 반항해서 기어이 신과 동등한 존재가 되는 길을 개척한 것으로서 깊이 공감하면서 논하고 있다. 이 제5부는 이제까지의 교의에 구애받지 않는 대담한 신에 대한 해석을 내세우고 있어 많은 신학자의 관심을 모았다.

니체

마르틴 하이데거
Nietzsche, 1961

『존재와 시간』이 좌절된 이후의 하이데거는 그 입장을 엄밀히 음미해서 존재의 역사로 옮아갔다. 그 과정과 성과를 말하고 있는 것이 이 『니체』이다. 이 책은 니힐리즘의 도래를 알리고 그것을 극복하려 한 니체와 대결하는 가운데 니힐리즘의 본질을 존재의 역사, 존재가 아무 것도 아닌 것 같은 역사에서 찾고, 게다가 서양 형이상학의 이 역사를 존재 그 자체가 보낸 역사적 운명으로 포착하기에 이른다.

존재하는 것의 의미를 묻는 『존재와 시간』(1927)은 제1부에서 현존재(인간)는 애매한 방식이긴 해도 존재를 이해하고 있는 유일한 존재자이기 때문에 현존재(그 존재의 의미는 시간성으로서 명확해진다)의 존재 이해를 단서로 해서 존재를 시간의 지평에서 해석하고, 제2부에서 이에 근거해서 존재를 망각해온 고대 이래의 서양 철학의 전통을 해체하는 것을 과제로 삼았다. 하지만 그 시도는 미완인 채 끝났다.

이후에 하이데거는 〈존재와 시간〉을 저작이라기보다는 오히려 과제로 인수해서 이에 새로운 형태로 맞서려 한다. 1936~38년에 쓰여졌으나 사후에 출판된 『철학에 대한 기여』에는 그 고투와 새로운 경지가 꽤나 직접적으로 표현되어 있다. 이 과정이 니체 해석이라는 형태를 띤 것이

36/37년 겨울 학기부터 시작된 일련의 니체 강의이다. 이 강의는 41/42년 겨울 학기까지 거의 연속되었고, 44년까지 집필된 여러 논고와 함께 수정을 가한 뒤 간신히 61년에 두 권짜리 책 『니체』로 간행되었다. 따라서 하이데거 자신은, 『니체』는 1930년부터 47년의 『휴머니즘에 관한/을 극복한 편지』까지 저자가 걸어온 과정을 전망케 하는 것이라고 언명하고 있다.

이 책에 따르면, 플라톤 이래의 철학 내지 형이상학은 존재자 그 자체의 진리이다. 형이상학은 존재자가 존재하는 것(존재자의 존재)을, 존재자 그 자체는 무엇인가(본질), 존재자 전체가 존재한다고 하는 사실과 그 방식이라는 이중의 측면에서 물어 전자에 대해서는 보편성에 의해서, 후자에 대해서는 제1원인으로서의 신에 의해서 답해왔다. 하지만 니체는 존재자 전체(감성계)를 신 내지 신의 대리(초감성계)가 근거지은 의의를 부여한다는 구도(플라톤주의)를 뒤집어서 신의 죽음, 다시 말해서 니힐리즘의 도래를 알렸다. 그에게 있어서는 초감성적인 것을 믿어온, 그러나 그것이 가상으로 붕괴되는 과정 · 역사가 니힐리즘이었다. 이 니힐리즘을 극복하기 위해서 니체는 형이상학의 물음에, 존재자의 본질에 관해서는 힘에 대한 의지로, 존재자 전체의 존재 방식에 관해서는 같은 것의 영원 회귀로 대답했다. 어떤 존재자나 자신의 힘을 상승시키는 것을 본질로 하고 다른 존재자를 그러기 위한 조건, 즉 가치로서 포착한다. 진리(참된 세계, 초감성계)라는 것도 힘을 유지하기 위해서 생성 · 유동하는 카오스로서의 감성계를 고정화한 것이며, 그런 의미에서 필연적인 오류, 가치임이 분명하다.

하지만 하이데거에 따르면, 플라톤주의의 이러한 전도는 니힐리즘의 본질을 파악하지 못했으며, 따라서 그것을 극복하지 못한다. 존재는 근대 철학에서는 주관 · 주체로 표상되고 있는데, 니체에게 있어서는 힘에 대한 의지에 의해서 정립된 가치가 되고 있다. 이것은 형이상학의 전통과 마찬가지로, 존재자로부터 해방된 존재이지 존재 그 자체는 아니다. 그런 의미에서 니체에 의한 가치 전환으로서의 플라톤주의의 전도는 여전히 존재 망각에 머물러 있어 플라톤주의 틀 안에 있다. 오히려 힘에 대한 의지는 제약받지 않는 주체성이 되어 대지(大地, 존재자 전체)를 무조건으로 지배하려고 하기에—나치즘 등 제국주의를 참조하기 바란다—이르렀다는 점에서 서양 형이상학의 완성태이다.

이리하여 『니체』는 서양 형이상학＝플라톤주의＝니힐리즘의 본질을 존재에 대한 존재자의 압도적인 우위에서 찾는다. 니힐리즘이란 유럽 역사의 근본 운동이며, 존재가 아무 것도 아닌 그러한 역사이다. 게다가 하이데거는 『존재와 시간』에서와 같이 존재 망각이 인간의 퇴락된 결과라고 더 이상 생각하지 않는다. 존재가 모습을 나타내지 않는 이 역사는 인간의 타락 정도에 의한 것이 아니라 존재 자신의 인간에 대한 연관에 의한 것, 존재가 보낸 역사적 운명이라는 것이다. 30년대(특히 후반)부터 40년대(특히 전반)까지 하이데거는 존재의 진리를 존재의 역사로 사고하는 것을 근본 특징으로 하는데, 『니체』는 이 행보를 엿보게 해주는 것이다. 이 경지에서는 존재로부터의 연관이 기축이 되는 이상, 『존재와 시간』처럼 인간의 존재 이해를 단서로 해서 존재에 접근하는 것은 주관성의 강화로서 배척되고, 또 존재가 역사인 이상, 체계적 부문과 역사학적 부문으로 나누는 이 책의 2부 구성도 버려지게 된다. 〈존재와 시간〉이라는 과제에는 〈존재의 역사〉라는 형태로 대답하려 하고 있었던 것이다. 하이데거의 사색은 그후에 변용되지만 근본 구도는 달라지지 않는다. 그의 철학이 구조주의나 포스트 구조주의에 미친 영향은 『존재와 시간』과 나란히, 혹은 그 이상으로 『니체』가 개척한 경지에 의한 바가 크다. 특히 니체 해석으로서의 아전 인수가 가끔 지적되고 있지만, 니체 철학의 일면을 예리하게 부각하고 있다는 것은 부정할 수 없다.

과학 혁명의 구조

토마스 S. 쿤
The Structure of Scientific Revolutions, 1962

저자는 미국의 철학을 뒤흔들어놓은 철학적인 과학사가이다. 이 책은 과학의 역사를 지식의 합리적이고 연속적인 축적으로 보는 소박한 견해를 배척하고 과학의 혁명에 파라다임 전환을 결부지어 합리주의자의 인식론을 궁지에 몰아넣고 과학사나 과학 사회학 연구의 의의를 세계에 널리 알린 책이다.

쿤(Thomas Samuel Kuhn)은 1922년 오하이오 주 신시네티에서 태어나 하버드 대학에서 물리학을 공부하여 1949년에 학위를 취득했다. 1951년부터 하버드 대학, 1958년부터 캘리포니아 대학 버클리 분교, 1964년부터 프린스턴 대학, 1979년부터 MIT에서 과학사 등을 강의했다. 1957년에 사회적 · 사상적 배경을 시야에 넣어 근대 우주관의 탄생을 묘사한 『코페르니쿠스 혁명』을 저술했다. 1962년에 『과학 혁명의 구조』. 1961년부터 1964년까지 양자 역학의 역사적 자료를 수집하는 프로젝트(양자 역학의 형성에 관한 약 95명의 인터뷰나 서한, 논문의 초고, 실험 노드 등 다량의 마이크로 필름화를 포함)를 감독했다. 그 목록은 1967년에 공개되었다. 이 무렵 쿤 이외에 토울민, 한슨, 파이어아벤트 등의 철학자가 개진한 견해가 역사성, 사회성에 중점을 두는 신과학관이라는 사조를 형성하여 그 중심적 존재로서 철학적 논쟁의 와중에 있었다. 1977년에 논문집 『본질적 길항』을 출판한다. 책의 이름은 역설적이지만 과학에서는 신기원을 여는 전제로서 전통에 뿌리를 내리는 일이 필요하다는 관찰에서 유래된다. 1978년에 비연속성의 물리의 기원을 탐구한 『흑체의 이론과 양자의 비연속성』을 저술했다.

『과학 혁명의 구조』의 아이디어는 과학사에 관심을 기울이고 있던 쿤이 하버드 대학의 연구원으로 있던 3년 동안에 행한 다면적인 연구 ―코이레, 멕가, 마이어 등의 과학사 연구, 라비죠이의 『존재의 대연쇄』, 피아제의 심리학, 게슈탈트 심리학, 메이엘슨, 콰인의 철학, 게다가 플렉의 『과학적 사실의 생성과 발전』 등―에 힘입고 있다. 이 책의 핵심 개념은 〈파라다임〉이다. 18세기에 리히텐베르크는 과학에 새로운 견해를 도입하는데 필요한 것을 "파라다임"이라 불렀고, 그 영향을 받은 비트겐슈타인도 『철학적 탐구』에서 "언어 게임"에 불가결한 비교의 대상(메탈 원기 등)을 "파라다임"이라 부르고 있다. 쿤은 후자로부터 직접적인 영향을 받고 있는데, 문법 교육에서의 "파라다임"(활용 등을 명시된 규칙에 따르지 않고 유추에 의해서 습득시키기 위해서 사용되는 실례)도 참조하고 있다. 특정한 학문 분야를 담당하는 과학자 집단에서 역사상의 특정한 기간에 그 성원이 공유하여 연구에 불가결한 도구로 음으로 양으로 사용하고 있는 연구의 범례(모범이 되는 구체적 업적), 또 그 주변에 형성되고 있는 심볼 형식, 모델, 여러 가치 등이 쿤의 파라다임이다. 파라다임에 따른 과학이 '정상 과학'으로, 파라다임의 전환이 '과학 혁명'이라는 것이 이 책의 기본적인 관점이다. 이 책은 카르납과 모리스 등이 기획한 『통일 과학 국제 백과사전』의 분책으로 출판되어 지면이 제약되었기 때문에 개요적인 책으로 되어 있다.

이 책에 따르면, 과학사에서의 커다란 변화는 파라다임 전환을 수반하는 혁명이기 때문에 과학자의 문제 의식, 문제나 그것의 해결 기준이 되는 규준(rule), 과학적 상상력, 과학자가 연구하는 세계의 변화를 수반한다. 혁명 전후의 과학에는 공통된 혹은 중립적인 언어나 규준이 없기 때문에("공약 불가능성"이라 부른다) 과학 혁명에서의 과학의 진보는 내용의 심화나 전선의 확대, 다양화를 포함하고 있다고 하더라도 하나의 진리에 대한 접근으로서 합리적으로 해석할 수는 없다. 한편 정상 과학에서는 과학자 교육 중에 교과서 등을 통해서 주입되는 파라다임이 연구자에게 목표와 전망을 주어 그것이 실현되도록 몰아세운다. 그 일은 이를테면 "퍼즐 풀이"와 같아서 새로운 관찰이나 새로운 사실의 예측, 실험과 이론 양면에서 파라다임의 적용 영역을 확대하는 것, 이론과 사실의 비교의 정밀도를 높이는 것, 파라다임의 명확화와 조직화(정수의 실험에 의한 결정, 정량적 법칙의 결정, 새로운 분야에 대한 적용법의 결정, 이론의 명확함을 증대시키는 재정식화 등)를 포함한다. 이것은 파라다임 이론이 아직 만족할 만한 상태가 아님을 뜻하는 많은 문제를 내포하고 있기 때문에 가능하고 또 필요한 작업이다. 그러한 문제 중에서도 해결 전망이 없는 것이 〈이상 사례〉인데, 그것은 이론이나 파라다임의 포기에 직접적으로는 연계되지 않는다. 〈이상 사례〉가 축적되어 〈위기〉가 생기고, 게다가 새로운 파라다임(돌파구가 되는 연구)이 나타났을 때 혁명이 일어난다. 혁명을 지배하는 것은 규준에 비추어 합리적인 판단이 아니기 때문에, 적어도 새로운 파라다임은 초기에는 전체적으로 보자면 불리하다. 따라서 혁명시에는 설득술, 형이상학의 취미나 미 의식, 과학자의 사회적 역할이나 지위, 권력 구조 등의 외재적 요인이 커다란 작용을 한다. 또 게슈탈트 전환에 비교되는 지각 세계의 재편성이 일어난다.

이 책은 표준적 견해였던 논리 경험주의나 포퍼 류의 과학관과 충돌하고 특히 역사주의, 상대주의적 함의를 둘러싸고 비판과 논쟁을 불러일으켰다. 1970년에 나온 제2판(그 후기에 "파라다임" 대신에 "과학 모형" 등을 써야 한다는 취지의 정정이 있다)은 붐을 불러일으켰다. 보수적이라는 비판도 있었지만, 그 통찰을 과학의 규범적 방법론에 엮어넣으려는 라카토스 등의 시도, 또 과학 사회학의 활성화와 과학론의 인지론적 어프로치에 대한 유인이 되기도 했다.

보이는 것과 보이지 않는 것

모리스 메를로-퐁티
Le visible et l'invisible, 1964

『보이는 것과 보이지 않는 것』은 메를로-퐁티의 절필. 초기 입장의 비판적인 계속으로서 시작된 그 사색은 서양 형이상학 전체를 극복하려 한 반철학의 시도가 되었다. 서양에서 태어난 형이상학이라는 지의 본질을 규명하는데 있어서 이 책은 아직까지도 자극적인 시사를 풍부하게 담고 있는 중요한 책이다.

1959년 초부터 메를로-퐁티는 새로운 저작의 집필에 들어간다. 이 계획은 이미 1952년의 연구 계획서 등에서 예고되었던 것이었다. 거기에서 메를로-퐁티는 "지각되는 것을 뛰어넘은 이른바 인식의 영역"에 관한 연구가 『지각의 현상학』에는 결여되어 있다는 것을 인정하고, 이 문제를 다루는 것이 지금 준비중인 저작 『진리의 기원』—이것은 『보이는 것과 보이지 않는 것』에 붙이려고 했던 표제이다—이라는 취지를 서술하고 있다. 또 인식의 문제를 언어의 관점에서 고찰할 필요성을 시사하고 있다. 하지만 이것이 실제로 착수되는 데는 다시 7년이라는 세월을 기다려야만 했다. 이 동안의 메를로-퐁티의 사색의 전개를 고찰하는데 있어서 무시할 수 없는 것은 소쉬르 언어학을 본격적으로 섭취하기 시작하였다는 점이다. 그 성과는 이를테면 『시뉴』 앞부분에 실린 논문 「간접적 언어와 침묵의 소리」 등에서 볼 수 있다. 이러한 언어에 대한 집중적인 성찰이 메를로-퐁티로 하여금 초기 입장을 비판적으로 재검토하도록 하는 하나의 계기가 되었다. 또 "현상학에서 존재론으로"라고도 평가되는 사색의 심연에는 후기 훗설의 사상 및 후기 하이데거의 존재를 둘러싼 사색에서 받은 영향이 현저하다.

이렇게 시작된 집필은, 그러나 1961년에 저자가 갑자기 서거했기 때문에 미완성인 채 끝나버렸다. 현재 간행된 것은 유고로 남겨진 초고를 제자 르포르가 편집한 것이다. 전반부는 어느 정도 완성되어 있던 본문으로 이루어져 있고, 그 내용은 방법론적 고찰이 대부분이다. 후반부에는 「연구 노트」라는 표제 아래 1959년 1월부터 죽기 직전까지 계속 집필했던 비망록이 수록되어 있다. 메를로-퐁티의 말년의 사색의 자취를 탐구하는 데 있어서 특히 자료적 가치가 큰 것이 바로 이 「연구 노트」이다.

표제의 "보이는 것"이란 자연을, "보이지 않는 것"이란 로고스를 가리킨다. 이것은 각각 지각과 언어에 해당된다. 따라서 지각과 언어의 관계가 주제가 되고 있다는 의미에서는 예전의 연구 계획서의 구상이 점차 구체화되었다고 볼 수 있다. 그러나 예를 들어 다음과 같은 귀절을 보면 양자의 관계를 어떻게 생각하느냐 하는 점에서 이 7년 사이에 강조점이 변화했음을 추측할 수 있다. "의미는 보이지 않는 것이지만, 그러나 이 보이지 않는 것은 보이는 것과 모순되는 것이 아니다. 보이는 것 그 자체가 보이지 않는 골격을 지니고 있다"는 것이며, 이 "보이지 않는 의미가 언어(파롤)의 골격이다. 여기에서 메를로-퐁티는 보이는 것과 보이지 않는 것을, 결국은 지각과 언어를 상호 포섭 내지는 "착종" 관계로 포착하려 하고 있다.

『지각의 현상학』의 단계에서는 언어의 장이 제1부 「신체」에 들어 있는 것으로도 알 수 있듯이, 언어적 의미는 신체적 소행이 만들어내는 지각적 의미의 연장선상에서 성립되는 것으로 생각하고 있었다. 다시 말해서 근원적인 장면이 되는 것은 지각의 차원에서의 "무언의 코기토"로서의 신체의 지각되는 세계로의 발현이며, 이와 같은 "세계내 존재로서의 나의 신체의 하나의 전조"로서 언어 행위가 성립된다는 것이 양자의 관계에 대한 당시의 메를로-퐁티의 견해였다. 그러나 무언의 코키토를 서술하는 행위 자체가 언어에 의해서 가능하게 되고 있다는 사태, 다시 말해서 철학적 언어의 신분 규정 문제가 이 시점에서는 충분히 고려되지 않았다. 거기에는 "침묵에 관한 서술 그 자체가 전면적으로 언어의 힘에 의거하고 있다는 데에, 자신이 침묵하는 의의에 합치되고 있다고 믿고 있는 침묵의 코기토의 소박함"이 잔존하고 있던 것은 아닐까? 더욱이 무언의 코기토의 개시가 언어를 매개로 해서 비로소 가능하게 된다고 한다면, 사실은 침묵의 세계에서의 무언의 지각 경험만 해도 이미 언어적 의미에 의해서 침식당하고 있어 지각적 의미란 시차(視差)적인 의미임이 틀림없는 것은 아닐까. 이리하여 지각과 언어는 이제야 일방향적인 관계로서가 아니라 상호 잠식의 양태에 있는 것으로 다시 포착하게 된다. 그리고 "무언의 지각과 언어를 동시에 지탱하고 있는 같은 전환 가능성"을 파 내려가는 도중에 메를로-퐁티는 모든 물질의 존재를 "격차" 내지는 "차이"에서 출발해서 서술하는 "내부 존재론"의 형성으로 향한다.

젊을 때 쓴 몇 개의 연구 노트에서는 초기의 입장을 존재론적으로 고쳐 생각할 필요성이 제시되고 있는데, 거기에서 메를로-퐁티가 구상하고 있던 존재론이란 "초월론적 주관성의 개념이나 주관 · 객관 · 의미 등의 개념에서 교체되어야 했을 개념들의 조타"을 뜻하고 있었다. 다시 말해서 거기에서 생각되고 있던 것은 그때까지의 철학의 어휘에 의존하지 않고 그것들의 "표현을 배후에서 받쳐주고 있는 것"을 명확하게 하는 것을 지향한 "간접적 존재론"이다. 그 때문에 연구 노트 가운데에서는 "야생의 존재", "고기", "교차 배열", "관절의 이음매", "차원성"과 같은 신기한 개념을 구사하게 된다. 이러한 용어들에 의거해서 착수된 형이상학을 극복하려는 시도는 만약 완성되었으면 틀림없이 그 뒤의 현대 사상의 전개에 결정적인 영향을 미쳤을 것이다.

부정 변증법

데오도르 W. 아도르노
Negative Dialektik, 1966

『부정 변증법』은 '비동일적인 것', '객관의 우위' 등의 키 워드에 의해서 알려지고 있는 것처럼, 『계몽의 변증법』, 『미학 이론』 등과 더불어 아도르노의 이론적 대표작이다. 이 책에서는 현실 사회에 대한 선명하고도 격렬한 비판과 철학의 주요 문제에 대한 내재적 성찰의 긴장 속에서 철학 자체에 의해서 철학의 한계를 뛰어넘으려고 하는 최초의 시도가 폭넓게 전개된다. 가차없이 추진된 철학의 자기 비판의 구체적 작업을 통해서 현대 사상에 찬반을 포함해서 다대한 영향을 미쳤다.

아도르노(Theodor W. Adorno : 1903~69)는 프랑크푸르트에서 유복한 유태계 가정에서 태어나 어머니의 영향 아래서 음악적 소양을 기르게 된다. 프랑크푸르트 대학에서 호르크하이머를 만나고, 1924년에 훗설을 다룬 논문으로 학위를 받는다. 1925년에 빈으로 가 쇤베르크에게서 작곡을 배우지만, 그 뒤에는 프랑크푸르트로 돌아와 31년에 키에르케고르의 미학에 관한 논문으로 교수 자격을 취득한다. 호르크하이머를 통해 '사회연구소'와 접하게 되지만, 33년 나치의 권력 찬탈로 말미암아 '연구소'는 폐쇄되고 만다. 아도르노는 계속 독일에 머무르려고 하지만 38년에 미국으로 망명하지 않을 수 없게 되었다. 대전 이후인 49년에 호르크하이머와 함께 독일로 귀환하여 다음 해 프랑크푸르트 대학에 연구소를 재건한다. 귀국한 뒤에 아도르노는 이 대학의 철학 및 사회학 교수, 또 '연구소' 소장에 취임한다. 50년대부터 60년대까지 철학, 미학, 사회학, 문화 평론에 대해서 정력적으로 발언을 해서 사상계를 리드해 나갔다.

『부정 변증법』이 집필된 것은 1959년부터 66년이라고 한다. 이 시기의 아도르노는 차례로 음악론 · 문학론을 발표하는 동시에, 61년 독일 사회학회에서의 포퍼의 기조 강연을 단서로 한 '실증주의 논쟁'의 와중에 있었다. 철학에 관해서는 훗설론『인식 이론의 메타 크리틱』(1956)을 발표한 뒤 50년 이래 집필한 헤겔 철학의 재해석서『세 가지 헤겔 연구』(1963), 하이데거를 새로운 독일 이데올로기로 비판한『본래성이라는 은어』(1964) 등을 정력적으로 발표하고 있다.『부정 변증법』의 보론인「주관과 객관에 대하여」(1969)도 주목할 만하다.

『부정 변증법』의 과제는 서문에서 서술한 바와 같이 "주관의 힘에 의해서 구성적 주관성의 기만을 타파하는 것"이라 한다. 칸트의 인식론으로 대표되는 "구성적 주관성"이 기만이게 되는 관건은 "비동일적인 것"이라는 비판적 개념에 있다. 아도르노는 이 "비동일적인 것", 다시 말해서 개념으로 해소될 수 없는 〈사고의 질적인 타자〉가 사고 자체를 가능하게 한다고—이 사태를 가리키는 것이 "객관의 우위"라는 키 워드이다—주장하면서 철학적 사고의 "비판적 자기 반성"에 의해서 "비동일적인 것으로의 전환"을 시도한다.

이 때문에 철학이 채택하게 되는 태도가 이 책의 타이틀이 되고 있는 〈부정 변증법〉이다. 거기에 담겨있는 것은 한편으로는 헤겔이『정신 현상학』에서 명시한 변증법—다시 말해서 모순을 매개로 해서 허위를 물리치고 진리를 열어제끼는 철학의 존재 방식—의 계승이며, 다른 한편으로는 그 "긍정적" 성격에 대한 근본적인 비판이다. 그렇지만 〈부정 변증법〉

이 헤겔 변증법에 대한 도식적 안티 테제는 아니다. 추상적으로 말하자면, 그것은 헤겔이 발견한 변증법의 참된 비판적 성격을 "부정성"으로 고집함으로써 해방시키려고 하는 것이다.

아도르노는 실제의 서술 속에서 〈부정 변증법〉을 수행하려고 한다. 이 책은 "철학적 경험"을 주제로 한 상세한 서론에 이어 제1부 「존재론과의 관계」에서 하이데거와 철저하게 대결한다. 제2부에서는 〈부정 변증법〉의 이념이 특히 헤겔과의 관계에서 상세하게 논의된 뒤, 제3부에서 〈부정 변증법〉의 '모델'이 철학의 구체적 영역에 따라서 전개된다. 먼저 도덕철학에 관해서 칸트의 '자유' 개념이 잉태한 문제가 주제가 되고, 이어서 헤겔의 역사 철학을 근거로 정신과 자연의 착종된 관계가 거론된다. 그리고 마지막으로 「아우슈비츠 이후」의 철학의 가능성에서부터 말하기 시작하여 「형이상학에 대한 성찰」에서 원고가 마감된다.

『부정 변증법』은 『계몽의 변증법』, 그의 유고가 편집된 『미학 이론』(1970)에 비하면 적극적 평가는 물론, 확고한 이해조차 아직 정립되어 있지 않다. 프랑스의 포스트 구조주의와의 친화성이 적극적으로 거론되는 한편, 독일의 적지 않은 논자는 사고 자체에 의한 "비동일적인 것"의 구제라고 하는 역설적 구성 속에 아도르노가 빠져 있음을 지적한다. 그러나 아도르노는 비트겐슈타인의 말을 비판하면서 철학을 "말할 수 없는 것을 말하는 것"이라고 규정하고 있다. 거기에 일관되고 있는 요구는 동일화를 시행하는 사고 자체에 의해서 "비동일적인 것으로의 전환"을 수행하려고 하는 것인데, 언뜻 보기에는 불가능하게만 보인다. 하지만 합리적 사고를 20세기의 '야만'과의 공범 관계 속에서 직시하는 아도르노의 눈초리를 진지하게 받아들여야 할 뿐만 아니라, 우리들은 『부정 변증법』의 고뇌에 찬 사색을 안이하게 거절하지 말고 현재적인 철학의 과제로서 승계해 나가야 할 것이다.

말과 사물

미셸 푸코

Les mots et les choses—une archéologie des sciences humaines, 1966

『말과 사물』은 처음에는 학문의 역사에 관심을 가지고 있는 약 2천 명으로 한정된 전문 독자를 대상으로 한 매우 고도한 내용을 담은 난해한 저서였다. 구조주의가 번창했던 당시 프랑스의 지식 환경에 던져진 이 책은 철학서로는 이례적으로 즉각 11만 부가 팔려 베스트 셀러가 되었다. 그 영향은 철학에만 머물지 않는다. 역사학, 사회학, 미술사, 문학을 포함한 광범한 범위에 이르렀다. 맑스주의와 실존주의라는 두 가지 사상 환경으로부터의 탈출구를 모색하고 있던 독자는 이 책에서 역사와 사고의 연관을 완전히 새로운 방식으로 말하는 지성의 출현을 감지한 것이다. 유행의 흥분은 일과성인 것에 머물지 않았다. 서구 근대에 대한 관점의 변경을 부득이하게 받아들여야만 했던 사람들은 다시 역사의 주체, 시스템과 개인의 관계, 역사와 외부의 문제, 인간의 운명에 대해서 이 책의 정신으로 일관된 반성을 여러 분야에서 제시하기에 이르고 있다.

미셸 푸코(Michel Foucault : 1926~84)는 포우치에에 거주하는 가톨릭 부르주아 의사의 가정에서 태어났다. 고등 사범학교를 졸업한 뒤 산탄느 병원에서 정신 병리학을 연수하고, 이후에 몇 대학에서 교수를 역임하고 1969년에 콜레쥬 드 프랑스의 교수로 추대되었다. 그 사이에 『고전주의 시대의 광기의 역사』를 출판하여, 광기를 포위하고 배제하는 이성의 언어의 존재를 문제삼아 광기에 부과된 '침묵의 고고학'을 밝혔다.

『말과 사물』은 광기와 같은 사회의 변두리에 위치하는 〈타자〉의 형상들이 아니라 〈동일자〉, 즉 과학의 대상이 되는 "사물의 질서"를 문제삼는다. 부제 "인문 과학의 고고학"에서 알 수 있듯이, 인문 과학이 출현하는 서구 문화의 지의 영역에서 이 책은 두 개의 불연속적인 지층을 식별한다. 17세기 말의 고전주의 시대와 19세기 초의 이른바 서구 근대이다. 짤막한 「서문」과 2부로 구성되어 있는 이 책은 16세기 이후의 유럽 문화에 획을 긋는 이 두 개의 절단면을 각각 내부에서부터 서술한다. 하나의 시대는 그 시대의 문화를 그려내는 여러 가지 요소의 〈숨어있는 배치〉에 의해서 특징지어진다. 모든 과학적인 담론을 가능하게 하는 이 지적인 골자는 하나의 시대가 사고할 수 있는 것과 사고할 수 없는 것을 정의하고 한정짓는 심층의 기반이며, 푸코는 이것을 〈에피스티메〉라고 불렀다. 주관의 구성적 활동에서부터 독립하고 또 역사의 기원이나 초월적 목적과 관련이 없는 이 익명의 〈에피스티메〉야말로 여러 과학을 출현시킨 〈역사의 아프리오리〉임이 틀림없다.

고전주의 시대의 에피스티메의 틀 안에서 푸코는 세 개의 인식 영역, 다시 말해서 일반 문법, 부의 분석, 박물학을 분석한다. 이들은 표상의 이론과의 연대라는 점에서 서로 결합되어 있다. 이 세 개의 분야는 19세기에 각각 문헌학, 경제학, 생물학이라는 근대에 낯익은 학문으로 변모되어 간다. 이 세 가지의 학문의 형성 중에 질서의 일반적인 기초로서의 표상의 이론이 소멸되고, 〈인간〉이라는 형상이 어떻게 인식의 대상으로서 끼어들게 되었는가를 푸코는 보여주고 있다. 〈인간〉이라는 형상은 이리하여 언어, 노동, 생명이라는 관념과 함께 "우리들의 사고의 고고학에 의해서 그 날짜의 새로움이 쉽게 제시될 수 있는 발명", 근대의 에피스티메의 소산으로 묘사된다. 『말과 사물』이 확정하고 있는 것은 서구 문화에서의 지적 대상으로서의 〈인간〉의 이러한 역사적 출현이며 그 시점, 그 장래를 어디까지나 역사적인 사건 속에서 자취를 추적하는 것임이 틀림없다.

푸코는 1955년에 칸트의 『인간학』을 번역했다. 거기에 붙인 서론에서 그는 사르트르나 메를로-퐁티가 말하는 〈인간학〉의 시도를 격렬히 공격한다. 『말과 사물』이 길러낸 사상적 문맥은 이 〈인간학〉에 대한 거절의 연장선상에 있으며, 무엇보다도 이 책이 신의 죽음을 대신해서 인간을 거론하는 사조에 대한 논쟁의 저서이었음을 잊어서는 안된다. 푸코는 이 논쟁에서 "신의 죽음은 인간의 죽음에서 완료된다"고 포착한 니체의 진리에 의거한다. 물의를 빚은 '인간의 종언'의 예고도 이 이중의 학살 행위라는 우회의 맥락에서 이해해야만 한다.

인문 과학 가운데에서 푸코는 정신 분석과 문화 인류학을 별도로 다루어 이에 〈반(反)-과학〉이라는 특권적 명칭을 부여한다. 그가 노린 상대는 프로이트, 라캉, 레비-스트로스이다. 인간 존재에 앞서며 게다가 우리를 깊히 관통하는 것, 우리들 이전에 존재하면서 시공간 속에서 우리를 지배하는 것, 그러한 것으로의 회귀를 그들이 시사했기 때문이다. 인간을 끊임없이 해체하고 해소시키기를 멈추지 않는 이 두 개의 학문, 푸코는 이것에 제3의 반-과학으로 언어학을 추가한다. 이들 반-과학이 이끈 장소는 〈인간〉을 가능하게 한 그 탄생의 여러 형태, 〈언어라는 존재〉 그 자체임에 틀림없다. 언어에 관한 이 질문에 매혹된 현대 문학으로, 그는 아르토, 루셀, 카프카, 바타이유 및 브랑쇼의 이름을 거명한다. 그들은 인간의 사멸에 직면한 〈최후의 인간〉, 주체의 소멸과 맞부딪친 〈바깥의 사고〉를 보여주기 때문이다.

출판 직후부터 사람들을 열광의 도가니로 몰아놓은 〈인간의 죽음〉이나 〈주체 없는 무명(無名)의 체계〉와 같은 센세이셔널한 테마는 오늘날까지도 계속 사고에 부과되는 무거운 멍에가 되고 있다.

역자 후기

철학을 한다는 것은 무릇 쉬운 일이 아니다. 더구나 우리와 사고 방식이 약간은 다른 서양 철학의 흐름을 파악하기란 더더욱 어려운 일이다. 하지만 그러한 난관을 돌파하기 위해서는 여러 가지 방법이 있다. 우선은 이 책의 편자도 지적하고 있듯이, 자신이 관심을 가진 철학자나 자신의 체질에 맞는 철학(자) 책을 어쨌거나 한 번 읽는 데서 시작하는 방법이다. 또 다른 방법은 철학 개설서나 입문서를 통해서 철학의 흐름과 동향을 파악하는 방법이다. 물론 이 두 가지 방법을 병행하는 것이 통상적이다.

그러나 우리에게는 제대로 읽을만한 고전급의 철학 책이 별로 없다. 최근에야 현대 철학에 관련된 일부 철학자의 저서가 간행되기 시작하고 있는 실정이다. 고대와 중세의 고전급 저작은 거의 번역되지 않은 상태이다. 옆 나라 일본만 하더라도 몇 십년 전에 대다수의 번역판이 나오고, 그 보급판이 널려 있는 상태인데 말이다. 이런 상황에서는 예를 들어 고대 플라톤의 철학이나 중세 아우구스티누스의 철학에 흥미를 갖는 것도 어려울 뿐만 아니라, 설령 관심을 가진다 해도 라틴어로 쓰여진 그 원저작을 읽기란 대단히 어려운 일이다. 또 최근에 프랑스의 푸코나 들뢰즈/가타리에게 많은 시사점을 준 스피노자의 저술도 직접 읽을 수 없는 게 우리의 현실이다.

따라서 당분간은 개설서나 해설서를 통해서 철학을 공부할 수밖에 없다. 여기에 필요한 것이 『철학의 명저 20』(새길, 1993), 『101인의 현대 사상』(민음사, 1996) 등의 저작과 『현대 사상의 파노라마』(1997,새길) 등과 같은 개설서이다. 이 책도 이러한 흐름에 조금이나마 도움이 되었으면 하는 게 본 역자의 바람이다.

이 책은 『哲學の古典 物語 101』을 완역한 것이다. 한 권의 책에 여러 사상가의 이야기를 다루다보니 충분하게 많은 내용을 다룰 수 없었다. 게다가 한 권당의 지면도 한정되어 있어서 독자들의 욕구를 충분히 채워줄 수 없을 것이다. 하지만 들고 다닐 수 있는 한 권의 핸드북에서 이렇게 많은 철학자를 접할 수 있다는 즐거움으로 이를 대체했으면 하는 바람이다.

1997년 8월

김석민

중원문화 아카데미 新書

1 **한국근대 사회와 사상**
• 일본 교토대학교 연구소 엮음

2 **걸어다니는 철학**
• 황세연 저

3 **반듀링론**
• F.엥겔스/김민석 역

4 **헤겔 법철학 입문**
• 꼬우즈미 따다시 지음

5 **이성과 혁명**
• H.마르쿠제/김현일 외 역

6 **정치경제학 교과서 I-1**
• 짜골로프 외/윤소영 엮음

7 **정치경제학 교과서 I-2**
• 짜골로프 외/윤소영 엮음

8 **정치경제학 교과서 I-3**
• 짜골로프 외/윤소영 엮음

9 **이탈리아 맑스주의**
• K.프리스터/윤수종 옮김

10 **걸어다니는 경제사**
• 황세연 편저

11 **자본론에 관한 서한집**
• K.마르크스와 F.엥겔스 저

12 **지배와 사보타지**
• 안토니오 네그리/윤수종 옮김

13 **과학기술사**
• 석동호 편저

14 **저개발과 의약품**
• M. 빌러/우연재 옮김

15 **맑스주의의 세 갈래길**
• W. 레온하르트/하기락 옮김

16 **역사적 맑스주의**
• R.알뛰세르/서관모 옮김

17 **경제학의 선구자들**
• 일본경제신문사/김종호 옮김

18 **근현대 사회사상가 101**
• 이마무라 히도시/안효상 옮김

19 **맑스를 넘어선 맑스**
• 안토니오 네그리/윤수종 옮김

20 **교육과 의식화**
• P.프레이리/채광석 역

21 **정치경제학 교과서 II-1**
• 짜골로프 외/윤소영 엮음

22 **정치경제학 교과서 II-2**
• 짜골로프 외/윤소영 엮음

23 **청년 마르크스의 휴머니즘**
• H.포피츠/황태연 역

24 **사회를 어떻게 볼 것인가?**
• 황세연 편저

25 **헤겔연구②**
• 임석진 외저 (절판)

26 **칸트 철학입문**
• W.O.되에링/김용정 역

27 **노동조합 입문**
• 양원직 편저

28 **마르크스에서 쏘비에트 이데올로기로**
• I.페처/황태연 역

29 **소유의 위기**
• E.K.헌트/최완규 역

30 **변증법의 현대적 전개①**
• W.뢰트/임재진 역

31 **변증법의 현대적 전개②**
• W.뢰르/임재진 역

32 **모순의 변증법**
• G.슈틸러/김재용 역

33 **헤겔연구③**
• 임석진 외저 (절판)

34 **국제무역론**
• 久保新一/김선기 역

35 **칸 트**
• 코플스톤/임재진 역

36 **자연과학과 철학**
• H.라이헨바하/김회빈 옮김

37 **철학 입문**
• 황세연 편역

38 **맑스주의의 역사 ①**
• P. 브르니츠기/이성백 옮김

39 **맑스주의의 역사 ②**
• P. 브르니츠기/이성백 옮김

40 **한국사회와 자본론**
• 황태연 저

41 **정치경제학 비판을 위하여**
• K.마르크스/김호균 역

42 **과학기술 혁명시대의 자본주의와 사회주의**
• 황태연 저/허상수 엮음

43 **혁명운동의 문제들**
• S. P.노보셀로프/이창휘 옮김

44 **마키아벨리의 고독**
• 루이 알뛰세르/김민석 역

45 **들뢰즈와 가타리**
• 로널드 보그/이정우 옮김

46 **과학적 사회주의**
• G.그로서/송주명 옮김

47 **맑스-레닌주의 철학의 본질**
• F. V. 콘스탄티노프/김창선 역

48 **정치경제학**
• 짜골로프 외

중원문화 아카데미 新書

49 철학의 ABC
• A. 라키토프/김신현 옮김

50 소수자 운동의 새로운 전개
• 윤수종 외 지음

51 한눈에 들어오는 서양철학사
• 타케다 세이지/홍성태 옮김

52 마르크스즘과 유로코뮤니즘
• 산티아고 까리요/김유향 옮김

53 맑스주의와 프랑스인식론
• P. 토미니크 르쿠르/박기순 옮김

54 논리의 오류
• 에드워드 데이머/김회빈 역

55 프랑스 문화와 예술
• 마르크 블랑팽 · 장 폴 쿠슈/송재영 옮김

56 개발과 파괴의 사회학
• 홍성태 지음

57 인민의 벗이란 무엇인가
• V. 레닌/김우현 역

58 예술 · 정보 · 기호
• 가와노 히로시/진중권 역

59 담론의 질서
• 미셸 푸코 지음/이정우 해설

60 사회학의 명저 20
• 김진균 외 지음

61 세계 철학사(1)
• Akademiya Nauk SSSR 편

62 세계철학사(2)
• Akademiya Nauk SSSR 편

63 세계철학사(3)
• Akademiya Nauk SSSR 편

64 세계철학사(4)
• Akademiya Nauk SSSR 편

65 세계철학사(5)
• Akademiya Nauk SSSR 편

66 인격의 철학, 철학의 인격
• 김종엽 저

67 1987년 구로구청사건 백서
• 구로항쟁동지회

68 교육자의 길
• 이오덕 외 저

69 정치경제학
• 짜골로프 저

70 박정희 시대-5.16은 쿠데타다
• 이상우 저

71 박정희 시대-민주화운동과 정치주역들
• 이상우 저

72 박정희 시대-5.16과 한미관계
• 이상우 저

73 박정희와 유신체제 반대운동
• 이상우 저

74 세계사 (제국주의 시대)
• 김택현 편

75 세계사 (제1차세계대전)
• 김택현 편

76 세계사 (제2차세계대전과 파시즘)
• 김강민 역

77 세계사 (현대)
• 조진원 편/이춘란 감수

78 근현대 형성과정의 재인식①
• 안종철 외 저

79 근현대 형성과정의 재인식②
• 정근식 외 저

80 시몬느 베이유 철학교실
• 앙느레느/황세연 역

81 소크라테스에서 미셸 푸코까지
• 기다 캔/김석민 역

82 상식 밖의 세계사
• 가바야마 고아치/박윤명 역

83 들뢰즈와 카타리
• 로널드 보그 저/이정우 옮김

84 새로운 예술을 찾아서
• 브레이트 저/김창주 역

85 역사 유물론의 궤적
• 페리 앤더슨/김필호 외 옮김

86 철학과 맑스주의
• 루이 알튀세르/서관모 역

87 생산의 발전과 노동의 변화
• 마이클 피오르 외/강석재 외 역

88 항일과 혁명의 한길에서
• 김운선 지음

89 지배와 사보타지
• 안토니오 네그리/윤수종 역

90 헤겔철학 서설
• 오토 푀겔러/황태연 역

91 과학적 공산주의란 무엇인가
• 빅토르 아파나시예프/최경환 역

92 페레스트로이카 논쟁(서독)
• 에케르트 외/송주명 역

93 페레스트로이카 논쟁(동독)
• 모르겐슈테른 외/신현준 역

94 페레스트로이카 논쟁(프랑스)
• 프랑시스 코엥/신현준 역

95 페레스트로이카 논쟁(소련)
• 야코블레프 외/신현준 역

96 마르크스주의와 개인
• 아담 샤프/김영숙 역

출판사에서 직접 구입하시면 더욱 싼 값에 구입하실 수 있습니다.

개정 증보판

방송인

연극인

웅변가들의 필독서!

우리말 장단음 사전

성우 최흘 역음/크라운판/866쪽/정가 180,000원

2011년 소책자로 출판한 바 있는 사전을 한글날을 맞이하여 새롭게 정리한 것이다.

우리말 바르게 말하기 사전

성우 최흘 역음/4×6배판/1,420쪽/정가 350,000원

2011년 소책자로 다시 발행했던 『우리말 바르게 말하기 사전』을 2014년부터 작고하실 때까지 집필된 본격적인 장단음 사전이다.